개정판

2019 개정 누리과정을 반영한

유아교과교육론

박찬옥 서동미 곽현주 공저

JUNGMINSA
정민사

머리말

유아교육을 전공하는 사람들의 1차적 목적은 좋은 교사(good teacher)가 되는데 있습니다. 유아들을 만나면 저절로 웃음이 피어나는 교사, 유아 키에 맞추어 낮은 자세로 눈과 눈을 마주하는 교사, 유아들의 표정 · 몸짓 · 언어에 민첩하게 반응하는 교사…모두 좋은 교사의 모습입니다. 그런데 이 교사들이 공통적으로 노력하는 역량이 있습니다. '어떻게 하면 수업을 잘할 수 있을까?' 끊임없는 숙제입니다.

수업은 교사와 유아들이 함께 과거 · 현재 · 미래를 연결하는 삶의 현장입니다. 이제까지 경험한 것을 오늘의 궁금한 것, 하고 싶은 것에 연결하고, 내일(미래)할 것의 실마리도 구축하는 일련의 과정이 역동적으로 행해지는 것이 수업입니다.

수업에서 경험하는 내용들이 넓은 의미의 지식(앎)입니다. 이 지식은 우리가 살아가는 데 필요한 지식(좁은 의미) · 기술 · 태도를 포함하므로, 따라서 앎은 곧 삶과 직결됩니다. 삶에 필요한 앎의 세계를 편의적으로 구분하여 학교 교육의 내용 체계로 만든 것이 교과입니다. 즉, 살아가는 데 의사소통이 필요하니 언어교과가 있고, 셈하고 경제생활해야 하니 수학교과가 있고 … 그런 식입니다. 문자활용 단계인 초등학교 이상 학교급에서는 교과서를 만들어 각 교과교육을 하나, 유아교육현장에서는 즐겁게 놀이하고 흥미롭게 탐구하면서 경험 안에 내재된 교과적

내용들을 통합적으로 학습하게 됩니다.

문자활용 이전 단계인 유아교육 현장에서는 교과교육이 불필요하다는 인식을 가질 수도 있습니다. 교과교육이 전형적으로 분리교과 형태로 이루어진다는 데에도 기인합니다. 통합교육을 하는 유아교육 입장에서 볼 때 교과교육은 곤란할 수 있습니다.

그러나 수업을 해야 하는 유아교사의 입장에서는 수업활동 속에 내재된 언어 · 수학 · 과학 · 미술 · 음악 등 교과적 지식 · 기술 · 태도를 유아들이 자연스럽게 통합하여 수업목표를 달성하도록 운영하는 것이 중요합니다. 이는 수업활동을 통해 교육과정이 추구하는 인간상을 구현할 수 있다는 점에서 더욱 그렇습니다.

본 책은 유아교육 입장에서 교과교육론을 어떻게 이해하고, 특히 2019 개정 누리과정이 지향하는 유아중심 · 놀이중심 교육과정에 기초하여 교과내용을 어떻게 수업실제에 구현할지에 대하여 논의하고자 하였습니다. 모두 3부로 구성하여 Part Ⅰ은 유아교과교육론의 이해를 다루고, Part Ⅱ는 유아교과교육의 내용 및 방법을 제공하고, Part Ⅲ는 유아교과교육의 통합적 접근이라는 실제를 소개하였습니다. 특히 Part Ⅰ에서 소개한 교과교육의 교수 · 학습 모형을 Part Ⅱ에서 각 수업활동별로 구체화하는 작업을 하였습니다.

본 책이 유아교육을 전공하는 학생뿐만 아니라, 유아교육기관의 교사 및 유아교육 관련 분야의 모든 사람들에게 유익한 교재가 되길 바랍니다.

2014년 초판 이후 개정판이 나오기까지 기다려주신 정민사 여러분들께 깊은 감사를 드립니다.

2020년 2월

저자 일동

차례

PART II

유아교과교육의 내용 및 방법

P A R T I

유아교과교육론의 이해

「교육이 나라를 세울 수는 없어도, 교육 없는 국가는 멸망에 이르고 만다」는 격언이 있다. 교육이 국가 존립에 결정적 영향력을 갖는다는 의미이다. 그렇다면 무엇을 어떻게 가르쳐야 할 것인가? 즉 교육내용과 교육방법이 교육의 효율성을 가져오는 주요 요소가 된다고 할 수 있는데, 이에 대한 탐구가 바로 교과교육론이다.

PART Ⅰ에서는 교육내용의 실체라고 볼 수 있는 교과의 의미를 파악하고, 학교 교육과정 개념의 변천에 따른 교과내용의 변화를 알아보고자 한다. 특히 초 · 중등학교 문화와 차이 있는 유아교육에서의 교과교육 관점을 탐색해 보고자 한다.

그리고 교과내용의 선정과 조직 및 교과교육의 교수 · 학습 모형을 고찰해 보고, 유아교사가 교과 운영을 함에 있어 교사의 수업 반성과 교수 · 학습과정에 대해 알아보고자 한다.

chapter 1

교과와 교육과정

교육을 수행함에 있어 우선적으로 생각하게 되는 것이 "무엇을 가르칠까?" 하는 교육내용이다. 세상을 살아가는 데 필요한 지식, 기술, 태도를 학습자가 익히도록 돕고 싶은데 어디에서 이들을 가져올 것인가가 교사들의 고민거리이다. 그래서 선택한 것이 인류의 문화적 유산을 체계화하여 다양한 학문적 지식으로 구분한 교과이다. 대표적으로 교과중심 교육과정이 교사 입장에서 주장한 교과론이다. 한편 교과보다는 학습자가 일상생활에서 경험하는 내용들이 세상을 살아가는 데 더 유용한 지식, 기술, 태도로 자리 잡을 수 있다고 보는 견해도 있다. 대표적으로 경험중심 교육과정이 학습자 입장에서 주장한 경험론이다.

1 교과의 정의

"교과"라는 말은 유아교육 단계에서부터 고등교육 단계에 이르기까지, 각급 학교교육에서 수행하는 교수 · 학습활동의 내용 단위를 의미한다. 말하자면, 각급 학교에서 무엇을 어떻게 가르치고 학습자가 배우도록 하여 그 사회가 추구하는 인간으로 기를 것인가?를 구체화한 교육내용의 단위라고 할 수 있다.

학습자가 배워야 할 교육내용에는 지식 · 기술 · 태도 등이 포함되는데, 어떤 지식 · 기술 · 태도를 선택하여 교육내용으로 결정할 것인가에 따라 다양한 교과로 구분된다. 우리가 익숙하게 알고 있는 언어 · 수학 · 과학 · 보건 · 도덕 · 예술 ·

기술 등이 전형적인 교과에 속한다.

이 같은 전형적인 교과들은 인류가 생활하면서 오랜 시간 유지하고 전승해 온 문화유산을 교육적 관점에서 선택하여 조직한 것으로서, 이렇게 선택된 내용들은 주로 학문적 지식이 대부분을 차지하고 일정한 논리적 준거를 갖는다(김경배 외, 2004).

곽병선 등(1998)은 교과의 특징을 다음의 네 가지로 설명하고 있다. 첫째, 교과란 문화요소를 내용으로 한다는 특징이 있다. 이는 교과의 내용이 우리의 문화 즉, 우리 인류가 생활하면서 형성한 신념, 가치, 아이디어, 행동양식, 예술, 습관, 법 등의 요소들을 담고 있음을 가리킨다. 그러나 모든 문화요소들을 학교가 가르치기에는 한계가 있으므로 시대적 · 사회적으로 특별히 중요한 어떤 것을 선택해서 가르치게 된다.

둘째, 교과란 사회적 지지를 필요로 한다는 특징이 있다. 이는 교과가 모든 문화요소들 가운데서 특별히 어떤 것을 선택한다면, 그 가치를 인정하고 요구하는 사회적 지지가 있어야 함을 가리킨다. 예를 들어, 철학과 같은 인문계열 교과들이 한때 경제적 유용성 면에서 더 이상 사회적 지지를 받지 못하여 존립 위기에 처하는가 하면, 상대적으로 회계학 같은 실용학문이 교양필수 과목으로 자리를 잡아가는 경향을 보이는 것 등이다.

교과의 특징

- 문화요소를 내용으로 한다.
- 사회적 지지를 필요로 한다.
- 선택되어야 한다.
- 일정한 준거를 갖는다.

셋째, 교과란 선택되어야 한다는 특징이 있다. 이는 교과의 선택이 중요한 의사결정의 산물임을 가리킨다. 즉, 문화요소 가운데 어떤 것을 교과로 선택할 것인가를 결정하는 데는 문화요소 자체의 중요성이나 사회적 지지에 의해서만 이루어지는 것이 아니라, 정책결정자(사회적으로 의사결정할 수 있는 힘, 권력)에 의해 어떤 것을 교과로 선택할 수도 있고 그렇지 않을 수도 있음을 뜻한다. 예를 들어, 우리나라에서 한때는 역사 교과가 고등학교 선택과목이었다가 2013년에 정부가 역사 인식에 대한 중요성을 강조하고 대학입시 필수과목으로 선택하는 의지를 보인 것을 볼 수 있다.

넷째, 교과란 일정한 논리적 준거를 갖는다는 특징이 있다. 이는 각각의 교과가 고유한 탐구의 대상, 탐구의 방식, 논리적 진술의 체계를 가지며 따라서 다른 교과와는 서로 구분됨을 가리킨다. 예를 들어 역사, 지리, 경제, 수학, 생물, 미술, 체육 등 각각의 교과는 서로 관심분야가 다르며, 지식을 탐구하는 방식, 탐구의 결과를 체계화 해놓은 독특한 개념이나 이론의 설명방식이 다르다. 예를 들어, 역사는 과거 사람들이 무엇을 했고, 어떻게 살았는지를 탐구하고 이를 통해 현재 우리들의 생활모습과 행동의 이유를 이해하는 등 시간의 흐름에 따른 사건에 관심을 두는 학문이다. 그에 비해, 지리는 우리가 살고 있는 생태환경의 일반적인 특성에서부터 개인적인 장소에 이르기까지 전체적으로 분포되어 있는 공간에 관심을 두는 학문이다.

이 같은 특징을 놓고 볼 때, 교과는 다분히 학습자가 앞으로 공부해야 할, 교사가 의미있다고 선택하여 구성한 교육내용이라는 성격을 갖는다. 그러나 학교 교육내용이 교사가 미리 계획한 것보다는 학습자가 흥미나 필요에 의해 경험하는 것들로 구성하는 것이 적합하다고 보는 입장들도 있다. 말하자면, 교육내용을 교과보다는 경험으로 규정하고 싶은 것이다. 이 같은 입장 차이는 교과중심 교육과정과 경험중심 교육과정에서 확연히 나타난다.

교육내용을 경험으로 볼 때, 학교 현장에서는 하루 일과를 어떻게 운영할 것인가? 등교에서부터 귀가할 때까지 학습자가 어떤 경험을 하도록 할 것인가? 교실 내외 환경을 자유롭게 넘나들도록 하면 되는가? 그 경험 안에 학습자 삶에 중요한 지식 · 기술 · 태도가 잘 들어가 있는가? 이러한 것들이 역시 교사에게 고민거리가 아닐 수 없다. 그래서 교사는 듀이(Dewey)가 제시한 것처럼 사전에 학습자들의 흥미 · 관심 · 행동특성 및 지역사회 여건 등을 고려하여 앞으로 경험하게 될 교육활동안(案)을 계획하고, 실제로 경험의 과정에 교사도 참여하여 실행한 교육내용을 일과 후에 정리하고 재구성하는 등의 수업 운영방식을 취할 수도 있다. 듀이의 교육계획안론을 음미해 볼 때, 경험 역시 교과와 마찬가지로 학습자의 삶에 필요한 지식 · 기술 · 태도로 이루어진 교육내용이며, 이 교육내용은 다시 학문적 영역으로 구분될 수 있다는 점에서 교과와 경험은 동전의 양면이라고 볼 수 있다.

따라서, 교과는 학습자가 경험하기 이전의 교육내용을 가리키며, 경험은 학습자가 경험하는 교육내용을 가리킨다(이홍우, 2006). 그렇게 볼 때, 교과는 경험의 내용이라고 할 수 있는데, 여기서 간과하지 말아야 할 것은 학습자 발달에 적합한, 실제 생활에 유용한, 그리고 학문적 본질에 기초한 내용을 경험할 수 있는 교과의 성격을 띠어야 한다는 것이다.

교과의 정의

교과란 추구하는 인간형성을 위하여, 학습자 발달에 적합하고, 실제 생활에 유용하며, 학문적 본질에 기초한 교육내용을, 가르치고 배우도록 체계화한 학문단위를 말한다.

이상에서와 같은 교과의 성격을 기초로, 본 서에서는

> 교과란 추구하는 인간 형성을 위하여 학습자 발달에 적합하고, 실제 생활에 유용하며 학문적 본질에 기초한 교육내용을 가르치고 배우도록 체계화한 학문 단위이다.

라고 정의하고자 한다.

2 교육과정과 교과내용

전술한 바와 같이, 교과는 학교가 가르칠 내용을 하나의 단위로서 묶어 놓은 묶음이다. 즉, 학교 교육 활동의 기본 단위가 된다(김경배 외, 2004). 따라서 각급학교가 선정해 놓은 교과목들과 각 교과목의 운영시수를 보면, 그 학교의 목적이나 비중을 두는 학문 영역이 무엇인지 짐작하게 된다. 교과를 잘 가르치기 위해서는 학문적 지식에 대한 이해가 필수라는 것이 지배적 인식이다. 학문적 지식은 단순한 신념이나 추측이 아니라 오랜 세월을 거쳐 축적되고 그 타당성이 입증된 논리적 체계를 이루고 있다. 이러한 지식은 각 학문 고유의 탐구대상과 탐구방법을 가지며, 독특한 검증방식에 의해 확인된 지식을 고유의 논리적 전개방식에 의해 체계화하고 있다(김경배 외, 2004). 교과를 이루고 있는 지식의 대부분은 학문에서 도출된 것이라고 할 수 있다.

그러나 학문의 모든 내용이 교과의 내용이 되는 것은 아니며, 시대와 사회변천에 따라 교과로서의 지식을 선정하는 기준이 달라져 왔다. 같은 이름의 교과라고 해도 교과에 포함되는 구체적인 내용이 다를 수 있다. 예를 들어 과학 교과의 내용을 선정할 때 과학이라는 학문의 지식 본질과 그 탐구과정에 충실한 내용이어야 한다고 보는 입장과, 학습자가 생활하는 데 유용한 실천력 있는 내용이 우선이라고 보는 입장이 있다. 이는 교과내용 선정에 있어 대립되는 양상을 보여 왔다. 전자를 대표하는 입장이 학문중심 교육과정이라면 후자는 경험중심 · 활동중심 · 생활중심 교육과정의 입장이라고 할 수 있다. 즉, 교육과정은 교과들의 구체적인 내용 선정과 그 조직방법에 의해 성격이 결정된다고 볼 수 있다.

역사적으로 교과는 각 시대 또는 사회의 교육에 대한 관점이나 정치 · 경제 · 사회 · 문화의 조건에 따라 다양하게 변모되어 왔다. 그러나 교과가 성립하고 발달하는 과정에 있어서는 학문적 가치와 실용적 가치가 중요한 논쟁점이 되어 왔다(허경철 외, 2001). 학교에서 특정 교과를 가르치는 이유는 그 교과가 학문적으로 가치가 있거나 아니면 실제 생활을 하는 데 유용한 가치를 지니기 때문이다. 예를 들어, 르네상스 시대에는 그리스어와 라틴어로 쓰여진 고전 연구가 교육내용의 중심에 위치하면서 문학 · 역사 · 종교 · 철학 등의 인문교과가 학문 본질에 충실한 내재적 지식을 추구하는 경향이었으며, 17세기 이후 실학주의, 자연주의가 등장하면서 코메니우스(Comenius) · 루소(Rousseau) 등의 영향을 받아 감각 경험의 중요성, 실생활에 필요한 기술교육, 자유로운 개인생활 등을 내용으로 하는 교과교육이 선호되었다.

이어서 19세기 산업혁명은 산학 연계 차원에서 학교가 산업사회에서 요구되는 실제적 지식을 가르치도록 촉발함으로써 사회적인 일, 방직, 공작 등의 새로운 교과를 도입하게 되었으며, 기존 교과의 내용에도 변화를 가져왔다. 이러한 흐름은 20세기 초 진보주의 교육운동으로 이어져 교과내용의 가치를 실생활에 유용한 도구적 지식에 둠으로써 직업 기술과 같은 교과목을 만들어 내기도 하였다.

오늘날에는 학문적 가치와 실용적 가치의 소용돌이를 거쳐오면서 국어 · 역사 · 수학 · 과학 등의 기본교과목을 통해 학문적 전통과 가치를 보존하고, 동시에 도덕 · 예술 · 컴퓨터 등 실천적이고 기술적인 규칙이나 원리로 조직된 교과들도 중요시하는 경향을 보이고 있다.

결국, 교과를 가르치는 목적은 그 시대와 사회에서 학교 교육과정이 목표로 하는 인간상을 구현하는 데 있다.

교육과정 개념 유형

- 교과중심 교육과정
- 경험중심 교육과정
- 학문중심 교육과정
- 인간중심 교육과정
- 관계중심 교육과정

바람직한 인간상을 구현하기 위하여 학교 교육과정은 교과를 중심으로 교육하고자 하며, 이때의 교과는 교육과정의 내용에 해당한다. 따라서 교과의 선정과 운영방식을 보면 그 학교가 지향하는 교육과정 개념을 파악하게 된다.

1918년 보비트(Bobbitt) 등에 의해 교육과정이 교육학 분야로 자리 잡은 이후로, 오늘날까지 교육과정 개념이 다양하게 제시되어 왔다. 대표적으로 교과중심 교육과정, 경험중심 교육과정, 학문중심 교육과정, 인간중심 교육과정 및 관계중심 교육과정으로 분류된다(방인옥 외, 2013).

이들은 각기 학습자 · 사회 · 지식 등에 대한 관점을 기반으로 교육목적과 교육내용을 교과라는 형식에 담아 다음과 같이 제시하고 있다.

1) 교과중심 교육과정

교육과정의 개념을 교수요목(course of study)로 보는 견해이다. 이 같은 견해는 학교교육이 시작된 때부터 1920년대 말까지 계속되었는데, 교과중심 교육과정(subject-centered curriculum)의 사상적인 배경은 본질주의 교육사조다.

본질주의 교육사조는 우리가 지녀온 문화적 전통 가운데서 항구적인 가치를 지닌 본질적인 요소를 찾아 교육해야 한다는 것이다. 따라서 학교는 항상 변하는 일시적인 것보다는 항구적인 것을, 현상적인 것보다 본질적인 것을, 단편적인 사실보다는 원리 원칙을, 실제적인 것보다 이론적인 것을 중시한다.

이에 따라 교과중심 교육과정에 있어서는 '무엇을 가르칠 것인가'라는 질문이 가장 먼저 제기되며, 성숙자인 교사는 이에 대한 대답으로 미성숙자인 학습자에게 가르쳐야 한다고 생각되는 주제를 열거하는 식의 교수요목을 작성하는 것이 정례이다. 일반 학교의 교육에서 교수요목은 교과별로 작성되므로 교과과정이라고 부르기도 한다. 이와 같은 교과중심의 교육과정은 문화유산의 전달이 주된 교육내용이 되며, 교사중심, 설명 위주의 교수법, 한정된 교과영역 내에서의 학습활동 등의 특징을 갖는다.

교과중심 교육과정과 교과

교과중심 교육과정은 문화유산 전달이 주된 교육 내용이 되며, 교사중심·설명 위주 교수법·한정된 교과영역 내에서의 학습활동 등의 특징이 있다.

2) 경험중심 교육과정

교육과정의 개념을 '학교의 지도하에 학습자가 갖게 되는 모든 경험'으로 보는 견해다. 1930년대를 전후해서 나타나 1950년대가 끝날 때까지 지속된 경험중심 교육과정(experience-centered curriculum)은 미국에서 발흥한 진보주의 교육사조를 배경으로 하고 있다.

진보주의 교육사조는 '변화'에 기반을 두고 있고, 변화가 '새로움·신기함'을 내포한 용어라는 점에서 이전의 본질주의 교육사조와는 큰 차이가 있다. 즉, 경험중심 교육과정은 학습자 개개인에 따라 다르게 나타나는 경험 자체에 의미를 두고, 교육과정 조직에 있어서 교과목을 중요시하지 않는 것은 아니지만, 그보다는 인간 생활의 제 영역에서 나타나는 문제들을 중심으로 조직하는 방식을 취하고 있다.

경험중심 교육과정과 교과

경험중심 교육과정은 교과 구성의 기초를 학습자의 흥미, 필요, 욕구에 기인해서 자발적으로 생기는 경험에 둔다.

이런 입장에 따라 경험중심 교육과정은 교과 구성의 기초를 학습자의 흥미, 필요, 욕구에 기인해서 자발적으로 생기는 경험에 둔다. 교육의 관점을 학습자의 생활과 경험에 두고 그것의 성장과 발달을 꾀하려고 하기 때문이다. 따라서 경험중심 교육과정에서의 교사는 조력자·안내자·상담자의 위치에서 학습자가 사회변화에 따른 다양한 문제들을 현명하게 해결해 나갈 수 있는 능력을 배양하는 데 중점을 둔다.

3) 학문중심 교육과정

교육과정의 개념을 '각 학문에 내재한 지식 탐구과정의 조직'으로 보는 견해다. 1950년대까지 지속된 경험중심 교육과정이 학습자의 흥미를 기초로 한다는 점은 좋으나, 구성방식에 있어서 지식의 체계성이 소홀히 되는 결함이 나타났다. 이에 대한 반발로 1960년대에 와서 교육과정의 개념이 또 다른 변천을 겪게 되었다. 이 같은 변천에는 타일러(Tyler)가 1949년에 제시한 『교육과정과 교수의 기본 원리』에서 교육과정의 구성방식을 4단계 즉, 교육목적 및 목표의 설정, 교육내용의 선정 및 조직, 교수 · 학습과정의 계획 및 운영, 성취도 평가 등으로 나누어 교육 계획의 철저함을 강조한 것에 기인한다고도 할 수 있다.

학문중심 교육과정(discipline-centered curriculum)이 나타난 또 하나의 동기는 지식과 기술의 폭발적인 증가를 들 수 있다. 그리고 이에 대한 해결책으로 한정된 학교의 교육기간 동안 효과적으로 가르칠 수 있는 지식이란 전이도가 높은 '지식의 구조'가 최선이라는 주장이 대두되었다. 아울러, 1957년 러시아(구 소련)의 인공위성 스푸트닉(Sputnik)호의 발사는 미국 안보와 교육을 위협하였으며, 이로써 과학교육 진흥에 박차를 가하게 되었다.

학문중심 교육과정과 교과

학문중심 교육과정은 각 교과가 나타내고 있는 지식의 본질(구조)을 가장 명백히 표현할 수 있도록 그 지식을 체계적으로 조직하는 데 중점을 둔다. 지식의 구조는 지식의 기본 개념 · 기본적인 아이디어 · 핵심개념 등을 가리키며, 이는 학습자 스스로 탐구의 과정을 통해 발견의 기쁨을 경험할 것을 강조한다.

학문중심 교육과정을 공식적으로 천명한 브루너(Bruner)는 『교육의 과정』에서 교육과정은 각 교과가 나타내고 있는 지식의 본질(구조)을 가장 명백히 표현할 수 있도록 그 지식을 체계적으로 조직해 놓은 것을 가리킨다고 하였다. 여기에서 '지식의 구조'는 지식의 기본 개념, 기본적인 아이디어, 핵심 개념 등을 가리키며, 이와 같은 기본 개념은 교사가 학습자에게 주입하는 것이 아니라, 학습자 스스로 탐구의 과정을 통해 '발견의 기쁨'을 경험하는 것이 중요하다는 점을 강조한다.

학문중심 교육과정에서의 교과내용은 초등학교에서부터 고등학교까지 동일하되, 학년의 진전에 따라 그 수준이 달라지도록 나선형 방식으로 조직하게 되어 있다.

4) 인간중심 교육과정

인간중심 교육과정과 교과

인간중심교육과정은 교육의 본질을 자아실현에 두고 있으며, 따라서 교과내용은 인간에게 잠재되어 있는 잠재가능성을 사실화할 수 있는 것으로 구성할 것을 강조한다.

교육과정의 개념을 '학습자가 학교 생활을 하는 동안에 가지게 되는 모든 경험'으로 보는 견해다. 여기서 학교 생활 중의 경험은 경험중심 교육과정에서 뜻한 학교의 지도 · 계획 · 의도에 의해 갖게 되는 경험과 학교의 지도 · 계획 · 의도가 없는데도 갖게 되는 경험을 모두 포함한다. 이제까지 교육과정은 문서화할 수 있는 교육 의도, 즉 의도하는 학습 결과로 대표되는 표면적인 교육과정을 통해 이해되었으나, 1970년대에 들어와 많은 교육자들은 학교 생활의 경험 중에 인간관계, 가치, 흥미 등 잠재된 요소들이 학습자에게는 지속적이고 일관된 영향력으로 학습되고 있음을 발견하였다.

잠재적 교육과정에 대한 인식은 새로운 교육과정인 인간중심 교육과정과 밀접히 관련을 갖게 되었다. 이로써 인간중심 교육과정은 표면적 교육과정과 더불어 잠재적 교육과정을 중시한다. 표면적 교육과정이 학교의 철저한 계획을 전제로, 교과를 통하여 배우는 지적(知的)인 경험을 주로 하는 것인데 비하여, 잠재적 교육과정은 교과가 매개가 되어 지적인 것에 대한 태도가 형성되는 것으로 학교의 문화풍토에 영향을 받게 된다.

예를 들어, 역사교과를 통해 우리나라 역사에 대한 지식을 배운다 하더라도 학교문화가 애국정신을 기를 수 있는 환경이 조성되어 있는지 여부에 따라 학습자의 국가정체성이나 역사관은 다를 것이다.

20세기에 들어서면서 과학기술이 급속도로 발달하고 고도 산업화가 이루어지면서 '교육은 사회 · 경제발전에 필요한 인재를 육성하는 것'이라는 교육의 수단관이 팽배하였다. 그러나 20세기 후반에 이르러 이러한 수단관에 회의를 느껴 결국 '교육은 인간의 삶 자체에 충실해야 하며, 자기충족감이 넘치는 인간을 육성하는 것'이라는 교육의 본질관에 적극적인 관심을 두게 되었다.

과학기술의 발달 속도에 비추어 인간성 발달이 이에 미치지 못한다면 인류의 행복에 기여하기 위해 발달시킨 과학기술은 인류를 멸망시킬지도 모른다. 이에 따라 인간중심 교육과정은 교육의 본질을 자아실현으로 설정하고 있다. 자아실현이 과연 무엇을 의미하는지는 사람마다 다를 수 있다. 공통적으로 가능한 한 가지의 의미는 인간에게 잠재되어 있는 잠재 가능성을 사실화하는 것이 될 수 있다. 이를 위해서 인간중심 교육과정에서의 교사는 인간주의적이어야 하며, 진실된 교사, 한 개인의 학습자에 대한 존중, 공감적 이해, 애정 등을 특성으로 한다.

인간중심 교육과정에서 가르친다는 것은 교육의 체제나 방법들을 이용하여 지식을 전달하는 것이 아니라 인간적인 관계로 본다는 것이다.

5) 관계중심 교육과정

관계중심 교육과정과 교과

관계중심 교육과정은 '학습자가 자신과 세계에 대해 맺고 있는 구체적 관계들의 이해 및 관계수행'에 중점을 두고 있으며, 따라서 교과들을 통해 이 같은 관계이해들을 알아가도록 할 것을 강조한다.

교육과정의 개념을 '학습자가 자신과 세계에 대해 맺고 있는 구체적 관계들의 이해 및 관계 수행'으로 보는 견해이다.

인간중심 교육과정이 개인의 잠재적 가능성을 존중하고 이를 실현하는 데 중점을 두었다면, 관계중심 교육과정은 자신과 자신과의 반성적 관계, 자신과 타인과의 배려적 관계, 자신과 자연과의 질서이해적 관계를 수행하도록 하는 데(정은해, 2000) 중점을 둔다고 할 수 있다.

20세기 후반 인간 본위 현상으로 인한 자연환경의 훼손, 기술문명의 발달로 인한 매연과 공해 및 그에 따른 기상의 변화, 정보통신혁명과 개인중심적 사고의 역작용으로 나타난 가정 해체, 물질 만능, 조울증 증가 등은 개인 삶의 질적인 문제에 대해 심각하게 고려할 필요성을 제기하였다.

일찍이 생태윤리학계에서는 이 같은 현대사회의 문제와 위기를 인간과 여타 사물과의 관계를 경시한 데서 비롯되었다고 보았다. 생태윤리학은 생태계가 생태계 구성원 모두의 상호의존적 관계의 덕에 의해 유지된다는 점을 강조하면서, 생태계 구성원들 간의 바람직한 관계의 회복을 촉구한다.

이와 같은 맥락에서 하위즈(Howes, 2000)는 개인의 발달을 가져오는 중심 개념으로 관계를 강조하면서 개인의 자아는 고립적으로 발달하는 것이 아니라 사회문화적 환경인 생태계와 상호작용하면서 공동체적으로 발달해 간다고 하였다. 이러한 발달은 개인이 참여하는 활동, 역할, 관계들에서 언어적 · 비언어적 행동으로 표현될 때 활동의 유형으로 추론될 수 있다고 보았다. 특히, 관계라는 것이 우리 주변의 많은 유기체들과 상호작용하며 형성될 수 있고 이는 지속적이기 때문에 이차적으로 사회적 관계를 맺기 시작하는 유아교육기관에서의 관계형성은 매우 중요한 역할을 한다고 주장하였다.

관계중심 교육과정에서 가르친다는 것은 학습자 자신을 비롯한 인간이 누구이고, 인간을 둘러싼 생태계(세계)가 무엇인지를 알아가도록 하는 것이며, 이를 위해 교사는 학습자와 생태계의 관계를 매개하고 동시에 교사와 학습자 간의 관계를 수행하는 역할을 한다고 할 수 있다.

이상에서 논의한 교육과정 유형은 각 시대와 사회에서 요구되었던 유용한 지식 및 학습자와 사회를 보는 안목 등에 의해 교육목적과 내용을 달리했다고 볼 수 있다. 그리고 이 같은 교육과정 유형의 구분은 결국 교과내용을 통해 잘 설명된다고 하겠다.

chapter 2

유아교육에서의 교과교육 이해

교과가 초 · 중등학교에서 학문적 지식에 근거하여 언어, 수학, 과학, 도덕 등의 영역으로 구분되어 있다는 점에서, 유아교육과는 상이한 개념을 갖는다고 인식하기 쉽다. 그러나, 교과를 그 사회가 추구하는 인간 교육을 위해 각급학교에서 수행하는 교수 · 학습활동의 내용이라고 넓게 해석한다면 유아교육에서도 교육내용으로서의 한 가지 의미로 이해할 수 있다. 특히, 통합적 인간관에 기초하여 교육과정을 구성하고 운영하는 입장에서, 유아 교과교육은 통합적 성격을 띤다고 하겠다.

1 통합적 인간관에 기초한 유아교육

현대의 유력한 인간관

"인간은 통합적 존재이다."

현대에 들어와, 유력한 인간관은 '인간을 통합적 존재로 보는 것'이다. 인간의 삶은 자아와 환경 간의 상호작용으로 점철되어 있으며, 이 상호작용의 과정에서 인간은 과거와 현재를 연결하고 나아가 미래를 지향하기 때문이다. 따라서 자아와 환경 간에 일어나는 상호작용의 양과 질은 인간발달의 중요한 계기가 되며, 이는 또한 교육의 핵심 과제가 되기도 한다.

교육은 궁극적으로 전인 발달을 도모하며, 특히 인간주의 교육에서 전인 발달은 자아실현을 의미한다. 로저스(Rogers)는 자아실현을 '유기체가 자신을 실현하고 유지하고 향상시키려는 하나의 성향'이라고 설명하였는데 이 말은 지적, 정서적, 신체적 제특성(諸特性)을 모두 망라한 것이며, 적극적인 활동성을 가지고 환경과의 상호작용에 의한 경험과 생활의 재구성 · 재조직을 함의하고 있다(김재복, 1983). 로저스의 자아실현은 이영덕(1997)이 설명한 '인격 통합'의 의미와 상통한다고 볼 수 있다. 그는 인간은 이미 생득적으로 통합 지향성이 있어서 각각 별개의 경험들을 하나로 통합하여 자아에 연결시키는 경향이 있으며, 교육은 바로 이러한 자아의 통합적 성장이 계속적으로 이루어져 인격 통합으로 완성해 가도록 돕는 과정이라고 보았다. 이렇듯 통합적 성장을 지향하는 인간에게 가장 적합한 교육방식은 역시 통합적인 방법으로 접근하는 것일 수밖에 없다. 그리고 이것은 미분화 단계의 자기중심적인 사고를 하며, 논리적인 분석이 어려운 시기에 있는 유아들에게 더욱 요구되는 교육방식이라고 할 수 있다.

인격 통합과 교육

인간은 이미 생득적으로 통합 지향성이 있어서 각각 별개의 경험들을 하나로 통합하여 자아에 연결시키는 경향이 있으며, 교육은 바로 이러한 자아의 통합적 성장이 계속적으로 이루어져 인격 통합으로 완성해 가도록 돕는 과정이다.

모든 교육이론의 핵심에는 인간의 마음(mind)에 관한 가정이 들어 있다. 마음은 가슴과 정신을 포괄하는 말로서, 전통적으로 교육은 인간의 마음을 계발하는 일로 이해되어 왔다. 교육이 인간의 마음을 계발하는 과정으로 설명될 때, 이에 접근하는 입장은 크게 두 가지로 구분된다. 즉, 낭만적 입장과 고전적 입장이다. 낭만적 입장이 인간의 마음의 원천을 개인 '안'에서 찾으며 자연성과 자유를 교육의 본질적인 요소로 간주하여 유아의 창의성을 존중하는데 비하여, 고전적 입장은 교과중심의 교수활동에 의하여 마음이 길러질 수 있다고 보고, 교육의 원천을 현존하는 제도에서 찾으려는 시도를 보인다. 낭만주의 철학자 프뢰벨(Froebel)로부터 시작된 유치원 교육이 낭만적 요소가 강한데 비하여, 초등학교 이상의 학교급은 국가의 시민으로서 필요한 기본능력을 육성하는 데 1차적 목표를 둔 관계로 표준적이며 고전적인 색채가 강하다고 할 수 있다. 콜버그(Kohlberg)와 메이어(Mayer, 1972)는 낭만적인 교육관이나 고전적 교육관이 전통적인 교육 가치를 자의적으로 상대적인 경험만을 강조한다는 점에서 이들은 이상적인 교육 모형이 될 수 없음을 지적한 바 있다. 이들은 그 대안으로 발달적 교육관을 제시하였는데, 이는 유아와 환경과의 상호작용으로 마음이 길러진다는 점에서 듀이(Dewey)와 피아제

콜버그와 메이어의 교육관 구분

· 낭만적 교육관
· 고정적 교육관
· 발달적 교육관

(Piaget)의 구성주의적 접근법과 맥을 같이 한다.

현대 유아교육은 루소, 페스탈로찌, 프뢰벨, 듀이, 피아제를 계보로 낭만적 교육관에서 적극적인 발달적 · 구성적 교육관으로 진보되어 왔다. 구성적 교육관에서 유아는 지식의 구성자로 인식된다. 마음의 계발인 발달은, 유아의 개별적 행동을 통한 내적인 인지구조의 계속적인 변형에 의해 이루어진다고 본다. 각 유아는 생활 속에서 우연히 만나는 사회적 · 물리적 환경과의 상호작용을 통하여 계속해서 인지구조를 재구조화한다. 지적 · 사회적 · 정서적 · 감각운동적 경험은 서로 분리되지 않으며, 이전의 경험이 새로운 경험과 통합되어 지식을 구성해 나간다. 유아는 기존의 정보를 직접적인 교수로 인해 수용하는 반응적인 존재가 아니라, 능동적인 활동에 의해 지식을 구성해 나가는 존재이다. 듀이의 상황이론에 기초한 문제해결사고와 피아제의 평형화 이론에 기초한 인지적 갈등의 조절은 이를 잘 설명해 준다고 하겠다.

이상에서 기술한 바를 정리하면, 현대 유아교육은 통합적 인간관을 가지고 있으며, 이때의 통합은 자아의 통합, 지식과 지식의 통합을 의미한다. 유아는 자아의 통합을 통해 자아실현을 해 가며, 지식의 통합을 통해 여러 학문을 포괄하여 지식들 간의 상호관련성을 지속적으로 형성해 갈 수 있다고 본다.

2 교육과정 통합과 유아교과교육

통합적 인간관에 기초한 유아교육에서 '지식의 구성 및 재구성'은 유아들이 그들의 세계에 대하여 분리된 내용 영역보다는 통합된 전체 경험으로서 경험하고 배우게 될 때 가능해진다(Krogh, 1990; Williams & Fromberg, 1992). 교사가 유아들에게 의미가 있는 상황 속에서 개념들을 제시하지 않고 분리된 각각의 분절된 내용으로 가르친다면 유아들은 개념을 이해하기가 어려워 지식의 구성 작업은 이루어지기 힘들 것이다.

통합
관련 교과들을 융합하여 하나의 일반적 교과인 학문으로 묶는 일, 교과목의 구별이 없는 완전히 단일화된 활동 프로그램

크로(Krogh, 1990)는 유아의 자연스러운 학습을 조장할 수 있는 가치 있는 교육과정 접근방식으로서 교사들이 주제 또는 단원을 사용하여 교과영역을 통합시킨 통합적 교육과정망을 조직하여 활동을 제공할 것을 주장하였으며, 그 외 스포덱(Spodek, 1991), 가츠케(Gatzke, 1991), 브라운(Brown, 1991) 등도 의견을 같이 한 바 있다(방인옥 외, 2013 재인용). 특히 전국단위로서의 미국 유아교육협회(NAEYC, National Association for the Education of Young Children, 1991)는 『발달에 적합한 실제』에서 유아의 지식과 이해, 과정과 기술, 성향과 태도의 발달을 조장하기 위해 특정한 주제나 학습경험을 중심으로 전통적인 교과영역을 통합하여 교육내용으로 결정할 것을 제시하고 있다.

이 같은 통합적 접근은 사실상 교육과정의 양대산맥이라고 할 수 있는 학문중심 교육과정과 경험중심 교육과정의 입장을 포괄한 것이라고도 할 수 있다(김재복, 1983). 그것은 학문중심 교육과정이 학습자의 자발적인 연구를 통한 지적 활동을 강조한다는 점에서 경험이라는 말이 강조한 원래의 의도를 보충한다고 볼 수 있기 때문이다. 이러한 맥락에서 이영덕(1987)은 통합의 개념을 "관련 교과들을 융합하여 하나의 일반적 교과인 학문으로 묶는 일, 교과목의 구별이 없는 완전히 단일화된 활동 프로그램"이라고 설명하고 있다.

교육과정 통합
학습자가 학교의 지도하에 시간적 · 공간적으로 그리고 내용영역에 있어서 각각 다른 학습 경험들이 상호관련되고 의미 있게 모아져서, 전체로서의 학습이 이루어지고 나아가서 인간 성향의 변화가 가치 있게 이루어지도록 하는 과정

이 같은 논의를 기초로 김재복(1983)은 교육과정 통합을 "학습자가 학교의 지도하에 시간적 · 공간적으로 그리고 내용영역에 있어서 각각 다른 학습 경험들이 상호관련되고 의미 있게 모아져서, 전체로서의 학습이 이루어지고 나아가서 인간의 성향의 변화가 가치 있게 이루어지도록 하는 과정이다."라고 정의하였다. 이에 따라 교실 현장에서는 통합교육의 움직임이 나타났고, 이는 통합교육과정의 출현을 가져왔다.

곽병선(1983)은 통합교육과정의 이점으로서 첫째, 통합교육과정은 학습자중심에서 가르치고 배우는 접근으로, 자신을 사랑하고 자기 생각과 자기 모습을 소중히 간직할 수 있는 인간을 육성한다. 둘째, 모든 종류의 학문분야 · 제도 · 인간관계에 있어서 개방과 협동을 강조한다. 셋째, 개인이나 사회가 당면하는 여러 문제들을 현명하게 해결할 수 있는 문제해결력을 길러준다. 넷째, 탐구된 결과로서의 지식 습득보다 탐구하는 절차를 중요시하며 학습자가 학습의 주체로서 능동적 · 자발적으로 참여할 수 있게 해 준다. 다섯째, 통합교육과정은 학교 학습 프로그램의 다변화, 교육과정의 다양화, 학교화, 지역화를 촉진하는 데 관심을 두어 교육과정의 개성화를 가져다준다는 점들을 제시하였다.

우리나라 유치원교육과정은 제1차 유치원교육과정(1969. 2. 19)에서부터 통합적 성격을 띠었다고 볼 수 있으나, 실질적인 통합교육과정 움직임은 제2차 유치원교육과정(1979. 3. 1)에서부터 시작되었다고 볼 수 있다. 교육과정 영역을 사회 · 정서발달 영역, 인지발달 영역, 언어발달 영역, 신체발달 및 건강 영역으로 나누어 영역 간의 통합교육을 전제로 전인 발달을 목표로 하였다. 이때의 통합교육은 지식이나 학문의 구조적 체계를 강조하기보다는 학습자의 심리적 측면을 중시하는 입장을 취하였으며, 제4차 유치원교육과정(1987. 6. 30)에 이르러서는 각 발달 영역별 내용수준은 없애고 목표수준만 제시하였다. 그러나 현장의 유치원 교사들은 유아들을 위한 교육적 경험이나 놀이활동을 준비할 때 구체적인 지침이 될 수 있는 교육내용이 교육과정에서 제시되기를 희망하였다. 이러한 요구는 초등학교와의 연계성이라는 측면에서도 제기되었다.

이러한 현장의 요구를 수용하여 제5차와 제6차 및 2007년 개정 유치원교육과정은 통합교육과정을 전제로 발달영역을 바탕으로 한 생활영역별로 구성하였다. 즉 건강생활, 사회생활, 표현생활, 언어생활, 탐구생활의 다섯 영역이다. 이 5개 영역의 통합적 경험은 생활주제를 중심으로 교육계획안을 작성하고 실행할 때 효과적이고 할 수 있다. 이 같은 통합적 접근은 2011년에 고시된 5세 누리과정 및

2012년 고시 3~5세 연령별 누리과정에도 반영되었다.

통합교육과정의 접근방법은 두 가지 측면으로 나눌 수 있는데, 하나는 심리 · 기능적 접근으로서의 통합이고, 다른 하나는 논리 · 구조적 접근으로서의 통합이다(김재복, 1983). 전자는 인간이 살아가는 데 직접적으로 필요한 지식과 기술, 관심 영역이 교육의 내용이 되어야 하며, 내용 조직도 학습의 과정과 관련된 심리적 측면이 강조되어야 한다고 보는데 비하여, 후자는 인간의 사고양식을 논리적으로 정립해 놓은 학문을 중심으로 하여 교육내용이 선정되어야 하고, 내용의 조직도 지식의 구조 자체를 중심으로 하는 논리적 측면이 강조되어야 한다는 것이다. 예를 들어, 2012년 고시 3~5세 연령별 누리과정에서는 유아의 심신과 건강과 조화로운 발달 및 민주시민의 기초를 형성하는 것을 목적으로 5개 내용영역(신체운동 · 건강 영역, 의사소통 영역, 사회관계 영역, 예술경험 영역, 자연탐구 영역)을 선정하였는데, 5개 영역은 분리된 교과활동으로 운영되는 것이 아니라, 5개 영역 간 상호 유기적 연관성을 가지며 생활주제와 놀이활동을 중심으로 통합적 운영을 하도록 되어 있다.

일례로 교실 내 환경의 자유선택활동 영역에 구비된 교재 · 교구들은 생활주제 및 유아의 흥미와 관심에 따라 언제든 선택되고 활용되며 반복적으로 놀이활동이 지속될 수 있다는 점에서 심리적 · 기능적 통합을 이룬다고 할 수 있다. 그런가 하면, 5개 내용 영역별 조직은 유아의 연령 및 발달수준을 고려하여 논리 · 구조적 조직 특성을 보인다. 즉, 자연탐구 영역의 「수와 연산의 기초개념 알아보기」에서 3세 내용이 「다섯 개가량의 구체물을 세어보고 수량에 관심을 갖는다」인데 비하여, 4세 내용은 「열 개가량의 구체물을 세어보고 수량을 알아본다」로, 5세 내용은 「스무 개가량의 구체물을 세어보고 수량을 알아본다」로 제시되어 있다.

이후 유치원 교육과정에서 통합적 접근의 의미와 가치는 2019년에 고시된 2019 개정 누리과정에서 혁신적 변화를 보였다. 교육과정이란 "유아가 경험하는 총체"라고 개념화하고, 교사와 유아가 함께 만들어가는 교육과정의 중요성을 강조하였다. 2019 개정 누리과정을 유아중심 · 놀이중심의 교육과정이라고 성격을 규정하고, 유아가 주도하는 놀이를 통해 배움이 구현될 수 있어야 한다고 하였다. 즉,

유능한 존재인 유아가 자발적으로 선택하고 주도하는 놀이를 하는 중에 5개 내용 영역에 내재하는 신체운동 · 건강, 의사소통, 사회관계, 예술경험, 자연탐구의 5개 영역에 내재하는 지식 · 기능 · 태도 · 가치를 통합적으로 의미있게 경험함으로써 사회가 추구하는 인간상(건강한 사람 · 자주적인 사람 · 창의적인 사람 · 감성이 풍부한 사람 · 더불어 사는 사람)을 구현하리라고 보았다. 이전 교육과정과의 차이는 생활주제와 자유놀이를 위한 교사의 구체적인 사전계획성을 강조하지 않았다는 점이다. 이는 유아가 놀이를 심리 · 기능적으로 통합하여 경험하는 동안 자연스럽게 배움이 일어나는데, 이 배움은 논리 · 구조적 특성이 내재된 누리과정의 5개 내용 영역과 의미있게 연계된다는 것을 말해준다.

이상에서 살펴본 바와 같이 유아교육에서 교과교육은 교육과정 통합의 성격을 띤다고 할 수 있다.

chapter 3

교과내용의 선정과 조직

어떤 교육내용을 선정하여 어떻게 조직하느냐는 교육의 효과에 중요한 영향력을 갖는다고 할 수 있다. 각급 학교교육에서 교육내용 수준은 곧 학년별 교과목들의 구성과 각 교과의 내용 선정 및 조직으로 결정된다고 볼 수 있다.

일반적으로 교과내용은 실제 생활에의 유용성과 지식의 내재적 가치를 준거로 선정하며, 선정된 내용은 계속성 · 계열성 · 통합성 등의 원리를 기초로 조직되는데 최근에 들어와 유아교육과 초등학교 저학년 교육의 교과내용 조직은 통합적 조직 방법을 선호하는 경향이다.

1 교과내용의 선정

교과내용 선정 준거

- 유용성 중심의 선정
- 내재적 가치 중심의 선정

학습자가 생태계에서 잘 적응하여 살아가도록 돕는 것이 교육의 주된 목적이고 기능이라고 전제할 때, 생활하는 데 필요한 사실, 정보, 개념, 원리, 습관, 태도, 규범 등을 그 탐구방식에 따라 정리해 놓은 것이 교과라고 할 수 있으며, 이는 곧 교육내용을 가리킨다. 따라서 학습자가 어떠한 교과를 통해 교육내용을 배우고 경험하느냐는 생존력과 직결되며, 중요한 의미를 담고 있다.

교육내용 즉, 교과내용은 일반적으로 두 가지 준거에서 선정된다. 하나는 생활에서의 필요를 중심으로 내용을 선정하는 것이고, 다른 하나는 학문이 가지는 지식을 중심으로 내용을 선정하는 것이다(김재복, 1983).

1) 생활에 필요(유용성)를 중심으로 한 내용 선정

교과내용 선정에 있어서 생활에 직접적으로 유용하게 쓰일 수 있는 지식 또는 문제해결에 필요한 지식 여부를 준거로 하는 것이다.

19세기 실증주의자 스펜서(Spencer)는 사람이 살아가는 데 유용한 지식을 가르쳐야 한다고 주장한 바 있다. 그 예로, 인간의 자기보존에 직접 관계되는 생리학, 생활필수품을 획득하는 데 사용되는 물리학, 화학, 수학, 사회학, 자녀양육에 도움이 되는 심리학, 사회관계 유지에 필요한 기술사회학, 역사 그리고 여가활동에 관련된 심미적 문화 등을 제시하였다. 이러한 관점은 20세기 초 실용주의 철학으로 이어져, 생활적응을 교육목표로 하는 경험중심 교육과정에서 학교를 하나의 생활의 장으로 삼아, 학교에서 가르치는 지식이 실제 생활에 얼마나 유용하게 쓰일 수 있는가를 교과내용의 선정 준거로 강조하였다.

경험중심 교육과정을 선호하는 학자들은 성인의 직업 및 소비생활을 분석하고, 청소년들의 필요를 조사하며, 남녀노소 공통의 관심사인 일상생활사태를 분석하는 등의 방법을 통해 실생활에 유용한 교육내용을 선정하는 노력을 기울였다(이홍우, 1997). 성인의 생활을 분석한 보비트(Bobbitt)는 언어활동, 건강활동, 시민활동, 사교활동, 여가활동, 지적 활동, 종교활동, 결혼과 자녀교육의 양친활동, 직업 이외 실제 활동 및 직업활동의 열 가지로 성인활동을 분류하고 이들을 학습자 교과내용으로 선정할 것을 주장하였다. 특히 듀이는 일상 문제해결에 필요한 지식의 유용성 차원에서, 모든 문제해결이 따라야 할 사고의 방식인 반성적 사고를 가르치기 위해 일상생활에서 학생들이 당면하는 문제로 이루어진 것은 무엇이든지 교과가 될 수 있다고 보았다. 예를 들어 그가 운영했던 시카고대학 초등실험학교 교과로 사회적인 일, 읽기와 쓰기, 체육, 요리, 과학, 집회, 공작, 역사와 지리, 방직, 미술, 현대어 등이 있는데, 이들 중 과학교육의 내용은 나침반 만들기,

지구와 해의 운동비교 실험, 지렛대 원리, 기체 · 액체 · 고체 변화 실험, 스펙트럼 연구 등으로 구성되어 있다(박영만, 1985). 또한 듀이는 4세부터 8세까지의 유아들을 위한 준초등교육 단계에 산업중심 프로그램을 운영하였는데, 유아의 흥미나 목적, 일상생활과 관련있는 빵 만들기, 목공활동, 목장 견학, 소방관 체험, 바느질 등의 교과활동을 경험하도록 하였다(방인옥 외, 2013).

2) 학문이 가지는 지식(내재적 가치)을 중심으로 한 내용 선정

교과내용 선정에 있어서, 교과가 가지는 내재적 가치를 실현하는지 여부를 준거로 하는 것이다.

1950년대까지 영향력이 컸던 경험중심 교육과정이 생활 적응에 필요한 지식이나 학습자의 흥미와 경험을 지나치게 강조한 나머지, 학문의 중요한 개념이나 원리를 체계적으로 가르치는 데 소홀했다는 비판을 받게 되었다. 이러한 비판은 학문중심 교육과정 시대로 전환되는 계기가 되었고, 브루너가 중심적 역할을 하게 되었다. 브루너는 지식의 구조가 교과내용이 되어야 한다고 보았는데, 지식의 구조란 학문의 기저를 이루는 일반적인 아이디어 · 원리 · 기본 개념을 뜻한다. 브루너는 지식의 구조에 대한 명확한 이해를 돕기 위하여 다음과 같은 생물학의 구조에 해당하는 향성(tropism)의 원리를 예로 들고 있다(Bruner, 1960을 번역한 이홍우, 2006, pp. 291–292).

—— 먼저 판자 위에 깔아 놓은 그래프 용지 위를 기어가는 자벌레의 경우를 생각해 보자. 판자를 기울여 경사각이 위로 30도 되도록 한다. 그러면 자벌레는 직선으로 기어가는 것이 아니라 직선과 45도의 각을 이루며 옆으로 기어간다. 판때기를 60도 기울이면 자벌레는 직선에서 몇 도 옆으로 기어가겠는가? 예컨대 자벌레가 직선에서 75도 옆으로 기어간다고 하자. 이 두 가지 측정치에서 우리는 자벌레가 위로 기어 올라가는 '향성(向性)'이

있으며, 만약 위로 기어 올라가야 한다면 지면과 15도의 경사를 이루며 기어 올라간다는 것을 추리할 수 있다. 다시 말하면 우리는 생물학에서 말하는 '향성'의 원리, 보다 특수하게 '지향성'의 원리를 발견한 것이다. 이것은 유독 자벌레에서만 적용되는 특수한 사실이 아니다. 여기서 출발하여 우리는 단순한 조직의 유기체에서는 어느 것에나 이런 '향성' 현상이 있다는 것을 알게 된다. 향성이란 고정된 본능적 기준을 따르는 운동의 조절을 뜻하며, 보다 구체적으로 말하여 하등생물은 일정한 정도의 광도, 염분도, 온도 등을 좋아하여 이런 것이 있는 쪽으로 나아가는 경향이 있다는 것이다. 외적인 자극과 생물체의 운동 사이에 있는 이 기본적인 관계를 일단 파악하고 나면, 학생은 그밖의 많은 현상들을 다루기가 훨씬 쉬워진다.

이러한 현상들은 당장 겉으로 보기에는 새로운 사실 같지만 실상은 이미 알고 있는 사실과 아주 밀접하게 관련된 것들이다. 예컨대 메뚜기떼가 이동할 때 그 진로의 온도 때문에 메뚜기떼의 밀도가 조절된다. 산에서 사는 곤충들은 종류에 따라 일정한 양의 산소를 선택하여 움직여 다니고 있으며 산의 높이에 따라 산소의 양이 다르므로 곤충의 종류 사이에 교접이 불가능하게 되고 따라서 종족의 순수성이 유지된다. 이러한 여러 가지 생물학적 현상이 향성에 비추어 이해된다. 그리하여 교과의 구조를 파악한다는 것은 곧 한 가지 현상을 여러 가지 현상과의 관련에서 이해할 수 있게 된다는 것을 말한다. 요컨대 구조를 학습하는 것은 사물이나 현상이 어떻게 관련이 있는가를 학습하는 것이다. 이 설명과 관련하여 구조는 정의상 '일반적 성격'을 가지고 있다는 점을 강조할 필요가 있다. 구조가 구조인 것은 바로 그것이 일반적 성격을 가지고 있기 때문이다. 즉, 구조는 특수한 현상을 개별적으로 가리키는 것이 아니라 그런 현상들을 일반적으로 포괄한다. 위의 보기에서 '향성'이라는 구조는 자벌레의 운동이나 메뚜기떼의 밀도를 개별적으로 가리키는 것이 아니라, 이것과 이 이외의 다른 현상들을 모두 포괄하는 원리이다. 따라서 우리는 구조가 있을 때 비로소 하나의 현상을 어떤 원리의 특수한 사례로

> 하나의 현상을 어떤 원리의 특수한 사례로 인지할 수 있고 여러 현상들 사이의 관련과 질서를 파악할 수 있다. 이것을 우리는 '원리의 적용' 또는 '특수화'라고 부른다. 여기에 비하여 특수한 현상들 사이에서 일반적 구조를 발견하는 것을 우리는 '법칙의 발견' 또는 '일반화'라고 부른다. 요컨대 구조는 일반화하여 특수화를 가능하게 함으로써 세계에 대한 우리의 인지활동 또는 '이해'에 도움이 된다.

이와 같이 브루너는 교과의 내용이 해당 학문의 구조를 중심으로 선정되고 조직되어야 한다고 보았다. 지식의 구조는 지식이 폭발적으로 증가하는, 특히 오늘날의 지식기반사회에 있어서 교과의 내용 선정 기준으로 중요한 의미를 갖는다.

이상에서와 같이 교과내용은 교육과정 입장에 따라 생활에의 유용성과 지식의 내재적 가치라는 상반된 준거에 의해 선정될 수 있으나, 오늘날에는 두 가지 준거를 최대한 통합하여 반영하는 경향을 보인다고 하겠다.

2 교과내용의 조직

교과내용을 선정하면, 교과내용에 대한 경험이 계속적으로 쌓여서 학습자 행동에 변화가 오도록 교과를 조직하는 일이 중요하다. 교과의 조직이란 내용을 어떤 순서로 서로 어떻게 관련지어서 가르칠 것인가에 대한 문제를 다루는 것이다(Tyler, 1949를 인용한 김경배 외, 2004 재인용). 교과내용 조직에 필요한 원리와 방법은 다음과 같다.

교과내용 조직

교과의 내용을 어떤 순서로 서로 어떻게 관련지어서 가르칠 것인가에 대한 문제를 다루는 것

1) 교과내용 조직의 원리

교과내용 조직의 원리

- 계속성의 원리
- 계열성의 원리
- 통합성의 원리

- **계속성의 원리**: 교과내용 중 반드시 익히고 기억해야 할 중요한 원리나 개념 또는 기술들을 반복적으로 제시하여 계속 연습하는 기회를 갖도록 조직하는 것을 말한다. 예를 들어, 화학에서 원소 기호를 익히거나 새로운 영어 단어 외우기 또는 물리시간에 새로운 공식이 도입되었을 때 학습자가 익숙해질 수 있도록 각 교과 내용에 용어, 개념, 공식 등을 반복적으로 제시하여 학습자에게 충분한 기회와 시간을 제공하는 것이다.
  유아교육에 있어서도, 기본생활습관의 일환으로 유아들이 인사하는 태도를 익히도록 하기 위하여 "안녕하십니까?"(두 손을 배에 모으고 공손히 머리 숙인 자세로)를 반복하는 경험을 하는 것을 볼 수 있다.
- **계열성의 원리**: 단순히 반복되는 계속성과는 달리, 학습 내용이 단계적으로 심화·확대되도록 조직하는 것을 말한다. 이는 브루너의 나선형 교육과정에서 잘 보여주는데, 동일한 내용을 학습자의 지적 발달 수준과 표현양식에 적합하게 어린 연령 단계에서는 직접적이고 구체적인 활동으로 제시하고 다음에는 그림이나 영상적인 활동 등 조금 높은 단계로 확대하여 제시하며, 점차 추상적이고 상징적인 수준으로 반복하여 제시하는 것이다. 브루너는 이 같은 표현양식으로 동작적 양식, 영상적 양식, 상징적 양식의 세 가지를 들었다.

브루너의 표현양식

- 동작적 양식
- 영상적 양식
- 상징적 양식

- **통합성의 원리**: 한 교과 내에서의 여러 내용들이나 각 교과들을 서로 수평적으로 관련짓는 것을 말한다. 예를 들어, 수학적 능력이 과학 공부에 활용될 수 있도록 고려하여 과학 교과내용을 조직하는 일이다. 특히 유아교육에서는 교육내용을 조직할 때 통합성의 원리를 충실히 따르고자 하는데, 유아들의 관심이 집중된 주제를 선정하여 그 주제에서 경험할 만한 활동들, 즉 이야기 나누기, 게임, 음악, 과학, 현장학습, 신체활동, 동극, 동시 등을 유기적으로 연결하여 조직하는 것이다.

2) 교과내용 조직의 방법

듀이는 1956년에 펴낸『아동과 교육과정』에서 교육내용의 조직을 논리적 조직과 심리적 조직의 두 가지로 구분하였다. 논리적 조직이란 각각의 교과내용들이 서로 논리적으로 관련을 맺도록 조직하는 것을 가리키며, 심리적 조직이란 각각의 내용들을 관련시키는 기준이 바로 학습자의 심리적 과정이라는 것을 가리킨다. 즉, 듀이에게 있어서, 논리적 조직이란 탐구의 결과인 지식을 논리적 형식에 따라 진술하는 것을 뜻하는데, 예를 들면 역사의 "연대순"이나 지리의 "가까운 데서 먼 곳으로" 또는 삼단논법이라는 논리적 형식을 통해 지식을 증명하는 것을 들 수 있다. 반면 심리적 조직이란 탐구의 과정에 있는 지식, 즉 학습자의 심리적 과정 속에서 획득되어 가는 도중에 있는 지식에 중심을 두며, 이 지식은 사고하는 사람의 태도, 욕망, 의도가 작용하여 비논리적일 수 있으나 듀이는 사고가 논리적이기 위하여 사고과정이 반성적이어야 함을 강조하였다.

교과내용의 조직

- 논리적 조직
- 심리적 조직
- 통합적 조직

이제까지 초등학교 고학년 이상 학교급에서의 교과조직을 보면, 대부분 학문의 논리적 순서를 따르고 있다. 이러한 논리적 조직은 학습자가 유아나 초등학교 저학년인 경우 자신의 경험이나 현재 삶과 동떨어져서 학습에 대한 동기유발이나 흥미가 일어나기 어려울 수 있다. 따라서 학습자의 내재적 욕구를 고려하여 심리적으로 교과를 조직할 필요가 있다.

한편, 현대에 들어와 논리적 조직과 심리적 조직 외에 통합적 조직이 부각되는 현상이다.

1981년 초 · 중등 교육과정에서 우리나라 처음으로 통합교육과정을 채택한 이래로, 교과의 통합적 조직에 대한 관심이 높아지고 있다. 특히 2009년 개정 초등학교 교육과정에서 교과서 수준에서나마 '통합단원'을 설계함으로써 교수 · 학습 차원에서의 통합학습 가능성을 높여 놓았다고 할 수 있다. 무엇보다도 유아교육기관의 교육과정은 1969년에 고시된 1차 유치원 교육과정에서부터 2019년에 고시된

2019 개정 누리과정에 이르기까지 통합적으로 내용을 선정하고 조직해 왔다.

교과의 통합적 조직을 핵심내용으로 하는 통합교육과정은 학습자가 교육활동을 하면서 경험하는 것들을 상호 관련지어 의미 있는 전체로서의 학습이 이루어지도록 하고 있다.

김재복(1983)은 교과를 통합적으로 조직하는 방법을 크게 구조적 통합과 기능적 통합으로 구분하였다.

(1) 구조적 통합

교과내용의 통합적 조직방법

- 구조적 통합
- 기능적 통합

교육과정 내에서 각 교과에 해당하는 지식의 구조를 재구조화하는 것을 말한다. 이는 교사중심, 지식중심의 통합을 가리킨다. 구조적 통합에는 합산적 통합, 기여적 통합, 융합적 통합이 있다.

- **합산적 통합**: 둘 이상의 교과를 하나로 묶어 단일의 명칭을 사용하는 통합이다. 예를 들어, 물리 · 화학 · 생물 등을 과학이라는 하나의 명칭을 사용하여 통합하는 것이다. 이 경우에 각각의 교과는 독립성을 유지하는데, 한 교사가 통합된 각 교과의 내용을 모두 가르칠 수도 있고 혹은 여러 전문 교사가 나누어 각각의 교과를 가르칠 수도 있다. 따라서 여러 교과가 하나의 이름하에 묶일 뿐, 교과 간의 구분은 여전히 존재하며, 교과내용 간의 통합은 없다.
- **기여적 통합**: 교과 간에 서로 기여할 수 있는 공통의 요소를 찾아내어 통합하는 것이다. 예를 들어, 조선시대 문학작품을 가르치는 국어교사는 역사교사의 도움을 받아 그 작품의 역사적 배경을 설명할 수 있다. 이 경우에도 합산적 통합에서와 같이 각 교과를 하나의 독립된 것으로 간주한다. 그러나 각 교과가 서로 상이한 각도에서 가르치는 지식 사이의 간격을 메우는 데 도움을 준다.

구조적 통합방법

- 합산적 통합
- 기여적 통합
- 융합적 통합

- **융합적 통합**: 교과들 간에 중복되는 원리, 공통적인 문제, 공통의 관심사에

기초해서 2개 이상의 교과목을 포괄적으로 혼합시켜 프로그램을 완전히 재구성하는 것이다. 예를 들어, 2013년부터 수행한 초등학교 1, 2학년 통합교과의 조직이 대표적인 예이다. 통합교과인 바른 생활 · 즐거운 생활 · 슬기로운 생활의 3개 교과의 내용이 학교와 나, 봄, 가족, 여름, 이웃, 가을, 우리나라, 겨울이라는 통합단원 하에 재구성되어 교과 간 통합성을 더욱 강화하였다.

(2) 기능적 통합

학습자의 통합적 능력을 개발하기 위하여 학습자의 학습경험을 조직하는 것을 말한다. 즉, 지식을 학습자의 통합적 경험을 촉진하기 위해 사용하는 것이다. 기능적 통합에는 개인의 흥미 및 필요에 중심을 둔 통합과 사회의 기능 및 문제에 중심을 둔 통합이 있다. 따라서, 교과들을 묶어 하나의 학습영역을 만드는 것이 아니라, 개인의 흥미 및 필요 또는 사회의 기능 및 문제영역에 관련된 모든 지식과 자료를 활용하여 탐구하거나 표현하는 학습활동이 이루어지게 하는 과정중심의 통합이다.

기능적 통합방법
- 필요와 흥미를 통한 통합
- 사회기능 및 문제를 중심으로 한 통합

- **필요와 흥미를 통한 통합**: 시간적 · 공간적으로 학습자와 인접한 것, 빈번히 일어나는 일, 집단에서 공통적인 것, 생활에서 일어나는 문제, 잘 아는 사람들, 자연의 여러 가지 것들, 언어활동, 건강활동, 시민활동, 여가활동, 직업활동 등과 같은 데서 나타나는 여러 가지 일이 교육과정의 중심내용 또는 교과내용의 주제로 선정되고, 이와 관련된 지식과 자료를 동원하여 문제를 해결하거나 표현활동을 전개하는 통합이다. 예를 들어 "동물" 주제로 통합을 시도해 본다면, 동물 이야기, 동물 소리와 모양 흉내 내기, 동물 그리기, 동물 노래하기, 동물 분류하기, 동물나라 연극하기 등으로 표현중심의 학습을 전개할 수 있다. 여기에는 국어 · 미술 · 음악 · 자연 · 체육 등과 관련된 내용

이 표현 소재로써 자유롭게 통합될 수 있다.

- **사회의 기능 및 문제를 중심으로 한 통합**: 사회의 기능, 예를 들어 자원의 보존과 활용, 물자의 생산 및 분배, 오락, 자유의 확장 등과 같은 영역이나 현대사회의 여러 가지 문제, 예를 들어 실업, 전쟁, 범죄, 기아, 오염 등과 같은 주제로 문제를 해결해 가는 탐구과정 속에서 여러 가지 지식 · 자료 · 정보 등이 통합적으로 활용되는 통합이다. 이렇듯 문제를 중심으로 이루어지는 통합적 접근에서는 문제에 대한 관심과 인식, 문제의 명료화, 문제해결에 필요한 자료수집, 문제해결안의 모색, 최선의 문제해결을 위한 합리적 결정과 같은 과학적 방법이 적용된다.

이 외에도 포가티(Fogarty, 1991)는 교과의 통합적 조직방법을 단절형, 연관형, 동심원형, 계열형, 공유형, 거미줄형, 실로 꿰어진 모형, 통합형, 몰입형 및 네트워크형 등 10가지 모형으로 분류하였다. 이들 모형 중 연관형과 거미줄형은 유아교육과정에서의 통합성을 잘 보여준다고 할 수 있다(교육부, 2000).

(1) 연관형 통합조직

유아교육과정에서의 대표적인 통합방법

- 연관형 통합
- 거미줄형 통합

연관형은 단일 교과영역 내에서 교과내용의 주제 및 개념, 학습, 아이디어들이 서로 명백하게 연관되는 것을 말한다. 예를 들어, 2012년 3~5세 연령별 누리과정에 기초한 지도서에서 선정한 생활주제 11가지와 각각의 주제들은 개념들, 학습내용들 간에 내적 연관을 가지고 있다. 즉 '유치원/어린이집과 친구, 나와 가족, 우리나라, 세계 여러 나라, 환경과 생활 등의 생활주제들은 공통적으로 관계 · 환경 · 협동 · 질서와 같은 주요 개념들을 내포하고 있다. 이와 같이 생활주제 간 통합이 이루어짐으로써 주요 개념들이 여러 차례 반복된다. 학습자들은 주요 개념들을 검토하고, 재개념화하고, 편집하고, 동화시키며, 전이를 촉진시키고 궁극적으로 내면화한다.

(2) 거미줄형 통합조직

거미줄형은 하나의 주제를 중심으로 교과들의 다양한 학습내용들을 통합적으로 재구성하는 것을 말한다. 주제를 중심으로 구성된 거미줄은 전체를 관망할 수 있는 광범위한 시야를 제공하여 주므로, 다양한 활동과 아이디어들이 어떻게 관련되어 있는가를 쉽게 이해할 수 있다. 예를 들어, 그림 1-1 과 그림 1-2 는 2012년 3~5세 연령별 누리과정에 기초한 지도서의 4세 생활주제 유치원/어린이집과 친구 중 '유치원/어린이집에서 만난 친구' 주제를 중심으로 자유선택활동(그림 1-1)과 대 · 소집단활동(그림 1-2)의 거미줄형 조직을 나타낸 것이다.

- **자유선택활동시간**: 자유선택활동시간에 유아들은 특정 주제를 중심으로 각 영역에 제시된 다양한 교재교구들을 가지고 활동한다. 이때 유아는 개별 학습자로서 스스로 탐구하고 발견하며 체험하는 기회를 갖는다.

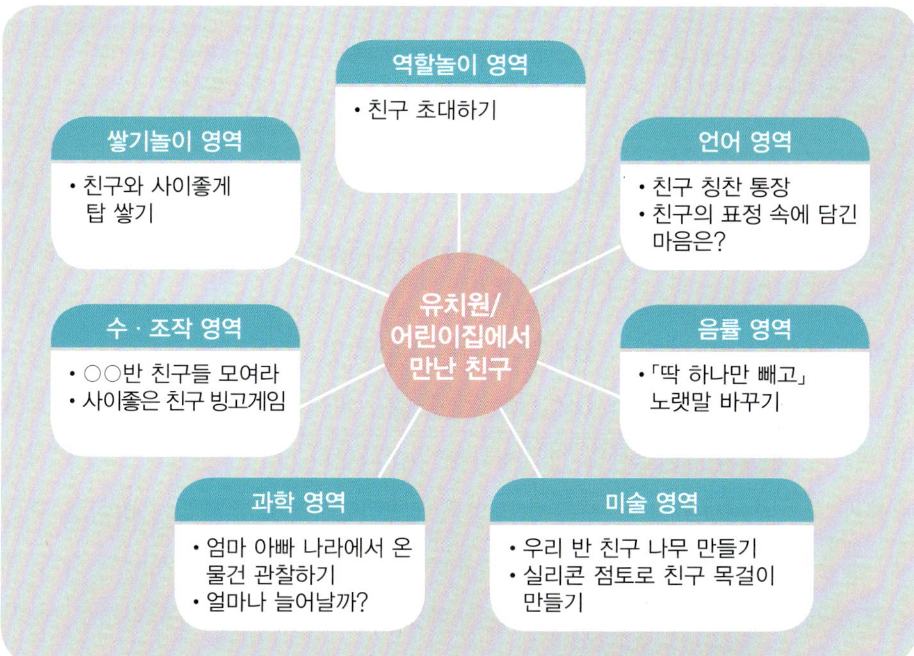

그림 1-1 유치원/어린이집과 친구 생활주제에서 '유치원/어린이집에서 만난 친구'를 위한 통합적 자유선택활동 조직(4세)

● **대 · 소집단활동시간**: 대 · 소집단활동시간에 유아들은 특정 주제를 중심으로 다양한 활동들을 통합적으로 해 볼 수 있다.

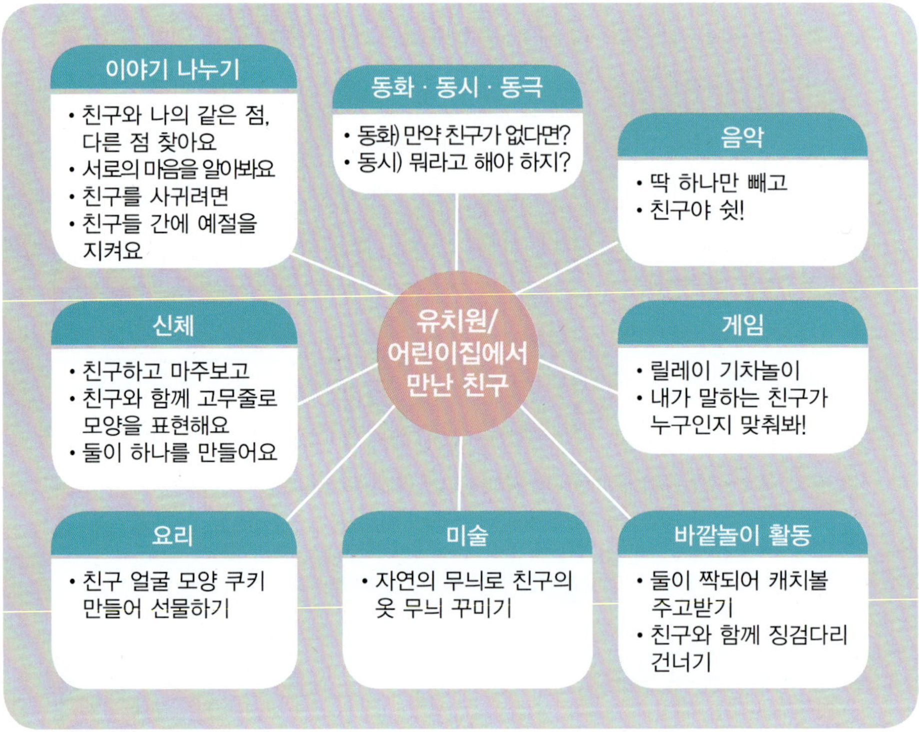

그림 1-2 유치원/어린이집과 친구 생활주제에서 '유치원/어린이집에서 만난 친구'를 위한 통합적 대 · 소집단활동 조직(4세)

2019 개정 누리과정 역시 연관형과 거미줄형 통합조직을 취하고 있다고 할 수 있다. 교육내용 통합계획에 있어, 유아가 중심이 되고 놀이가 살아나는 교육과정이 되도록 하기 위해, 교사의 사전계획을 최소화한다. 즉 유아가 실제 놀이하는 내용과 교사의 지원계획을 사후에 통합적 경험 차원에서 기록하는 방식을 취한다. 교사들은 2020년부터 유아들이 자유놀이에서 발현한 놀이주제나 교사가 제안한 주제를 중심으로 관련된 활동들을 예상하여 사전계획을 대략적으로 하고, 실제 교실에서 유아들이 실행한 자유놀이와 활동의 의미있는 경험들을 사후에

5개 내용영역으로 정리하고 통합하는 기록을 하게 된다.

참고로, 2019 개정 누리과정에서는 놀이와 활동을 구분하여 정의하고 있다. 놀이는 유아 스스로 선택하고 주도적으로 참여하는 과정에서 즐거움을 느끼는 것을 말하고, 활동은 놀이를 지원하기 위해서 교사가 유아의 흥미 · 욕구 · 의도를 고려하고 놀이맥락 안에서 계획을 실행하는 것을 말한다(교육부 · 보건복지부, 2019).

놀이가 유아의 자발성 · 주도성에 비중을 두고 있다면, 활동은 교사의 계획을 유아들에게 제안하고 교사와 유아들이 활동을 함께 만들어가는 과정의 의미를 갖는다고 할 수 있다.

따라서 활동은 유아의 놀이를 지원하고자 할 때, 교사가 판단하기에 교육적 가치가 있는 주제를 제안하고자 할 때, 시의성이 있는 활동을 경험할 필요가 있을 때(예를 들어, 명절 및 국경일 · 기념일, 올림픽, 국가적 행사 등) 그리고 일상생활에 필요한 규칙 · 질서 · 예절 등을 지도하고자 할 때 교사는 의미있는 경험들을 계획하여 활동을 실행하게 된다.

chapter 4

교과교육의 교수 · 학습 모형

학교교육의 장면에서 가장 기본적이며 핵심적인 과정은 가르치며 배우는 과정이라고 할 수 있다. 각 교과교육 시간에 교사와 학습자 간에 오가는 사회정서적이고 교육적인 상호작용은 교육의 질을 결정하는 중요한 요소가 된다.
즉, 각 교과가 목표로 하는 지식이나 기능, 태도 등을 잘 익히고 활용하도록 돕기 위한 효과적인 교수 · 학습방법에 대해 생각해 볼 필요가 있다.
효과적인 교수 · 학습을 위해서는 교과내용의 특성 및 학습자의 학습특성 등을 고려해야 할 것이다.
따라서 여러 다양한 교과와 모든 학습자에게 모두 효과적인 교수 · 학습방법이란 없다.
특정 교과와 특정 학습자에게 가장 적합한 교수 · 학습방법을 선택하는 것이 중요한데, 대표적으로 몇 가지 교수 · 학습 모형이 있다.

교수 · 학습 모형

교수 · 학습 모형이란 교수 · 학습 절차, 전략, 활동, 기법 등을 단순화하여 나타낸 하나의 틀

교수 · 학습 모형은 교수 · 학습 절차, 전략, 활동, 기법 등을 단순화하여 나타낸 하나의 틀이라고 할 수 있다(교육과학기술부, 2013).

건축가가 거주자의 요구와 환경조건, 비용, 가옥의 목적 등을 고려하여 설계하듯이, 교사는 학습자의 요구, 학급 및 학교환경 조건, 시대적 · 사회적 요구 및 교과의 목적과 내용 등을 고려하여 교수 · 학습 모형을 설계하거나, 기존의 구조화된 교수 · 학습 모형을 선택 · 적용할 수 있다. 건축가가 설계한 가옥이 나무집 · 벽돌집 · 황토집 · 얼음집 · 천막집 등이 있듯이, 교수 · 학습 모형도 교과 내용, 학습자 수준, 교사의 교수능력, 교수 · 학습환경 등의 변인에 따라 다양한 모형이 있다.

교과교육에서 교수 · 학습 모형을 적용할 때 몇 가지 고려할 점이 있다. 첫째,

각 교수 · 학습 모형의 특성, 절차, 활용에 대한 충분한 이해와 장단점을 고려해야 한다. 둘째, 각 모형에 제시된 절차는 실제 수업을 진행하는 과정에서 한두 가지 단계가 제외되거나 확장될 수도 있음을 염두에 두어야 한다. 셋째, 교수 · 학습 모형을 적용하는 각급 학교의 수업단위 시간이 20~30분(유아교육기관의 경우)에서 40분(초등학교 저학년의 경우)에 걸쳐 있으므로 교수 · 학습 모형의 전체 단계가 두 차시 이상에서 수행될 수도 있다는 융통성 있는 사고를 해야 한다.

여기에서는 교육과학기술부(2013)가 초등학교 1 · 2학년군 국어교과 교수 · 학습 모형들로 제시한 것을 인용하여 소개하고자 한다. 이들은 유아교육에서부터 초 · 중등교육에 이르기까지 각 교과교육에 활용할 만한 교수 · 학습 모형이 될 수 있다고 본다.

1 직접 교수 모형

직접 교수 모형은 행동심리학에 기초를 두고 있으며, 특정 학습내용이나 과제 해결을 명시적이고 단계적으로 지도하는 데 초점을 두는 교사중심의 교수 모형이다(교육과학기술부, 2013). 이 모형은 학습목표를 구체적으로 설정하고, 학습과제나 학습해야 할 내용을 세분화하여 가르친다. 또한 연습과 반복을 통하여 비교적 단기간에 걸쳐 숙달학습이 이루어지고자 하는데, 주로 전통적인 학문기술, 사회적 기술, 언어기술, 운동기술 등의 습득에 초점을 둔다.

직접 교수 모형
특정 학습내용이나 과제 해결을 명시적이고 단계적으로 지도하는 데 초점을 둔, 교사중심의 교수 모형

이 모형은 다음의 4단계로 구성되어 있다.

표 1-1 직접 교수 모형

단계	주요 활동
설명하기	• 동기유발 • 학습문제 제시 • 학습의 필요성 또는 중요성 안내 • 학습의 방법 또는 절차 안내 • 하루 전에 배웠던 개념의 복습
시범보이기	• 적용사례 또는 예시 제시 • 방법 또는 절차 시범
질문하기	• 세부 단계별 질문하기 • 학습내용 및 방법 재확인
활동하기	• 적용 • 반복 연습

설명하기 단계는 학습내용에 대한 동기를 유발하고 학습내용을 소개하며, 그것을 왜 학습하여야 하는지 그 필요성과 중요성을 인식시키고, 어떤 절차나 방법으로 그것을 습득할 수 있는지 세분화하여 안내하는 단계이다. 또는 하루 전에 배웠던 개념을 복습하기도 한다. 시범보이기 단계는 학습내용 적용의 실제 예시를 보여주고, 그것의 습득방법이나 절차를 세부 단계별로 나누어 직접 시범보이거나 매체를 활용하여 시범보이는 단계이다. 질문하기 단계는 설명하고 시범보인 내용을 더욱 구체적으로 이해시키고, 이를 확인하기 위하여 주어진 학습 과제를 해결하는 데 필요한 지식, 전략, 과정 등에 대하여 세부 단계별로 질문하고 대답하는 단계이다. 활동하기 단계는 주어진 목표를 달성하기 위하여 이미 학습한 지식 및 전략을 사용하여 일정한 절차에 따라 학습 자료를 이해하기 위한 활동을 하는 단계이다.

예를 들어, 디스타(DISTAR, Directed Instructional System for Teaching Acceleration Remediation) 유아교육 프로그램은 유아의 학문적 기초를 형성해 주기 위해, 일정한 시간 내에 다양한 언어적 경험을 압축시켜 직접 교수하는 방법을 사용한다. 일례로, 유아언어학습을 위해 교사는 어제 배웠던 언어관련 개념을 복습하고, 오늘의 언어학습 과제(복수 · 단수 인식하기, 부정어 사용하기 등)를 소개하며(설명하기), 「이것은 ~무엇이다. 무엇은 ~무엇이다.」 식의 기본 모형을 제시하고(시범보이기), 「이것은 ~무엇이니?」 식의 질문을 하여 시범보인 과제를 확인하고(질문하기), 마지막으로 유아가 교사의 도움 없이 사물의 관계에 대한 것을 적절한 문장으로 표현하도록(활동하기) 하는 교수 · 학습과정을 수행하곤 한다.

2 문제해결학습 모형

문제해결학습 모형은 듀이의 반성적 사고론에 기초를 두고 있으며, 학습자 주도의 문제해결과정을 강조하는 학습자중심의 학습 모형이다. 이 모형은 우리의 삶이 끊임없는 문제 상황의 연속이라고 보고, 교과교육의 궁극적 목적을 문제상황에 대한 슬기로운 해결능력에 두는 것을 기본으로 한다. 이에 따라 당면한 문제를 인식하고 명료화하며, 문제해결을 위한 가설을 설정하고, 검증하며, 문제해결 결과를 일반화하는 등의 문제해결과정과 결과에 초점을 둔다. 그리고 이 같은 문제해결과정에 반성적 사고를 적용할 것을 권고하고 있다.

문제해결학습 모형
학습자 주도의 문제해결과정을 강조하는, 학습자중심의 학습 모형

이 모형은 다음의 4단계로 구성되어 있다.

표 1-2 문제해결학습 모형

단계	주요 활동
문제 확인하기	• 동기유발 • 학습문제 확인 • 문제의 명료화
문제해결 방법 찾기	• 문제해결을 위한 가설 설정 • 문제해결 계획 및 자료수집
문제해결하기	• 가설 검증 • 최선의 문제해결 시도
일반화하기	• 타 문제에 해결안 적용

문제 확인하기 단계는 해결하여야 할 문제상황을 인식하고 그중에서 해결하여야 할 문제를 명료화하는 단계이다. 문제해결 방법 찾기 단계는 문제해결을 위한 가설을 설정하고, 이를 바탕으로 하여 문제해결을 위한 계획을 하고 자료를 수집하는 단계이다. 문제해결하기 단계는 탐구한 문제해결 방법을 바탕으로 하여 가설을 검증하고 최선의 해결안으로 문제해결을 시도하는 단계이다. 일반화하기 단계는 문제해결 과정에서 터득한 원리를 다른 상황에 적용하고 연습함으로써 학습내용을 익히는 단계이다.

문제해결학습 모형은 어느 교과, 어느 주제에서든 해결하여야 할 문제(학습문제)를 포함한다는 점에서 그 적용범위가 광범위하다. 이 모형은 문제해결 과정을 중시하고 학습자의 탐구능력을 강조한다는 점과 다소 시간이 걸릴 수 있다는 점에 주의하여 적절한 적용상황을 선택하여야 한다. 따라서, 이 모형은 이미 학습한 내용을 실제 상황에 적용하는 경우, 학습자의 수준에 비하여 학습내용이나 절차가 쉽고 간결한 경우, 기본 학습 훈련이 잘 되어 있는 학습자의 경우에 적용하는 것이 더 바람직할 것이다.

문제해결학습 모형을 적용하는 교사는 학습자에게 문제를 명확히 인식시키고, 학습자가 스스로 문제해결 방법을 탐구하고 문제를 해결할 수 있도록 해야 한다. 이를 위하여 '문제해결 방법 찾기'와 '문제해결하기' 단계에서 교사의 직접적인 개입을 최대한 줄이고 학습자들의 자발적인 탐구활동을 최대한 강조한다. 이는 학습자에게 '해 보라'고만 하는 방관자로서의 교사를 의미하는 것이 아니라, 학습자의 사고를 자극하고 탐구를 지원하는 적극적인 중재자로서의 교사를 의미한다. 학습능력이 부족한 학습자나 시간이 충분하지 못할 경우에는 처음부터 일련의 문제해결 과정을 거치게 하기보다 한두 과정(단계)에서 학습자 주도의 활동을 강조하는 것이 효과적이다. 개별적으로 문제해결이 어려울 경우에는 모둠별로 문제해결 방법을 찾고 문제를 해결할 수 있도록 지도한다.

유아교육 장면에서는 동식물이 잘 자라게 하려면? 우리 학급 친구들이 실외놀이

시간에 하나밖에 없는 그네를 모두 타려면? 등의 문제를 해결하고자 할 때 이 모형을 사용할 수 있으며, 동화의 주인공이 처한 문제상황을 인식하고 해결하고자 할 때에도 사용할 수 있다. 일례로, 콩쥐팥쥐 이야기 중의 「깨진 독에 물을 채우고 잔칫집에 갈 수 있으려면?」이라는 콩쥐의 문제상황을 해결하고자 할 때, 이 교수 · 학습 모형이 유용하다.

3 창의성 계발 학습 모형

창의성 계발 학습 모형은 고든(Gordon, 1961)의 창조적 문제해결론에 기초를 두고 있으며, 학습자의 아이디어 생성과 적용과정을 존중하는 학습자중심의 모형이다. 이 모형은 문제에 대한 합리적 해결보다는 감성적 해결을 허용하는 비유를 개발시켜 문제해결력에 있어서 창의성을 계발하기 위해 설계된 것이다(Gunter et al., 2007; 권낙원 역, 2010). 여기서 비유는 문제를 여러 각도에서 검토하여 다양한 아이디어를 산출하는 데 좋은 기법이 될 수 있다. 예를 들어, 고든과 그의 동료들은 메사추세츠 캠브리지 연구소에서 감자칩을 깡통에 보관하는 아이디어를 개발하였는데, 이는 낙엽이 물에 잠겨 차곡차곡 쌓여져 낙엽들이 서로 일체가 되어가는 모습을 보고 산출된 것이었다고 회상하였다. 낙엽이 곧 감자칩의 비유가 되었다.

창의성 계발 학습 모형

학습자의 아이디어 생성과 적용과정을 존중하는, 학습자중심의 학습 모형

이 모형은 다음의 4단계로 구성되어 있다.

표 1-3 창의성 계발 학습 모형

단계	주요 활동
문제 발견하기	• 동기유발 • 학습문제 확인 • 문제상황 관련 정보 인지

단계	주요 활동
아이디어 생성하기	• 문제(과제)를 여러 각도에서 검토 • 비유활동: 문제에 적합한 비유 만들기 • 문제해결을 위한 다양한 아이디어 산출
아이디어 선택하기	• 아이디어 비교 • 최선의 아이디어 선택
아이디어 적용하기	• 아이디어 적용 결과 발표 • 아이디어 적용 결과 평가

문제 발견하기 단계는 학습 문제를 확인하고, 학습 문제 해결을 위하여 주어진 학습 과제를 이해하고 분석하는 단계이다. 아이디어 생성하기 단계는 아이디어를 생성할 수 있는 방법을 탐구하고 이를 바탕으로 하여 다양한 아이디어를 생성하는 단계이다. 아이디어 선택하기 단계는 다양하게 생성된 아이디어 중에서 가장 최선의 아이디어를 선택하고, 이를 실제 과제 수행에 적용하는 단계이다. 아이디어 적용하기 단계는 아이디어를 적용한 실제 과제 수행 결과를 발표하고 평가하는 단계이다.

창의성 계발 학습 모형은 창의적인 아이디어 생성이나 적용이 많이 요구되는 표현 영역, 비판적 이해 영역, 문학 창작 및 감상 영역에 적합한 모형이라고 할 수 있다. 예를 들어 '이야기를 읽고 이어질 이야기를 상상하여 써 보기' 활동은 이 모형에 적합하다고 볼 수 있다.

창의성 계발 학습 모형을 적용하는 교사는 허용적인 수업 분위기를 조성할 수 있어야 하고, 학습자의 아이디어 생성과 적용과정을 일방적으로 주도하거나 지나치게 개입하지 않아야 한다. 그리고 '아이디어 생성하기' 단계나 '아이디어 평가하기' 단계에서 모둠활동을 적절히 활용하는 것도 좋은 방법이다. 유아교육이나 저학년 단계에서는 풍부하고 다양한 아이디어를 생성하는 데 초점을 두고, 학년이 올라갈수록 점차적으로 그 아이디어를 검증하고 다듬어 나가는 단계에 이르도록 한다. 그리고 학습자가 그 아이디어 생성에 어려움이 있을 경우를 대비하여 교사가 사고를 자극할 수 있는 발문이나 과제를 미리 몇 가지 준비하는 것도 좋다. 아이디어 평가하기 단계에서는 교사가 평가 관점을 명확히 제시하여 수업에서 의도한 목표에 부합되는 결과물이 정당한 평가를 받을 수 있도록 해야 한다.

예를 들어, 5세 교실에서 「발견과 발명」이라는 주제로 수업을 진행하는 중, 핀셋과 도요새의 닮은 점을 보고 이 비유를 기초로 「자연에서 발명 아이디어 찾기」 활동을 할 때 이 교수 · 학습 모형이 유용할 수 있다.

4 역할수행학습 모형

역할수행학습 모형

학습자가 주어진 문제상황에 대하여 생각하고, 주어진 상황 속의 인물이 되어 보며, 그 해결책을 제시하는 과정을 거쳐 자신에게 부딪친 문제를 효과적으로 해결하는 능력을 기르는 데 목표를 둔 학습 모형

역할수행학습 모형은 학습자가 주어진 상황 속의 인물이 되어 구체적으로 문제해결하는 경험을 함으로써 학습목표에 더 효율적으로 도달할 수 있다는 점을 강조한다. 역할수행을 경험함으로써 학습자는 주어진 문제를 좀 더 정확하고 실감나게 이해하고, 문제를 더 쉽게 해결해 나갈 수 있다. 즉, 학습자는 주어진 문제상황에 대하여 생각하고, 주어진 상황 속의 인물이 되어 보며, 그 해결책을 제시하는 과정을 거쳐 자신에게 부딪힌 문제를 좀 더 효과적으로 해결하는 능력을 기를 수 있다. 그뿐만 아니라 새로운 의미의 발견, 기존의 가정에 대한 의문 제기, 고정관념 깨기, 대안 시도하여 보기 등의 과정을 체험하게 된다. 또, 역할수행을 통해 다른 사람의 의견이나 행동을 존중하게 되고, 자신의 행동이 다른 사람에게 어떤 영향을 끼칠 것인지 생각함으로써 인간의 행동에 대하여 통찰력을 가지게 된다.

이 모형은 다음의 4단계로 구성되어 있다.

표 1-4 역활수행학습 모형

단계	주요 활동
상황 설정하기	• 동기유발 • 학습문제 확인 • 학습의 필요성 또는 중요성 확인 • 상황 분석 및 설정
준비 및 연습하기	• 역할 분석 및 선정 • 역할수행 연습
실연하기	• 실연 준비하기 • 실연하기
평가하기	• 평가하기 • 정리하기

상황 설정하기 단계는 학습내용을 확인하고, 제시된 상황을 분석하여 실연할 상황으로 설정하는 단계이다. 준비 및 연습하기 단계는 설정한 상황에 등장인물을 분석하고, 배역을 정하고 실연 연습을 하는 단계이다. 실연하기 단계는 학습자가 상황 속의 인물이 되어 직접 역할을 수행하여 보는 활동 단계로, 이를 통하여 학습자는 새로운 세계를 경험하게 하며, 그 경험은 사고의 전환을 가져오게 하여 학습자가 언어적 문제상황을 해결하거나 문학적 상상력을 기르는 데 도움을 준다. 평가하기 단계는 학습자의 역할수행을 통하여 얻게 된 지식이나 문학적 체험을 서로 주고받음으로써 주관적인 지식을 객관화하고 일반화하여 언어생활에 활용하거나 문학적 체험을 확대하는 단계이다.

역할수행학습 모형은 역할놀이 자체가 학습목적인 경우, 역할놀이가 학습목표 달성에 중요 수단이 되는 경우, 통합적 언어활동이 요구되는 경우에 적용하기 알맞은 모형이다. 예를 들면, 전화놀이, 토의나 토론, 문학감상활동 등에 활용할 수 있다. 역할수행 경험이 풍부하고 표현력이 어느 정도 갖추어진 학습자라면 큰 부담 없이 흥미를 가지고 학습에 참여할 수 있는 모형이다.

역할수행학습 모형을 적용하는 교사는 학습자가 학습목표를 명확히 인식하고 역할수행에 임하도록 해야 하며, 역할수행 이후에는 학습목표 성취를 점검하는 것이 필요하다. 학습자가 역할수행활동에만 관심을 가지다 보면 정작 그것을 통하여 학습해야 할 내용을 소홀히 하는 경우가 있기 때문이다. 역할수행은 대부분의 수업에서 그 자체가 목적이기보다 목표에 도달하기 위한 수단이라는 점을 염두에 둘 필요가 있다. 역할수행학습 모형의 적용에 따른 시간 부담을 줄이기 위하여 상황 설정을 간단히 하는 방법, 사전에 표현 기능 등 기초 기능 훈련과 학습 경험을 조금씩 해 두는 것, 다른 시간과 통합하여 운영하는 방법 등이 있다.

'연속 차시'로 운영하는 경우, 첫째 차시는 일반적으로 역할수행을 위하여 대본을 분석하거나 특정 상황을 설정하는 차시이므로 다른 모형을 적용할 수 있고, 둘째 차시만 역할을 수행하는 차시로 운영할 수 있다.

5 시뮬레이션

시뮬레이션은 가공의 상황을 가능한 한 실제인 것처럼 재연하는 교수 · 학습 모형이다. 첨단과학기술이 발달한 현대사회에서 우주탐험, 미사일 발사, 비행기 조정, 항공모함훈련 등을 실제로 다루기보다는 위험상황을 제거한 시뮬레이션으로 배우는 것이 효과적이다. 시뮬레이션의 경우 대부분은 기술을 발달시키는 것이 목적이지만, 학습자가 어려운 문제에 대한 통찰을 얻도록 하는 데 유용하게 쓰일 수 있다(김경배 외, 2004).

시뮬레이션
가공의 상황을 가능한 한 실제인 것처럼 재연하는 교수 · 학습 모형

이 모형은 다음의 4단계로 구성되어 있다.

표 1-5 시뮬레이션

단계	주요 활동
상황 이해하기	• 동기유발 • 학습내용 확인 • 상황 이해 및 시뮬레이션 계획
역할 이해하기	• 역할 배정 • 맡은 역할에 대한 정보 이해
시뮬레이션하기	• 시뮬레이션 준비 • 시뮬레이션 실시
평가하기	• 평가하기 • 정리하기

상황 이해하기 단계는 학습내용을 확인하고 제시된 상황을 이해하여 시뮬레이션을 계획하는 단계이다. 역할 이해하기 단계는 교사가 배정해 주는 역할에 관련된 정보를 정확히 이해하는 단계이다. 이 단계에서 반드시 교사가 역할을 배정해야 하는 것은 아니며, 다만 시뮬레이션에 차질이 없도록 시뮬레이션 관련 역할을 정확히 알고 있는 유아가 자발적으로 역할을 선택할 수도 있다. 시뮬레이션 하기 단계는 시뮬레이션에 준비된 기구 · 장비 · 소품 등을 점검하고, 학습자가 가상의 상황에서 직접 역할을 수행하여 보는 활동 단계로 이를 통하여 학습자는 실제 상황을 이해하게 되고, 실제 상황에서 어떻게 행동해야 하는지를 알게 된다. 평가하기 단계는 학습자들이 시뮬레이션 했던 것에 대해 토론하고, 실제 상황에 대한 지식을 형성하고 확대하는 단계이다.

시뮬레이션에는 모의 재판, 모의 유엔, 모의 청문회, 모의 국회, 모의 대통령 선거 등 사회과 수업에서 사용할 수 있는 사회 모의 학습이 있다. 모의 재판에서 학습자는 법정에서의 기술을 익히고 사건에 적용되는 법률에 관한 지식과 법적용에 대한 통찰도 얻을 수 있게 된다. 그밖에도 국어나 역사교과에서 역사적 인물이나 소설 속의 등장인물들을 연기해 볼 수 있다.

유아교육 장면에서는 소방훈련이나 지진대피훈련 등을 할 때 가상의 상황을 설정하여 모의 연습을 하곤 하는데, 이 모형이 적절하다.

chapter 5 유아교사의 교과 운영

실버만(Silbermans, 1966)은 교육이란 학습자가 바람직한 방향으로 성장 · 변화하도록 돕는 데 의미가 있으므로, 교사는 의사와 같은 자질과 태도로 임해야 한다고 말했다. 즉, 의사가 과학적 이론과 연구에 근거를 두되 환자의 차이에 따라 판단하고, 직관 · 정서를 동원하여 치료하듯이, 교사 역시 발달과 교육 관련 이론들을 근거로 학습자의 개별적 성향, 능력 등을 잘 판단하여 이에 적합한 교수 · 학습방법과 상호작용을 할 수 있어야 한다는 것이다. 특히 유아교육에서 교사는 유아들의 흥미, 요구, 발달수준 및 학급형태 등을 고려하여 적절한 교수 · 학습 모형을 선택하고 활용할 수 있어야 하며, 반성적 사고를 통해 양질의 수업을 수행하는 교사로 성장해야 할 것이다.

1 교과 운영과 교사의 수업 반성

교과 운영자로서 교사의 역할은 교사의 전문성을 가리키는 가장 대표적 역할이라고 할 수 있다. 학습자의 성공적인 행동 변화를 도모하기 위하여 교사는 매일 노력을 다해 교과 운영을 한다.

교사는 교과적 지식을 학습자에게 단순히 전달하는 전달자가 되어서는 안 되며, 이를 위해 우선 폭넓은 학문적 · 실천적 지식을 쌓고 자기비판의 과정을 가져야 한다(조재식, 1995). 허경철 등(1990)은 자기비판의 과정에는 "당연하게 받아들여

졌던 사실에 대해서도 회의해 보기, 자신이 알고 있는 것과 모르는 것을 정직하게 표현하기"가 포함된다고 하였다. 즉, "내가 하는 것이 무엇인가? 학습자의 행동변화를 위한 최선의 교수행동인가?" 등과 같은 비판적 질문을 통해 교사는 매일의 교과 운영을 반성하며 자기분석하는 일이 중요하다. 듀이(1933)는 반성의 과정에 대한 틀을 제공했는데, 제안하기 단계, 지성화 단계, 가설형성 단계, 추론 단계, 가설검증 단계의 5단계이다(곽현주, 2004). 제안하기 단계는 당연하게 받아들여졌던 사실에 대해 의심해 보기 및 즉각적으로 생각나는 아이디어를 말해 보기가 포함되며, 지성화 단계는 문제를 더욱 명확히 정의내리기, 문제의 원인 인식하기, 문제를 다양한 관점에서 조망해 보기, 자기의 주장에 대한 논리적인 근거를 대기 및 문제와 관련된 사실과 해결의 단서를 포함하기가 포함된다. 가설형성 단계는 문제해결에 더 적절한 개연성 있는 가설을 형성하기, 다양한 문제해결 방안을 모색해 보기 및 있을 수 있는 결과를 예측하기가 포함된다. 추론 단계는 다양한 해결방안들의 장단점 비교해 보기 및 각각의 제안을 심사숙고하여 지성적으로 검증하기가 포함된다. 마지막으로 가설검증 단계는 가설을 구체적 행위에 의해 입증하기 및 기대한 바로 되지 않았다면 다시 행위하기가 포함된다. 곽현주(2004)는 이 같은 5단계 반성과정이 교과를 운영하는 과정, 특히 교사가 수업을 실행하는 과정에서 일어날 때 이를 수업 반성이라고 명명하였다. 그리고 수업 반성을 위한 전략으로 다음의 방법들을 제시하였다.

듀이의 반성단계

1. 제안하기
2. 지성화
3. 가설형성
4. 추론
5. 가설검증

수업 반성

듀이의 5단계 반성과정이 교과를 운영하는 과정에서 일어나는 것

1) VTR 녹화를 통한 수업 반성

교실 상황에서 수업행위를 녹음 또는 녹화한 테이프를 보거나, 숙련된 관찰자의 수업관찰 기록을 통해 교사 자신의 수업을 분석하고 반성하는 방법을 말한다. 비디오테이프 내용은 자신의 수업에 대한 교사의 인식과 실제 간의 불일치를 드러내 주곤 하는데, 이 경험을 통하여 교사는 자신의 수업 실제나 신념을 바꾸게 되는 계기가 된다고 할 수 있다.

2) 면담

면담은 수업 반성을 위한 방법 중 가장 일반적이면서 효과적인 방법 중 하나라고 할 수 있다. 면담은 관찰할 수 없는 과거의 사건, 면담자가 이해할 수 없는 관찰내용, 관찰만으로는 도저히 알 수 없는 교사의 생각, 의도, 감정 등을 알고자 할 때 매우 유용하며, 교사가 면담자와 주고받는 '목적을 지닌 대화'를 통해 자신의 수업을 반성하는 방법을 말한다. 면담자는 좋은 질문을 하여 교사인 피면담자가 "자신의 수업 행동에 대한 이야기를 나누고 싶도록 동기화시키는 일"이 중요하다.

이를 위하여 면담자는 가능한 한 이전의 면담자료, 저널 · 수업 관찰자료로부터 질문을 구성하는 것이 바람직하며, 면담 상황에서 순발력 있게 질문내용을 조정할 수 있어야 한다.

3) 저널쓰기

교사가 수업 실행과정에 대한 개인적 경험을 글로 옮겨 적어봄으로써 자신의 내면을 드러내고 스스로 반성해 볼 수 있는 방법을 말한다.

일반적으로 저널쓰기는 비판적 사고하기 또는 질문하는 태도 발전시키기, 학습의 질 심화시키기, 학습에 대한 적극적 참여 증진시키기, 전문적 실제나 실제에 있어서의 전문적 자아를 향상시키기, 반성적이고 창의적인 상호작용을 격려하기 등을 목적으로 삼는다. 이와 같은 저널쓰기는 일정한 시간을 정하여 정기적으로 기록하는 것이 성공을 좌우하는 요소가 된다. 저널쓰기는 모든 수업행위를 관찰하고 분석하고 평가하는 도구를 제공함으로써 교사들의 반성적 사고능력을 향상시킨다(박은혜, 1999). 저널쓰기가 쓰기과정 자체로 반성적 사고가 촉진되는 것이 아니며, 글로 쓴 자신의 생각을 분석해 보는 과정에서 교사의 반성적 사고가 이루어진다고 할 수 있다. 즉, 일단 글로 저장된 저널을 다시 읽어보고 분석해 보면서 교사는 자신의 생각의 변화과정을 경험하며, 교수 · 학습에 대한 자신의 접근과 태도에서의 변화도 올바르게 인식하게 된다.

4) 수업사례 쓰기와 토의하기

수업사례 쓰기는 주제를 정한 후 사례의 기반이 되는 원자료를 수집하여 형식에 맞추어 기술하는 것을 말하며, 교사들이 각자 쓴 수업사례를 읽고 토의하기 활동이 포함되는 것을 말한다. 수업사례는 수업상황에서 실제로 일어난 사건에 대해 설명하고 교육적인 이론이나 원리 또는 딜레마 등을 포함하고 있다. 수업사례를 쓰는 형식은 다음과 같다. 먼저, 사건의 배경이 되는 사회문화적 맥락과 등장인물의 특성을 기술한다. 다음에 수업사례에서 일어나고 있는 사건의 성격, 발생이유, 사건 발생의 맥락 등 심도 있게 논의할 수 있는 갈등이나 딜레마를 제시한다. 대화는 직접화법으로 기록한다. 수업사례에 등장하고 있는 교사가 사건을 보는 관점, 느낌, 반응, 의사결정의 기준, 선택의 결과가 미치는 영향 및 이에 대한 지각 등이 포함되도록 쓴다. 수업사례는 단순히 쓰는 것에서 그칠 수도 있지만, 수업사례를 읽고 분석한 후 토론을 거칠 수도 있다. 이 같은 수업사례 쓰기와 토의하기는 교사의 반성적 사고를 촉진하며 문제를 분석적으로 해결하게 한다는 연구결과가 많다.

2 교사-유아의 교수 · 학습과정

유아들을 가르친다는 것은 매우 복잡한 활동이라고 볼 수 있다. 교사는 매일의 일과에서 교사가 하는 행동이나 도움이 당시의 상황이나 학습과정에 비추어 유아에게 과연 적합한 것인지 판단하고 결정해야 할 일들이 수없이 많다.

1) 유아교사의 교수행동

브레드캠과 로즈그란트(Bredekamp & Rosegrant, 1992)는 교사가 유아들과 상호작용하면서 판단하고 선택하여 의사를 결정해야 하는 모든 교수행동들을 표 1-6 과 같이 연속성 있게 제시하였다(교육부, 2000, 재인용).

표 1-6 교사의 교수행동 연속체

비지시적			중재적			지시적	
인정하기	모범보이기	촉진하기	지원하기	지지하기	함께 구성하기	시범보이기	지도하기

표 1-6 에서와 같이 유아가 유아교육기관에 등교하면서부터 귀가할 때까지 상황마다 교사가 해야 할 행동은 비지시적인 것에서부터 지시적인 것에 이르기까지 다양하다고 할 수 있다. 즉, 이들 다양한 교사 행동은 유아의 발달수준, 교육활동의 유형, 교육활동 자료, 교사의 교육적 의도 등 여러 가지 차원에 따라 복합적으로 작용하여 결정될 것이다.

교수행동

- **비지시적 교수행동**
  인정하기
  모범보이기
  촉진하기
- **중재적 교수행동**
  지원하기
  지지하기
  함께 구성하기
- **지시적 교수행동**
  시범보이기
  지도하기

(1) 인정하기

유아에게 관심을 보이며 긍정적인 격려를 해 주는 행동이다. 유아를 인정한다는 것은 유아로 하여금 즐겁게 활동에 참여하도록 해 주나, 칭찬이 지나치면 활동과제에 대한 유아의 동기를 약화시킬 수도 있다. 따라서, 적절한 수준의 인정이 중요하다. 예를 들어, "친구들이 잘 들을 수 있도록 분명한 목소리로 잘 말해 주었다.", "파랗게 칠한 하늘이 시원해 보이는구나."와 같이 유아의 활동상황을 사실에 근거하여 긍정적으로 격려하여 주는 것이 좋다.

(2) 모범보이기

모범보이기는 암시적인 측면과 명시적인 측면으로 나누어 볼 수 있다. 암시적인 모범보이기는 지시적인 성격을 띠지 않는데 비하여, 명시적인 것은 다소 지시적으로 보일 수도 있다.

예를 들어, 교실에서는 시끄럽게 떠들지 말아야 한다면, 이때 교사는 스스로 조용조용 말하는 모습을 보일 것이고, 공손하게 말하는 태도가 중요하게 여겨진다면 교사가 유아들에게 친절하고 다정하게 말할 때에 암시적으로 모범행동을 보인 것이 된다.

(3) 촉진하기

학습 준비가 되었을 때 다음 단계에 도달하도록 유아에게 일시적인 도움을 주는 행동이다. 예를 들어, 유아가 두발자전거를 탈 때 균형감각을 가지도록 하기 위하여 잠깐 두발자전거 뒤를 잡아 주는 것 같은 도움을 말한다.

(4) 지원하기

촉진하기와 유사하나, 교사의 참여 정도 면에서 차이가 있다. 예를 들어, 자전거에 보조바퀴를 달아주고, 완전히 자전거타기에 익숙해지면 보조바퀴를 떼어내는 것과 같이, 유아가 도움이 더 이상 필요하지 않다고 할 때까지 지원하여 주는 행동을 말한다.

(5) 지지하기

기대되는 능력에 유아가 도달하도록 유아에게 적합한 학습방법을 사용하여 도움을 주거나, 도전의 기회를 마련하여 주는 행동을 말한다. 교사는 각 유아가 스스로 하고 싶지만, 도움이 없으면 하기 어려운 활동과제를 알아내어 이를 이해하고 도움을 준다. 이때, 교사는 유아의 주인의식이나 동기를 약화시키는 일이 없이 유아가 새로운 수준의 능력이나 이해로 나아갈 수 있도록 상호작용을 한다.

(6) 함께 구성하기

교사와 유아가 함께 프로젝트를 수행하거나 활동을 하는 것을 말한다. 이때, 교사와 유아는 모두 학습자인 동시에 교사가 된다. 예를 들어, 교사가 유아와 함께 쌓기놀이 활동을 한다든지, 역할놀이 영역에서 각자 역할을 맡아 소꿉놀이를 하는 예를 들 수 있다.

(7) 시범보이기

교사가 활동을 직접 해 보이면, 유아가 이 활동의 결과를 관찰하는 것을 말한다. 이러한 시범은 유아가 한 활동이 분명히 잘못된 방법으로 이루어졌을 때, 이를 고쳐 주기 위한 방안이 될 수 있다.

(8) 지도하기

교사가 유아들이 어떤 과제를 반드시 특정한 방법으로 수행하기를 원할 때 사용하는 것이다. 예를 들어, 장애를 가진 한 유아가 교사의 행동을 관찰하며, 여러 번 연습했음에도 불구하고 혼자서 음식먹기가 학습되지 않았을 때, 교사는 그 유아에게 직접적으로 지도하는 방법을 사용할 수 있다. 즉, "순가락을 이렇게 꽉 쥐고, 선생님처럼 입에 대어 보자."

교수행동에 있어 유의사항

- 유아가 도움을 필요로 하는 때를 인식한다.
- 유아의 학습양식과 속도를 조화시킨다.
- 올바른 지원을 제공한다.
- 적절한 지지를 한다.
- 긍정적 자아개념을 육성하도록 한다.

교사는 위에서와 같은 교수행동을 함에 있어서 다음과 같은 점들을 유의해야 할 필요가 있다(방인옥 외, 2012 재인용).

① 가르쳐야 할 순간, 즉 유아에게 도움이 필요로 되는 때가 언제인지를 인식해야 한다. 교사는 항상 유아가 이미 성취한 내용, 곧 이해할 내용 및 아직 인식하지 못하고 있는 내용들을 분명히 파악해야 한다. 가르쳐야 할 순간이라는 개념은 특수한 과제에 대한 유아의 개인적 준비상태를 교사가 인식하는

데서 형성된다.

② 유아의 학습양식과 속도를 조화시켜야 한다. 교사는 유아 간의 개인차를 바르게 인식하여, 지나치게 도움을 주거나 배려하여 주지 못하는 일이 없도록 해야 한다. 또한, 유아가 지나치게 과제를 빨리 처리하거나 학습부진이 되는 일이 없도록 조절해야 한다.

③ 올바른 지원을 제공해야 한다. 교사는 다양한 교수행동 중 어느 유형이 주어진 상황에서 각 유아에게 적합한 것인지를 바르게 알아야 한다. 예를 들어 교사는 유아가 실제로 도움을 필요로 하는지 또는 단지 격려만을 원하는지를 제대로 알아야 한다.

④ 적절한 지지를 제공해야 한다. 교사는 각 유아가 하기를 원하지만, 도움이 없으면 하기 어려운 활동과제를 알아내어 이를 이해하고 도움을 주어야 한다. 이때, 교사는 유아의 주인의식이나 동기를 약화시키는 일이 없이 유아가 새로운 수준의 능력이나 이해로 나아갈 수 있도록 도움을 주거나 지지해 주어야 한다.

⑤ 긍정적인 자아개념을 육성하도록 해야 한다. 교사는 각 유아가 긍정적으로 자신을 인식하고 교실문화에 안정감을 가지며, 자기 능력에 대한 확신을 가지도록 도울 필요가 있다. 따라서 교사는 유아에게 자아존중감이 형성되는 성공적인 경험을 할 수 있도록 활동을 마련해 주어야 한다.

2) 유아의 학습행동

현대 유아교육에서는 학습을 유아의 능동적인 구성과정을 통한 지식의 획득 및 변화로 정의한다. 동시에 이러한 학습은 유아가 속한 사회 · 문화적 맥락 속에서 또래나 성인과의 사회적 상호작용을 통하여 동기유발되고, 지식이 구성되어 감을 강조하고 있다.

브레드캠과 로즈그란트(1992)는 이러한 유아의 학습행동을 그림 1-3 과 같이 순환적 모형으로 제시하였다. 이 모형은 지식의 구성과정을 반영하고, 또한 새로운 지식을 획득하는 과정을 설명한다.

그림 1-3 에서와 같이 유아는 새로운 것을 학습하기 위하여 먼저 경험거리를 인식하고 탐색 · 탐구하며, 다음에 학습한 것을 활용한다. 이 학습과정은 시간이 감에 따라 계속적으로 일어나는데, 비형식적이고 우연적이며 자발적인 유아 자신의 내부 규칙에 따른 학습에서부터 좀 더 형식적이고 세련되며 사회인습적 규칙을 반영하는 학습에 이르기까지의 변화를 나타낸다.

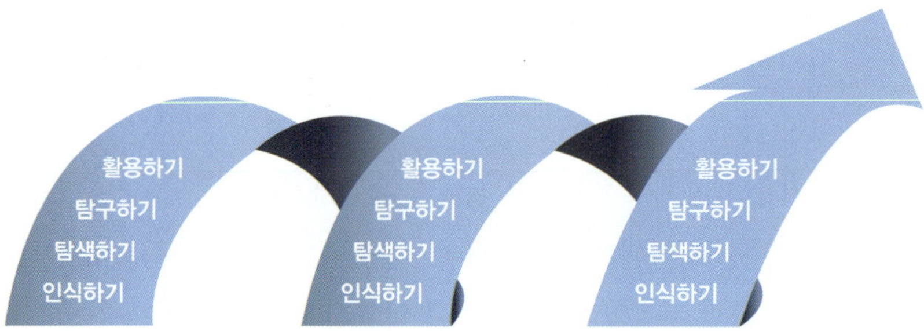

그림 1-3 유아 학습행동의 순환적 모형
출처: Bredekamp & Rosegrant, 1992를 인용한 교육부, 2000 재인용

(1) 인식하기

학습행동과정
- 인식하기
- 탐색하기
- 탐구하기
- 활용하기

학습은 유아가 학습할 거리들–사건, 사물, 사람 또는 개념들–을 인식하는 데서부터 시작된다. 인식하기는 경험하는 첫 순간에 나타난다.

(2) 탐색하기

인식하기 다음에 탐색하기가 이루어진다. 탐색은 사건, 사물, 사람 또는 개념들의 구성요소나 속성들을 알아내는 과정이다. 유아들은 탐색하는 동안 자신의 모든 감각들을 활동시킨다. 탐색하면서 유아는 자신이 경험한 것에 대한 자신만의 개인적 의미를 구성한다

인식하기와 탐색하기는 완전한 이해를 돕는 데에 있어 필요조건이기는 하지만 충분조건은 아니다.

(3) 탐구하기

유아가 자신의 개념적 이해를 검토하고, 다른 사람의 이해나 객관적 실체와 비교하는 등의 활동을 하게 되는 적응과정을 말한다. 이 단계에서 유아는 사건, 사물, 사람 또는 개념들이 가지는 일반적이고 객관화된 의미를 이해하기 시작한다. 유아는 이 단계에서 개인적 개념들을 일반화하고, 이 개념들을 성인들이 생각하고 행동하는 방식 쪽으로 적응시키기 시작한다.

(4) 활용하기

기능적 수준의 학습으로서, 유아들이 사건, 사물, 사람 또는 개념들에 대하여 형성한 의미를 적용하거나 사용할 수 있다.

이상과 같은 유아의 학습행동 단계에 맞추어 학습이 일어나는 과정을 예시하여 보기로 한다. 예를 들어 '쓰기' 학습의 과정을 생각하여 보자.

일반적으로 3, 4세 유아들은 어른들이 책을 읽어 준 경험이나 함께 책을 보며 '듣기' 등을 해 본 경험을 통하여 인쇄된 글자에 대한 인식을 나타낸다(인식하기). 대부분의 4, 5세 유아들은 자신들이 만들어 낸 발명 철자를 사용하거나, 그림 그리기 등을 통하여 인쇄된 글자를 탐색하기 시작한다(탐색하기). 6세 유아들은 글자나 단어들의 유사점, 차이점을 알아내거나 일정한 패턴을 찾아보면서 인쇄된 글자를 주의 깊게 검토하기 시작한다(탐구하기). 대부분의 7, 8세 아이들은 글자를 바르게 읽고 쓰기 위하여 인습적인 규칙을 사용하기 시작한다(활용하기). 말하자면, 이들 4단계는 유아의 개념과 기술이 점차 정교화하여 가는 과정을 말해준다고 할 수 있다.

그러나, 예시한 것과 같이 유아의 연령이 올라감에 따른 연령에 따른 학습행동의 발달적 변화를 보여주는 경우 외에도, 한 연령 내에서 유아가 어떤 주제에 대한 학습을 해 나감에 있어 20~30분 단위 수업시간에 인식하기-탐색하기-탐구하기-활용하기의 과정을 연속적으로 경험할 수도 있으며, 때로는 며칠에 걸쳐 학습의 과정이 이어질 수도 있다.

3) 단위 수업활동의 교수 · 학습과정 단계

일반적으로 주제 관련 단위수업 활동을 수행하고자 할 때 도입-전개-마무리의 3단계를 거친다. 도입이 학습자의 동기유발이나 수업에 대한 흥미를 갖도록 하는 데 의미가 있다면, 전개에서 본 수업활동이 이루어지고, 마무리 단계에서는 본 수업을 종합정리하거나 적용하는 의미를 갖는다. 이는 교사의 입장에서 수업의 과정을 단계화한 것이며 학습자의 입장에서는 앞에서 제시한 것과 같이 인식하기-탐색하기-탐구하기-활용하기의 4단계로 학습과정이 이루어진다고 할 수 있다. 그밖에 교과의 특성과 학습자의 특성을 고려하여 교수 · 학습 절차를 제시한 다양한 교수 · 학습 모형도 있다. 이들 3가지 유형의 모형을 통합하여 정리한다면 다음, 표 1-7 과 같이 나타낼 수 있다.

표 1-7 교수 · 학습모형

교사 교수 행동 모형	유아 학습 행동 모형	직접교수 모형	문제해결학습 모형	창의성계발 학습 모형	역할수행학습 모형	시뮬레이션 모형
도입	인식하기	설명하기	문제확인하기	문제발견하기	상황설정하기	상황이해하기
전개	탐색하기	시범보이기	문제해결 방법 찾기	아이디어 생성하기	준비 및 연습하기	역할이해하기
	탐구하기	질문하기	문제 해결하기	아이디어 선택하기	실연하기	시뮬레이션 하기
마무리	활용하기	활동하기	일반화하기	아이디어 적용하기	평가하기	평가하기

연습문제

1. 다음 사항에 대하여 옳고(○) 그름(×)을 표시하시오.

1) 유아교과교육은 통합적 성격을 띤다.( )
2) 통합교육과정은 탐구된 결과로서의 지식 습득을 중요시한다.( )
3) 유아교육에서의 통합은 유아발달 특성상 논리구조적 접근의 통합은 곤란하며, 심리기능적 접근의 통합을 위주로 한다.( )
4) 2019 개정 누리과정은 통합적 접근을 강조한다.( )
5) 현대의 교과내용은 생활에 유용한 지식을 중심으로 선정되는 경향이다.( )
6) 계속성의 원리를 적용하여 조직한 유아교과내용으로, 기본생활습관지도를 예시할 수 있다.( )
7) 브루너의 나선형 교육과정은 계열성의 원리를 적용한 대표적인 교과내용 조직을 보여준다.( )
8) 국가수준 유치원교육과정의 내용조직은 통합성의 원리를 충실히 보여준다.( )
9) 거미줄형 통합조직은 하나의 주제를 중심으로 교과들의 다양한 학습내용들을 통합적으로 재구성하는 것이다.( )
10) 창의성 계발학습모형은 듀이의 반성적 사고론에 기초를 두고 있다.( )

2. 보기의 용어 중 알맞은 말을 골라 ( )에 넣으시오.

문화요소   선택   사회적 지지   논리적 준거

1) 교과는 인류가 생활하면서 형성한 신념 · 가치 · 행동양식 · 예술 · 습관 · 법 등의 ( )을(를) 담고 있다.
2) 교과는 교과관련 의사결정자들에 의해 ( ) 될 수 있다.
3) 교과는 그 가치를 인정하고 요구하는 ( )가(이) 있어야 한다.
4) 교과는 각 교과교육의 탐구대상, 탐구방식, 논리적 진술체계 등의 일정한 ( )을(를) 갖는다.

정답 : 1. 1) ○, 2) ×, 3) ×, 4) ○, 5) ×, 6) ○, 7) ○, 8) ○, 9) ○, 10) ×,
2. 1) 문화요소, 2) 선택, 3) 사회적 지지, 4) 논리적 준거

3. 왼쪽과 오른쪽을 알맞게 연결하시오.

1) 교과중심 교육과정 •	• 지식의 구조
2) 경험중심 교육과정 •	• 관계들의 이해 및 수행
3) 학문중심 교육과정 •	• 교수요목
4) 인간중심 교육과정 •	• 생활경험
5) 관계중심 교육과정 •	• 잠재가능성의 실현

정답 : 3. 1) 교과중심 교육과정–교수요목
2) 경험중심 교육과정–생활경험
3) 학문중심 교육과정–지식의 구조
4) 인간중심 교육과정–잠재가능성의 실현
5) 관계중심 교육과정–관계들의 이해 및 수행

참고문헌

곽병선(1983). 교과과정. 배영사.

곽병선, 김용숙, 김재복, 박문태, 장석우(1998). 교과교육원리. 갑을출판사.

곽현주(2004). 수업반성과정과 유치원 교사의 교수행동. 중앙대학교 대학원 박사학위논문.

교육과학기술부(2013). 국어 1~2학년군 교사용 지도서. ㈜미래엔.

____________(2013). 4세 누리과정 교사용 지침서. 유치원/어린이집과 친구. (사)한국시각장애인연합회.

교육부(2000). 유치원 교육활동지도자료 1. 총론. 대한교과서주식회사.

교육부, 보건복지부(2019). 2019 개정 누리과정 놀이 실행자료.

김경배, 김재건, 이홍숙(2004). 교과교육론. 학지사.

김재복(1983). 교육과정의 통합적 접근에 관한 연구. 동국대학교 대학원 박사학위논문.

박영만(1985). 존 듀이 실험학교의 교육이론과 실제. 성균관대학교 대학원 석사학위논문.

박은혜(1999). 유아 교사교육에서 저널쓰기 활용에 대한 고찰. 한국 교사교육, 16(2), 195-216.

방인옥, 박찬옥, 이기현, 김은희(2013). 유아교육과정. 정민사.

서울대학교 교육연구소(1994). 교육학 용어사전. 도서출판 하우.

이영덕(1997). 교육과정과 수업의 탐구. 교육과학사.

이홍우(1997). 교육과정 탐구. 박영사.

______(2006). 지식의 구조와 교과. 교육과학사.

정은해(2000). 교육의 새 패러다임: 관계중심의 교육, 대전환기의 교육 패러다임 I. 2000년도 한국교육학회 춘계학술대회논문집, 1-14.

조재식(1995). 반성적 교수모형 개발. 대구교대 초등교육연구 논총, 7, 107-123.

허경철, 이화진, 박순경, 소경희, 조덕주(2001). 교과교육학 신론. 문음사.

허미애(1999). 비판적 사고에 기초한 교사-유아의 언어적 상호작용이 유아의 창의성과 대인문제해결사고에 미치는 영향. 중앙대학교 교육대학원 석사학위논문.

Bredekamp, S., & Rosegrant, T. (1992). Reaching potentials through appropriate curriculum: Conceptual frameworks for applying the guidelines. In S. Bredekamp & T. Rosegrant(eds.), Reaching potentials: Appropriate curriculum and assessment for young children. *NAEYC, Vol. 1*, 28-42.

Fogarty, R. (1991). 교사를 위한 교육과정 통합의 방법. 구자억, 구원회 역(1998). 원미사.

Gordon (1961). 창조적 문제해결론. 권낙원 역(2010). 사고력 신장을 위한 프로그램 개발 연구 Ⅳ. 한국교육개발원.

Howes, C. (2000). Social development, family and attachment relationships. In D. Gryer & T. Harms(eds.), *Infant and toddlers in out-of-home care*. Baltimore: P.H. Brookes.

Kohlberg, L., & Mayer, R. (1972). Development as the aim of education. *Havard Educational Review, 42*(4), 449-496.

Krogh, S. (1990). The integrated early childhood curriculum. New York: McGraw-Hill.

Silberman, C. (1966). Technology is knocking at the schoolhouse door. *Fortune, 74*, 120-125.

PART Ⅱ

유아교과교육의 내용 및 방법

일반적으로 교과는 학습자가 배워야 할 내용으로 지식, 기술, 태도를 유사한 개념끼리 분류하여 논리적으로 체계화한 것이다.
유아교육에서는 교과체제로 전달하기보다는 주제를 중심으로 유아의 놀이, 활동 및 일상생활 경험을 통해 각 교과의 교육내용을 이해할 수 있도록 조직한다.

PART II 에서는 대표적인 유아교과교육인 언어교육, 사회교육, 수학교육, 과학교육, 미술교육, 음악교육, 동작교육의 목표와 내용, 교수 · 학습 방법에 대해 알아보고자 한다.

chapter 1
언어교육

언어는 말하기와 듣기의 음성언어와 읽기와 쓰기중심의 문자언어가 있다.
유아기는 음성언어로부터 시작하여 문자언어에 대한 이해를 발달시키는 시기이다.
인간은 음성언어와 문자언어를 통해 의사소통하고 문자언어를 통해 인류가 생성한 지식과 기술을 문화유산으로 전달한다.
유아들은 언어능력의 한계는 있지만 자신의 경험과 생각을 다른 사람들에게 표현하기 위해서 언어를 사용하려고 시도한다.
유아들의 언어능력은 유아의 말하기와 듣기, 읽고, 쓰기를 격려하는 환경에서 더 향상될 수 있으므로 교사는 유아언어교육의 목표와 내용을 이해하고 풍부한 언어활동을 계획하여 제공한다.

유아는 말과 글을 통해 의사소통하면서 주변인과 관계를 형성하고 주변 세상에 대한 정보를 얻고, 지식도 구성한다. 유아기는 언어발달의 결정적 시기로 구어적 표현뿐 아니라 문어에 대한 흥미와 문어의 기초능력이 발달하는 시기이다. 이 시기에 형성된 언어습관과 태도는 일생 동안 지속되므로 유아기 언어교육의 중요성이 있다.

따라서 교사는 유아가 언어 사용에 대해 자신감을 갖고, 자신의 생각과 느낌을 적합하게 표현할 수 있으며 상대방의 의도를 이해할 수 있도록 돕는다. 또한 그림책과 인쇄물처럼 유아가 주변의 글자에 관심을 갖고 읽고 쓰려는 시도를 격려해야 한다.

1 언어교육의 목표

유아언어교육의 목표는 유아가 자신의 생각과 느낌을 자신 있게 표현하고 상대방의 말을 주의 깊게 듣고 이해하며, 상대방과의 의사소통 과정에서 바른 언어 사용 습관을 기르도록 하는 데 있다. 2019 개정 누리과정은 의사소통 영역의 목표로 '일상생활에 필요한 의사소통 능력과 상상력을 기른다(교육부, 보건복지부, 2019).'로 제시하고 있다.

> 일상생활에 필요한 의사소통 능력과 상상력을 기른다.

① 일상생활에서 듣고 말하기를 즐긴다.
② 읽기와 쓰기에 관심을 가진다.
③ 책이나 이야기를 통해 상상하기를 즐긴다.

위에서 제시된 2019 개정 누리과정 의사소통 영역의 목표를 반영하고, 유아기 언어발달특성을 고려하여, 본 책에서는 유아언어교육의 목표를 **'일상생활에서 말과 글을 즐겁고 바르게 사용하기 위한 기초 능력과 태도를 기른다.'**로 설정하며, 그 하위 목표는 다음과 같이 기술하고자 한다.

첫째, 다른 사람의 말을 주의깊게 듣는 태도와 이해하는 능력을 기른다.
둘째, 자신의 생각과 느낌을 바르게 말하는 태도와 능력을 기른다.
셋째, 읽기에 흥미를 가진다.
넷째, 쓰기에 흥미를 가진다.

2 언어교육의 내용

언어교육의 내용은 듣기, 말하기, 읽기, 쓰기의 4가지 요소로 구성되어 있으며, 이 교육내용은 서로 통합적으로 영향을 미치며 발달한다. 언어교육과 관련성이 높은 2019 개정 누리과정 의사소통 영역의 교육내용은 듣기와 말하기, 읽기와 쓰기에 관심 가지기, 책과 이야기 즐기기이다.

표 2-1 2019 개정 누리과정 의사소통 영역의 유아언어교육 관련 내용

내용범주	내 용
듣기와 말하기	• 말이나 이야기를 관심 있게 듣는다. • 자신의 경험, 느낌, 생각을 말한다. • 상황에 적절한 단어를 사용하여 말한다. • 상대방이 하는 이야기를 듣고 관련해서 말한다. • 바른 태도로 듣고 말한다. • 고운 말을 사용한다.
읽기와 쓰기에 관심 가지기	• 말과 글의 관계에 관심을 가진다. • 주변의 상징, 글자 등의 읽기에 관심을 가진다. • 자신의 생각을 글자와 비슷한 형태로 표현한다.
책과 이야기 즐기기	• 책에 관심을 가지고 상상하기를 즐긴다. • 동화, 동시에서 말의 재미를 느낀다. • 말놀이와 이야기 짓기를 즐긴다.

유아들은 듣기와 말하기를 분리하여 경험하기보다는 통합적으로 경험한다는 의미에서 2019 개정 누리과정 의사소통 영역의 내용은 듣기와 말하기, 읽기와 쓰기에 관심 가지기를 통합적으로 제시하였다. 또한 초등학교 1학년 국어과 교육내용과의 연계 차원에서 책과 이야기 즐기기를 내용 범주로 제시하였다.

그러나 본 책에서는 유아언어교육의 내용을 듣기, 말하기, 읽기, 쓰기로 구분하여 제시하고자 한다.

1) 듣기

듣기는 단순히 소리를 수동적으로 듣는 것만이 아니라 소리나 음으로부터 의미를 구성하는 적극적이고 의도적인 과정이라고 할 수 있다(이차숙, 2006). 유아기 듣기 교육에서는 다른 사람의 이야기를 주의 깊게 듣기, 들은 내용의 의미를 이해하고 해석하기, 다른 사람의 이야기를 바른 태도로 듣기 등의 세부내용을 포함해야 한다.

내용	세부내용
듣기	• 다른 사람의 말과 이야기 주의 깊게 듣기 • 낱말과 문장, 이야기 듣고 이해하기 • 동요, 동시, 동화 듣고 이해하기 • 바른 태도로 듣기

(1) 다른 사람의 말과 이야기 주의 깊게 듣기

소리에 대한 변별력이 높아진 유아들은 비슷한 발음의 소리를 주의 깊게 듣고 발음의 차이를 구별할 수 있다(주영희, 2001). 또한 유아는 자신이 흥미를 갖는 다른 사람의 말과 이야기 듣고 반응한다. 유아가 '다른 사람의 말과 이야기 주의 깊게 듣기'의 내용을 경험하도록 하기 위해 교사는 소리 듣고 이름 알아맞히기, 한 가지 지시 듣고 따르기, 두 가지 이상의 지시를 듣고 순서대로 따르기, 여러 가지 사물의 이름 듣고 관련되는 것끼리 연결하기, 존댓말을 듣고 예사말과 다름을 알기 등의 활동을 제시할 수 있다.

다른 사람의 말과 이야기 주의 깊게 듣기 관련활동

- 끝말잇기
- 지시어를 듣고 그림 찾기
- 동물의 특징 듣고 찾아보기
- 비슷한 발음 듣고 구별하기
  "배를 타고 감을 건너갑니다."
  "할아버지가 시계에 나무를 지고 갑니다."
  "다람쥐는 방을 좋아합니다."

(2) 낱말과 문장, 이야기 듣고 이해하기

낱말과 문장, 이야기 듣고 이해하기는 상대방의 말을 그냥 듣는 차원을 넘어서 자신의 경험과 관련된 낱말과 문장을 주의 깊게 듣고 이야기의 주제와 원인과 결과 등을 이해하며 듣는 것을 의미한다. 이를 위해서 유아는 대화의 상황과 맥락을 이해해야 하며 말하는 상대방의 의도와 이야기의 전체적인 흐름을 이해할 수 있어야 한다. 인지적 사고능력이 있어야 하며 주의집중력 또한 높아야 가능하기 때문에 교사는 유아가 이야기에 집중할 수 있도록 동작과 소리를 함께 제시할 수도 있고, 유아가 상대방의 이야기를 듣고 궁금한 것을 질문하도록 안내할 수도 있다. 교사는 유아들에게 이야기의 내용 중 분명하지 않거나 궁금한 점에 대해 물어서 확인하기, 같은 점과 다른 점을 구별하면서 듣기, 본 것 · 들은 것 · 겪은 것 등으로 구별하면서 듣기, 설명을 듣고 물건이나 그림 알아맞히기, 전달하는 말 듣고 그대로 전하기, 놀이하면서 서로 말을 주고받기, 이야기 듣고 그 줄거리를 이해하고 있음을 나타내기(말, 그림, 동작), 시간적 순서가 바른지 생각하면서 듣기, 이야기 듣고 정보를 얻기 등의 경험을 제공할 수 있다.

낱말과 문장, 이야기 듣고 이해하기 관련 활동

- 사진 속의 우리 가족을 소개해요(가족이 함께한 경험을 듣고 질문하기)
  "○○이의 가족 나들이에 대한 이야기를 잘 들어보았니?"
  "○○이는 여행을 가서 무엇을 했니?"
  "○○이에게 궁금한 것이 있니?"
- 미술활동(우리 동네 구성하기)에 대해 평가하기
  "우리 동네를 어떻게 만들었다고 했니?"
  "우리 동네 구성하기 활동에 대해 궁금한 것을 질문할 수 있니?"

(3) 동요, 동시, 동화 듣고 이해하기

유아들은 누군가 동화와 동요, 동시를 들려주는 것을 좋아한다. 이러한 문학 경험을 통해 유아들은 새로운 낱말에 대한 관심을 가질 뿐 아니라 이야기를 즐기게 되고, 상상력도 발달하게 된다. 교사는 유아들에게 동시 또는 동화의 장면을 생각해 보기, 동시 듣고 재미있는 말 찾아내기, 재미있는 이야기 듣고 즐기기, 동화 듣고 다시 이야기하기 등의 경험을 제공한다.

동요, 동시, 동화 듣고 이해하기 관련활동

- 전래동요 · 동화 듣기
  "반복되는 말은 무엇이니?(꼬마야, 꼬마야)"
  "주인공 할아버지에게 무슨 일이 생겼니?(혹부리 영감님)"
  "도깨비가 할아버지에게 혹을 내 놓으라고 했을 때 어떤 마음이었을까?(혹부리 영감님)"
- 막대 동화 인형극하기
  "동화의 내용을 기억하여 막대 인형극을 해 볼 수 있니?"
- 동화의 내용을 순서대로 놓기
  "그림 카드 4장을 이야기의 순서대로 놓을 수 있니?"

(4) 바른 태도로 듣기

바른 태도로 듣기는 다른 사람이 말할 때 유아가 갖추어야 하는 태도를 의미한다. 다른 사람이 말할 때 상대방을 바라보며 끝까지 듣는 태도와 주의 깊게 듣는 태도는 유아기부터 길러야 한다. 교사는 주의집중력이 길지 않은 유아들의 발달 수준을 고려하면서 다른 사람들이 이야기할 때 말소리와 표정, 몸짓 등을 바라보며 내용을 들을 수 있도록 일상생활에서 다양한 경험을 제공한다. 세부적인 교육 내용은 다른 사람이 말할 때 반응 보이기, 말하는 사람의 표정에 주의하며 듣기, 말하는 사람을 쳐다보며 듣기, 다른 사람의 말이 끝날 때까지 주의 기울이기, 이야기를 끝까지 듣기, 친구의 말에 관심 갖기, 친구의 이야기 즐겨 듣기, 친구가 하는 말을 무시하지 않고 듣기, 친구의 말을 방해하지 않고 듣기 등이 있다(교육과학기술부, 2012).

바른 태도로 듣기 관련활동

- 수수께끼의 문제 듣고 맞히기
- 어떤 동물의 소리일까? 소리 듣고 맞히기
- 동시에서 의성어는 몇 번 나왔나?
- 귓속말 전달하기

2) 말하기

말하기는 자신의 생각과 느낌을 말로 표현하는 능력을 기르는 것으로 교사는 유아가 자신의 생각을 말할 때 다양한 낱말을 사용하여 상황에 맞는 문장으로 정확하게 말하도록 안내해야 한다. 말하기의 교육내용은 자신의 생각과 느낌을 낱말과 문장으로 말하기, 자신의 생각과 느낌을 말하기, 바른 태도로 말하기 등이 포함되어야 한다.

내용	세부내용
말하기	• 낱말과 문장으로 말하기 • 느낌, 생각, 경험 말하기 • 바른 태도로 말하기

(1) 낱말과 문장으로 말하기

낱말과 문장으로 말하기는 유아가 주변에서 들었거나 자신이 알고 있는 낱말을 정확하게 발음하여 말하고 자신의 경험을 다양한 낱말과 문장으로 말하도록 하는 내용이다. 교사는 유아들이 일상생활에서 자주 접하는 친숙한 낱말을 발음해 볼 수 있는 자연스러운 기회를 제공하고 다양한 형태의 문장을 말해보도록 하다. 또한 교사 자신도 정확한 발음으로 유아들과 의사소통하고 동일한 상황이나 의미를 갖고 있는 다양한 단어를 사용해서 말한다. 낱말과 문장으로 말하기에는 적절한 단어 사용하기, 청자 · 목적 · 상황에 따른 적절한 목소리(속도, 억양, 크기) · 문장 · 언어적 형태로 말하기, 정확한 발음으로 말하기 등이 포함된다.

낱말과 문장으로 말하기 관련활동

- 제시어 보고 말하기
- 내가 좋아하는 동물 소개하기

(2) 느낌, 생각, 경험 말하기

자신의 생각과 느낌, 경험 말하기는 유아가 자신이 경험한 것을 상대방의 생각과 현재의 상황 등을 고려해서 말하는 능력을 기르는 것이다. 주제에서 벗어나지 않고 대화와 토론에 참여하기, 이야기를 듣고 적절하게 반응하기, 이야기 듣고 자신의 경험과 연결지어 이야기하기, 자신의 생각이나 느낌을 적절하고 자신 있게 표현하기, 비언어적 표현(몸짓, 표정, 쉼, 억양)을 적절하게 사용하기, 설명하는 말하기, 생각한 것을 말하고 왜 그런 생각을 했는지 이야기해 보기, 말하는 목적이 무엇인지 알고 말하기 등이 포함된다.

느낌, 생각, 경험 말하기 관련활동(1)

- 주말 지낸 이야기하기
- 견학경험 말하기
- 친구는 어떤 기분일까? 말하기

또한 대상의 특징이나 행위에 대해 다른 사람이 알아들을 수 있게 기술하기, 시제 · 시간적 순서에 맞게 이야기 지어 말하기, 그림 · 사진을 보며 이야기 짓기, 누가, 언제, 무엇을 왜, 어떻게 했는지 이야기하기, 연결어를 사용해서 말하기, 내용을 적절하게 조직하기 등이 포함된다.

느낌, 생각, 경험 말하기 관련활동(2)

- 동화의 뒷이야기 지어 말하기
- 그림카드 보고 이야기 창작하여 말하기
- 상상하여 말하기

책을 보고 집을 어떻게 만드는지 이야기해요

집에 대해 궁금한 것을 말해요

사진 2-1 친구들과 주제에 대해 이야기해요

(3) 바른 태도로 말하기

바른 태도로 말하기는 유아가 때와 장소, 듣는 사람을 고려하여 바르고 고운말을 사용하여 말하는 것이다. 바른 태도로 말하기의 교육내용은 말할 차례 지키기, 상대방을 보고 말하기, 남의 말을 다 듣고 나서 말하기, 친구와 즐겁게 말하기, 다른 사람의 마음을 아프지 않게 말하기, 바르고 고운말 사용하기, 존댓말과 예사말이 있다는 것을 알고 가려서 사용하기 등을 포함한다.

바른 태도로 말하기 관련활동

- 가족 간에 지켜야 할 예절이 있어요.
  "할머니 할아버지에게 어떻게 인사를 드려야 할까?"
- 바르고 고운말을 사용하는 아이는?
  "(그림을 보고) 무엇이라고 말해야 할까?"
- 역할극
  "손님과 주인은 어떤 말을 할까?"

3) 읽기

읽기는 말과 글의 관계를 이해하고 주변의 글자나 책에 관심을 갖는 것으로 읽기의 교육내용에는 주변의 글자 읽기에 흥미 가지기, 책 읽기에 관심 가지기 등이 포함된다.

내용	세부내용
읽기	• 읽기에 흥미 가지기 • 책 읽기에 관심 가지기

(1) 읽기에 흥미 가지기

읽기에 흥미 가지기는 유아가 일상생활에서 자주 접하는 친숙한 글자와 그림

책에 흥미를 갖고 읽어보려고 시도하는 내용이다. 교사는 유아들이 읽기에 흥미를 가질 수 있도록 하기 위해서 유아의 이름카드, 오늘의 놀이활동 소개, 인쇄물, 편지, 간식 메뉴 등 다양한 읽기 자료를 비치한다. 세부교육내용으로는 읽기에서 그림이 아니고 글자를 읽는다는 것을 알기, 읽어주는 이야기를 듣고 무엇인가를 묻기, 읽어주는 이야기 듣기에 흥미 보이기, 이야기 이해를 위해 그림을 단서로 사용하기, 아는 글자를 읽으려고 시도하기, 모르는 글자를 보고 무슨 글자인지 묻기, 쓰여 있는 글에 관심 보이기, 글자카드 놀이 즐기기 등이 포함된다.

읽기에 흥미 가지기 관련활동

- 오늘의 간식 알아보기
- 우리 동네 안내책자 읽기
- 부모님의 편지 읽기

(2) 책 읽기에 관심 가지기

책 읽기에 관심 가지기는 유아가 좋아하는 책에 관심을 가지고 읽기를 시도하도록 하는 것이다. 유아의 연령이 높을 경우 궁금한 것을 책에서 찾아보도록 할 수도 있다. 책 읽기에 관심 가지기의 교육내용은 글자와 그림 구별하기, 책보기를 좋아하기, 스스로 책을 읽으려고 시도하기, 다양한 종류의 책을 좋아하기, 책을 읽어줄 때 다음 단어나 구절을 예측해서 말하기, 여러 번 들은 이야기인 경우 다음 페이지의 이야기를 원문 비슷하게 읽기, 정보를 찾기 위해 책을 참고하기, 책장을 차례대로 넘기기, 책을 소중히 다루기, 읽기의 방향 알기(왼쪽에서 오른쪽, 위에서 아래쪽) 등이 포함된다.

책 읽기에 관심 가지기 관련활동

- 우리 반 도서관을 꾸며요.
- 내가 좋아하는 책을 소개해요.
- 궁금한 것을 책에서 찾아요.

4) 쓰기

쓰기는 자신의 생각을 글 또는 그림이나 기호로 표현하는 것이다. 유아기 쓰기의 교육내용은 쓰기에 관심 가지기, 쓰기 도구 사용하기로 볼 수 있다.

내용	세부내용
쓰기	• 쓰기에 관심 가지기 • 쓰기 도구 사용하기

(1) 쓰기에 관심 가지기

유아들이 철자를 완벽하게 쓸 수 없다 하더라도 자신의 생각을 쓰려는 시도를 한다. 쓰기는 유아들이 말을 글자로 쓸 수 있다는 것을 이해하고 자신의 이름이나 자신의 생각과 느낌을 글자로 쓰려는 시도를 격려하는 것이다. 그림 그리기나 긁적이기로 생각을 표현하기, 자신이 그린 그림이나 긁적임을 보고 읽으려고 시도하기, 글을 써야 하는 이유를 이해하기, 받아 써주기에 관심 보이기, 아는 글자(단어)를 쓰려고 시도하기, 이름 글자 쓰기, 모르는 글자가 있을 때 어떻게 쓰는지를 묻기, 자신에게 의미 있는 글자를 베껴 쓰려고 시도하기, 간단한 내용을 그림과 혼용해서 쓰려고 하기, 쓰기의 방향성 알기 등이 교육내용으로 포함된다.

쓰기에 관심 가지기 관련활동

- 모래 위에 글자 쓰기
- 선생님과 친구들에게 짧은 편지 보내기
- 쌓기놀이 영역이나 역할놀이 영역에서 필요한 장소나 이름 표시하기
- 과학 영역에서 관찰일지 쓰기

(2) 쓰기 도구 사용하기

일상생활에서 성인들이 종이에 글자를 쓰는 것을 관찰한 유아들은 자신도 종이에 무엇인가를 표시하기 위해 필기도구를 찾아서 사용하고자 한다. 교사는 유아들이 다양한 쓰기 도구에 관심을 가질 수 있도록 환경을 준비하며 교사 자신이 쓰기 도구를 바르게 사용하는 모습을 보여준다. 다양한 쓰기 도구 관찰하기, 필기 도구 잡기 등이 교육내용으로 포함된다.

쓰기 도구 사용하기 관련활동

- 나뭇가지로 땅 위에 쓰기
- 물로 벽에 쓰기
- 컴퓨터로 이름 쓰기
- 가장 잘 써지는 도구 찾기

토마토를 먹어야 건강해 진다고 해요

토마토라고 말하지 말고 '달치익 싸'라고 해요

토마토를 숨겨서 줘요

그림 2-1 동화 '난 토마토 절대 안 먹어' 듣고 주인공의 생각을 그림으로 표현하기

3 언어교육의 교수 · 학습방법

언어교육의 내용인 듣기, 말하기, 읽기, 쓰기는 독립적이기보다는 통합적으로 그리고 일상생활의 자연스러운 대화나 놀이, 활동을 통해서 학습하도록 안내한다. 교사는 언어교육의 활동원리를 이해하고 이를 토대로 교수 · 학습과정을 계획한다.

1) 언어교육의 활동원리

교사는 유아의 언어발달을 돕기 위해 자유놀이와 활동을 계획하여 제공할 수 있다. 그 외에도 유아와의 자연스러운 대화나 모델링 그리고 교사의 간접적 활동방법, 직접적 활동방법을 통해서 유아의 언어능력이 향상하도록 지원할 수 있다. 언어교육의 활동원리를 듣기, 말하기, 읽기, 쓰기로 나누어 제시하면 다음과 같다.

(1) 듣기

- 유아가 잘 들을 수 있는 공간과 시간을 제공한다.
- 듣기활동을 다른 영역의 활동과 통합하여 제공한다.
- 유아에게 친숙한 일상생활 속의 다양한 사물의 소리나 사물의 이름을 듣고 반응할 수 있는 기회를 제공한다.
- 다른 사람의 말을 듣고 질문을 하도록 한다.
- 교사 자신이 유아의 말을 경청하는 태도를 보여준다.
- 분명한 목표를 가지고 들을 수 있도록 한다.
- 유아에게 두세 가지 행동을 담은 문장을 들려주고 지시에 따르도록 한다.
- 유아의 발달수준을 고려하여 간결한 문장을 정확한 발음으로 들려준다.
- 특정한 주제에 대한 이야기를 들려주고, 이와 관련된 질문을 한다.

- 다양한 매체(OHP, CD, 카세트플레이어, 컴퓨터 등)를 활용하여 다양한 방식으로 동요, 동화, 동시를 들을 수 있는 기회를 제공한다.
- 동요, 동시, 동화를 다양한 방법으로 들려주고, 이야기의 재미있는 단어나 운율을 따라해 보도록 한다.
- 일상생활에서 반복적으로 다른 사람의 이야기를 끝까지 듣기 등의 태도를 갖도록 한다.

(2) 말하기

- 유아가 소리를 귀 기울여 듣고 정확한 발음으로 표현할 수 있는 기회를 제공한다.
- 이야기를 듣고 들은 내용이나 자신의 생각을 문장으로 표현할 수 있는 기회를 제공한다.
- 유아의 발음이 틀렸을 때 교사는 수정하려고 하기보다는 교사가 정확한 발음으로 말하는 모델을 들려주어서 간접적인 방법으로 안내한다.
- 교사는 유아의 말 표현을 주의 깊게 듣고 관찰하여 문제가 되는 발음이나 문장 표현의 문제를 파악한다.
- 주제에 대해 유아의 생각과 느낌을 표현할 수 있는 기회를 제공한다. 이때 교사는 유아가 정확한 발음으로 표현할 수 있도록 격려한다.
- 다양한 어휘를 사용하여 상황에 맞게 말할 수 있도록 격려한다. 유아가 단순한 어휘만 반복적으로 사용할 경우 교사는 새로운 어휘를 자연스럽게 들려줄 수 있다. 또는 동화에서 소개된 새로운 어휘를 말해보도록 할 수 있다.
- 교사는 유아와 대화할 때 정확하고 바른 문장을 구사하여 말하기의 모델을 제공한다.
- 다양한 문장표현을 제공하기 위해 교사는 비슷한 말, 반대말, 단문, 복합문, 가정문 등 문법적 요소를 갖추어 말함으로써 유아가 다양한 형태의 문장을

경험하도록 한다.

- 단어나 짧은 말을 전달하는 활동을 한다. 가정과 연계하여 말 전달하기를 할 수 있다.
- 자연, 사물, 이야기 등에 대한 유아의 생각과 느낌 등을 표현해 보도록 한다.
- 유아가 자신의 경험이나 들은 이야기를 육하원칙을 고려하여 표현할 수 있도록 지도한다.
- 유아의 단편적인 문장 표현을 완성된 하나의 문장으로 다시 들려준다.
- 유아가 시제나 문법체계를 혼동하여 표현했을 경우, 직접지도를 하기보다는 교사가 문맥에 맞는 적절한 문장으로 다시 들려주는 간접적인 활동방법을 사용한다.
- 교사는 유아와의 일상적인 상호작용에서 정확한 문장을 들려주고, 유아의 요구나 생각을 요약하여 다시 확인해 준다.
- 하루 일과 중에 일어난 특별한 일이나, 견학 후, 주말을 지낸 후에 유아가 겪은 일을 친구들에게 소개하는 시간을 계획한다.
- 주제와 관련된 여러 가지 경험을 유아들이 짧은 문장으로 표현할 수 있도록 질문하고, 이를 엮어 동화나 동시로 꾸며 말해보는 활동을 한다.
- 정해진 주제에 대하여 유아가 자신의 생각을 자유롭게 대화, 토의, 발표하도록 격려한다.
- 말하기를 격려하는 다양한 자료를 제공하고, 유아가 창의적으로 말하도록 격려한다.
- 듣는 사람의 생각과 느낌을 고려하여 자신의 말을 조절하도록 격려하고, 서로 다른 의견을 조정할 수 있도록 한다.
- 유아가 다른 사람의 이야기가 끝나기를 기다려 자신이 말할 차례가 되면 진행되는 이야기의 맥락에 이어서 또는 새로운 이야기 소재로 대화의 전환을 시도하도록 격려한다.
- 시간과 장소의 특성과 그곳에서 만나는 사람에 따라 사용되는 언어적 표현이

다름을 알고 바르게 사용하도록 한다.

- 자신의 생각과 감정을 상대방에게 잘 전달하기 위해서는 때와 장소, 대상을 고려해야 한다는 것을 유아가 이해하도록 한다.
- 바르고 고운 말을 사용하도록 격려한다. 유아들이 잘 모르고 받아들이는 속어나 비어를 사용할 경우 무조건 제지하는 것보다 어떤 의미인지 이야기 나누고, 바르고 고운 말을 함께 찾아보고 사용해 볼 수 있는 기회를 제공해 준다.

(3) 읽기

- 유아의 발달수준에 적합하면서 유아가 흥미를 보이는 내용을 다룬 이야기책, 신문기사, 편지, 교실에서 지켜야 하는 규칙을 적은 글, 안내문, 전단지 등을 제시하여 유아가 읽기에 관심을 갖도록 한다.
- 주변에서 유아에게 의미 있고 친숙한 글자를 중심으로 읽기 경험을 하도록 한다.
- 글자를 정확하게 읽는 것보다는 자연스럽게 글자와 친숙해지고 글을 읽고자 하는 동기를 유발한다.
- 유아가 책 보는 것을 즐기고 책을 소중하게 다루도록 격려한다.
- 유아가 궁금한 것이 있을 때마다 책을 통해 문제를 해결할 수 있도록 안내한다.
- 유아에게 소리 내어 읽어 주기, 함께 보며 읽기, 안내하며 읽기, 혼자 읽기 등 다양한 전략을 활용하여 책 읽기를 즐기도록 돕는다.

(4) 쓰기

- 쓰기는 철자에 맞춰 쓰기보다는 말이나 생각을 글로 옮길 수 있음을 먼저 알도록 안내한다.
- 글자가 아니어도 자신의 생각을 그림이나 긁적거리기로 나타내 보도록 한다.

- 교사는 유아가 꾸민 이야기를 받아 써 주고, 다시 읽어 주어서 유아가 말과 글의 관계를 이해하도록 돕는다.
- 이름이나 친숙한 글자를 써 보고, 놀이나 다른 활동과 연계를 통한 유의미한 쓰기 경험을 제공한다.
- 자신의 느낌, 생각, 경험을 글자와 비슷한 형태나 글자로 표현하도록 한다.
- 유아가 자신의 느낌, 생각, 경험을 표현하는 즐거움을 경험하도록 하기 위해 쓰기를 위한 배경, 주제 및 도구를 다양화하여 쓰기를 즐길 수 있는 풍부한 경험을 제공한다.
- 교사는 유아가 철자를 잘못 썼을 때도 비판하지 않아야 하며 유아의 쓰기과정 자체에 관심을 보이고 칭찬을 해주어야 한다.
- 강요가 아닌 자발적인 동기에 의한 쓰기 활동을 통해 쓰기의 즐거움을 경험할 수 있도록 한다.
- 여러 가지 쓰기 도구와 매체의 특성을 탐색하도록 격려한다.
- 쓰기 도구를 올바르게 사용하는 시범을 보인다.
- 쓰기 도구를 올바르게 사용하는 사진을 언어 영역에 게시하여 유아가 쓰기 도구를 바르게 사용하도록 안내한다.

언어교육 접근법

● 일상생활에서의 언어교육

일상생활에서의 언어교육 접근은 유아의 일상생활에 늘 반복적으로 발생하는 의사소통 상황에서 유아가 바른 언어 사용 습관과 태도 그리고 낱말과 문장을 사용하여 말하기 능력과 듣기 이해 능력들이 향상되도록 돕는 방법이다.

교사는 유아들이 불완전하게 표현한 문장을 완전한 문장으로 표현하도록 자연스럽게 안내할 수 있으며, 상황에 적합한 낱말과 문장으로 사용하여 대화하도록 안내하고, 어휘의 확장이나 문장 표현을 도울 수 있는 활동으로 확장할 수도 있다.

● 문학을 활용한 언어교육

유아는 동화, 동시, 동요 등 다양한 종류의 아동 문학을 좋아하며 그 내용은 유아의 흥미나 생활과도 밀접하게 관련되어 있다. 문학을 활용한 언어교육은 유아가 친숙하고 자연스러운 방법으로 언어교육이 가능하게 해주며 질 높은 아동문학을 중심으로 교과 간 통합과 언어교과 내 통합을 이룰 수 있다. 문학을 활용한 언어교육을 위해 교사는 주제와 관련이 있는 동화, 동시를 선정하고 언어교육의 내용인 듣기, 말하기, 읽기, 쓰기 등의 교육내용을 위한 활동을 계획한다.

● 신문 · 인쇄물을 활용한 언어교육

신문과 인쇄물은 유아의 생활 주변에서 친숙하게 접할 수 있는 매체로 자연스럽게 읽기와 쓰기 경험을 제공한다. 교사는 신문의 기사, 사진, 화보, 광고, 만화 등을 활용하여 유아들에게 흥미로운 교육 경험을 제공할 수 있다.

신문과 인쇄물을 이용한 교육활동의 예로는 신문에 실린 그림, 화보, 사진, 광고를 활용하여 책 만들기, 그림 단어 사전 만들기, 신문일기 쓰기, 물건 찾기, 광고 만들기, 토의하기, 설명하기, 단어쓰기, 저널쓰기, 이야기 꾸미기 활동을 할 수 있다.

또한 신문에 나와 있는 아는 글자 찾아 표시하기, 외국어 찾기, 자기 이름과 친구 이름 찾기, 단어 피라미드 만들기, 끝말잇기, 좋아하는 글자 찾기, 글자 수가 같은 낱말 찾기, 단어 연상하기 등을 할 수 있다.

● 명화를 활용한 언어교육

명화는 유아들이 그림을 보고 주제에 대해 다양한 상상하기, 주인공의 입장에서 생각하기 등의 듣기와 말하기의 경험을 제공한다.

유아들이 이해하기 쉽고, 좋아할 만한 그림을 선정하여 누가, 어디서, 무엇을, 어떻게 하고 있는지를 육하원칙에 따라 말해볼 수 있고 다른 사람의 이야기를 듣고 자신의 생각과 비교해 볼 수도 있다. 명화를 이용한 활동의 예로는 명화의 작품 이름 짓기, 작가에게 편지쓰기, 명화를 보고 동화 짓기, 그림의 주인공 입장에서 생각하기 등이 있다.

2) 언어교육의 교수 · 학습전략

언어교육의 방법에 대해 많은 학자와 교사, 부모들이 관심을 가지고 있으나, 개인이 가지고 교육관에 따라 서로 다른 관점을 가지고 있다. 행동주의적 관점을 지니고 있는 사람들은 부호중심 교수법을 주장한다. 부호중심 교수법은 듣기, 말하기, 읽기, 쓰기 교육내용을 순서에 따라 체계적으로 반복 지도하는 방법이다.

총체적 언어접근 방법은 유아의 흥미와 경험을 강조하고 다른 교과와 통합한 언어교육 방법이다. 듣기와 말하기, 읽기, 쓰기의 통합적 상호작용을 강조하며 언어가 실제 사용되는 생활 맥락에서 총체적으로 교육이 이루어져야 한다는 관점이다. 총체적 언어교육은 문자언어의 방향이 전체 이야기에서 문장-단어-낱자의 순으로 진행되어야 한다는 관점을 지닌다.

최근 언어교육의 방향은 균형잡힌 언어교육 방법이다. 이는 유아의 일상생활 맥락과 경험을 고려하여 유아의 수준에 적합한 언어교육 활동을 제공하면서 단어의 의미를 이해하도록 돕고 읽기와 쓰기 기술을 체계적으로 안내하는 방법이다.

균형잡힌 언어교육은 다양한 학습 상황에서의 유아의 언어적 자기표현과 다른 유아와의 상호작용 그리고 교사에 의한 체계적인 방법을 균형 있게 제시한다. 따라서 교사는 언어교육의 내용과 유아의 발달 수준, 흥미, 언어교육활동의 유형에 따라 다양한 교수 · 학습방법을 사용할 수 있다. 다음은 효과적인 언어교육의 교수 · 학습방법을 위한 언어교육을 위한 교수 · 학습전략을 소개한 것이다.

(1) 자기표현

자기표현은 유아가 자연적인 발달과 의도적인 교수 · 학습의 결과로 얻게 된 느낌과 생각을 다양한 활동 형태로 표현하는 것이다. 유아는 자신의 생각과 경험, 느낌을 글과 말로 표현하고자 하는 자연스러운 요구를 가지고 있다. 교사는 유아가 주도적으로 자신의 느낌과 생각을 자유롭게 표현하고 다른 사람들과 함께 상호작용할 수 있는 다양한 기회를 마련하여 주어야 한다. 자기표현에는 행동적 표현, 조형적 표현, 언어적 표현이 있다(방인옥 외, 2013). 이 중 언어교육은 언어적 자기표현과 가장 밀접한 관련성을 갖지만 언어표현이 미숙한 유아의 경우 조형적 자기표현으로 자신의 생각을 표현하기도 한다.

유아는 주말 지낸 이야기, 주제에 대한 이야기 나누기, 음악과 동화를 듣고 자신의 느낌과 생각을 언어적으로 표현하기 과정에 참여하게 된다. 쓰기 표현이 미숙한 유아들의 경우 자신의 생각을 말하기와 그림(조형적)으로 표현할 수 있을 것이다. 또는 자신의 그림에 대해 다른 사람에게 설명하는 과정에서 언어적 자기표현과 조형적 자기표현을 함께 한다고 할 수 있다. 이를 통해 듣기, 말하기, 읽기, 쓰기 능력이 균형 있게 발달한다.

자기표현 관련활동

- 음악 감상 – 비발디 '사계 중 봄'을 듣고 봄의 풍경에 대해 이야기해 볼 수 있니?
- 미술활동 – '좋아하는 동물' 그리고 네가 좋아하는 동물을 우리에게 소개해 줄 수 있니?
- 동시 – '빗방울' 동시 듣고 비가 내리는 모습을 상상하여 동시를 지어보자.
- 동화 – 무지개 물고기는 왜 자신의 비늘을 친구들에게 나눠주었을까?

(2) 토의

토의는 유아들이 어떤 주제에 대해 자신의 생각을 언어로 표현하는 과정이다. 토의를 잘 하기 위해서는 유아가 자신의 의견을 효과적으로 전달하고 타인의 말을 이해해야 한다. 우리 교실의 규칙에 대해 말하고 쓰기, 주제에 대한 찬성과 반대의 의견 말하기, 다른 사람의 말을 끝까지 듣기, 자신의 의견을 효과적으로 전달하기, 다른 사람의 의견에 합리적으로 반대하기 등이 토의를 통해 발달시킬 수 있는 언어교육의 내용이다.

토의 관련활동

- 우리 교실에 필요한 놀이 영역과 없어도 되는 놀이 영역 토의하기
- 동화의 주인공에 대해 토의하기 – 거짓말을 한 혹부리 영감님은 착한가?
- 게임의 방법 토의하기 – 게임의 방법 정하기
- 쌓기놀이 영역의 규칙 만들기 – 왜 높이 쌓으면 안 되나?
- 친구를 도울 수 있는 방법 토의하기

(3) 문제해결하기

문제해결하기는 학습자 주도의 학습방법으로 유아가 문제를 인식하고 문제해결을 위한 자료를 수집하여 문제를 해결하는 방법이다. 언어교육에서는 많이 활용되기는 어렵지만 새로운 단어를 교사에 의해 직접적으로 배우지 않는다면 유아들이 스스로 자료를 수집하여 궁금한 단어를 찾는 문제해결학습 모형을 활용할 수 있다.

문제해결하기 관련활동

- 동화에서 나온 바람의 이름 알아보기
  "동화에서 나온 바람의 이름은 무슨 뜻인 것 같니?"
  "어떻게 알 수 있을까?"
  "어디에서 찾아볼 수 있을까?"
  "무엇을 알게 되었니?"
  "마파람이란 무슨 뜻이니?"

(4) 시범과 모델링

언어교육의 듣기와 말하기 교육내용 중 다른 사람과 의사소통을 할 때는 상대방을 쳐다보며 말하고 듣기, 상황에 맞는 적합한 언어 표현하기, 고개 끄덕이기 등의 비언어적 몸짓 취하기는 교사의 시범과 모델링을 통해 가장 잘 경험할 수 있을 것이다.

유아는 교사와의 일상생활에서의 자연스러운 대화를 통해 바른 태도로 듣기,

말하기 능력을 발달시킬 수 있으며, 주변 성인들의 읽고 쓰는 모습을 보면서 유아들도 자신의 생각을 문자언어로 표현하는 것에 관심을 가질 것이다.

시범과 모델링 관련활동

- 등원, 휴식시간 등 일상생활 – 유아와 개인적 대화 나누기
  "선생님은 일요일 아침에 친구와 산에 갔었어. 너는 어제 무엇을 했니?"
- 유아들 사이에서 분쟁이 생겼을 때 – 싸움의 원인과 자신의 생각, 해결방법에 대해 대화 나누기
  "화가 많이 났구나. 왜 화가 났는지 이야기해 줄 수 있니?"
  "소리 지르지 않고 친구에게 네가 왜 화가 났는지 말로 할 수 있을까?"
  "(작은 소리로) ○○야, 작은 소리로 이야기 해 줄래?"
- 교사 자신이 바른 인사말하기
  "○○아, 안녕하세요? 오늘은 날씨가 덥지?"

(5) 설명하기

설명하기는 교사가 유아에게 어휘와 문장 표현을 직접 들려주고 유아가 따라하도록 하는 방법이다.

교사는 유아에게 알려주고 싶은 새로운 단어가 있을 경우 상황에 적합한 어휘 표현을 반복적으로 들려주고 유아가 기억하여 따라하도록 한다. 교사는 유아에게 질문을 통해 새로 배운 어휘를 기억하고 있는지 확인한다.

설명하기는 교사중심의 방법이 될 수 있으나 유아가 새로운 어휘를 배울 때 유용한 방법이 된다.

설명하기 관련활동

- 새로운 단어 배우기
  "땅위에서 다니는 교통수단을 육상교통이라고 해."
  "육상교통! 따라해 보자."
  "자전거, 기차와 같이 땅위에서 다니는 교통수단을 무엇이라고 했지?"

교사는 언어교육의 내용과 유아의 발달 수준을 고려하여 위에서 제시한 다양한 교수 · 학습전략을 사용할 수 있으며, 1부에서 소개한 수업 모형을 사용하여 활동할 수도 있다. 1부에서 설명식 수업 모형, 문제해결 수업 모형, 창의성 계발 수업 모형, 역할수행 모형, 시뮬레이션의 수업 모형 등을 제시하였다. 교사는 설명식 수업 모형을 사용할 때 위에서 제시한 교수 · 학습전략 중 설명하기를 사용할 수 있다. 창의성 계발 모형의 수업 모형을 선택했다면 유아들의 자유로운 자기표현의 방법을 사용할 수 있을 것이다. 문제해결하기 수업 모형은 문제해결하기 교수 · 학습전략을 사용할 수 있다. 이와 같이 교사는 하나의 수업 모형을 선택했을 경우 이에 적합한 교수 · 학습전략을 사용할 수 있다.

언어교육과 수업 모형

다음은 1부에서 소개한 교과교육의 교수 · 학습 모형과 언어교육의 방법과의 관련성을 제시한 것이다. 이 장에서는 교수 · 학습 모형의 전 과정을 설명하기보다는 언어교육의 활동을 중심으로 제시하였다.

● 직접교수 모형

직접교수 모형은 행동주의 이론에 기초를 두고 있는 부호중심의 언어교육 방법과 유사한 교사중심의 교수모형이다(교육과학기술부, 2013). 교사는 새로운 어휘의 발음과 글자 형태에 관심 갖도록 지도하고자 할 때 이 모형에 따라 활동을 계획할 것이다. 교사는 직접교수 모형에서 설명하기와 시범 보이기 등의 교수 · 학습전략을 함께 사용한다. 단 직접교수 모형은 듣기, 말하기, 읽기, 쓰기의 균형 있는 언어 경험보다는 읽기와 쓰기의 언어 기술 중심이 될 수 있다.

- 이름 읽고 쓰기 지도
- 단어 카드 보고 따라 쓰기
- 교사가 읽어주는 동시 따라 읽기

● 문제해결학습 모형

문제해결학습 모형은 유아 스스로 문제해결과정에 참여하여 문제를 인식하고 해결하는 과정을 강조한다. 앞서 제시한 문제해결하기 교수 · 학습전략을 사용할 수 있을 것이다.

- 모스 부호는 무엇인가?
- 내 생각을 길게 또는 짧은 기호로 표시하기
- 행동을 잘 나타낼 수 있는 기호는 무엇일까?
- 내 생각을 어떤 기호로 표현할 수 있을까?
- 다른 사람의 기호를 보고 생각 맞히기

● 창의성 계발 학습 모형

창의성 계발 모형은 학습자의 아이디어 생성과 적용과정을 존중하는 모형으로 주어진 사물이나 현상을 다양한 각도에서 살펴보면서 다양한 아이디어를 산출하는 것이다. 문학 활동 후의 뒷이야기 창작하기, 주인공의 입장에서 상상하여 말하기, 동화에서 나온 사물들을 변형시켜 보기 등은 창의성 계발 모형에 가까운 예가 된다.

- 네가 만약 깊은 웅덩이에 빠졌다면 어떻게 해서 나올 수 있을까?
- 네 몸에 코끼리의 코가 있다면 그 긴 코로 무엇을 할 거니?
- 동화의 제목만 보고 이야기를 지어보자.
- 동시의 일부분을 창작해 보자.

● 역할수행 모형

역할수행 모형은 유아가 구체적인 상황을 재현하여 언어 사용을 직접 경험하는 것이다. 예를 들면 동화에 나오는 인물들이 되어서 말하기 연습을 하는 것이다.

- 커다란 무 동극하기(도움을 청하는 할아버지가 되어 말하기)
- 상황에 맞는 인사 연습하기(어른과 아이의 역할 정하기)
- 전화예절 역할극 하기
- 역할극-가게놀이와 음식점 놀이하기

● 시뮬레이션

시뮬레이션은 가상의 상황을 실제처럼 재연하는 교수 · 학습 모형으로 언어교육 상황에서는 '옛날로 돌아갔다면'이라는 주제에 대해 옛날 사람들의 생활을 재연하면서 말하기와 듣기 경험을 할 수 있다.

- 모르는 사람을 만났다면 어떻게 할까?(역할놀이하기)
- 놀이 공원에서 길을 잃었다면 누구에게 가서 도움을 청할까?

3) 언어교육의 교수 · 학습과정

교사는 교수 · 학습과정안을 계획할 때 교사의 교수행동 측면에서 도입-전개-마무리의 과정을 계획한다. 이를 유아의 학습행동에서 계획한다면 인식-탐색-탐구-활용의 과정으로 계획할 수 있을 것이다. 본 책에서는 유아의 학습행동 측면에서 교수 · 학습과정을 설명하고자 한다.

교사는 효과적인 언어교육의 교수 · 학습과정을 계획하기 위해서 유아의 발달과 언어교육 내용에 적합한 접근법 그리고 교수 · 학습전략을 고려하여 교수 · 학습 과정을 계획한다.

(1) 인식하기

인식하기 단계에서 유아들은 오늘의 활동주제나 활동자료를 알아차리고 자신의 경험과 연결짓게 된다. 가족의 소중함이라는 교육내용을 위하여 교사가 언어영역의 가족 책 만들기(말하기와 쓰기)를 제시했을 때 유아들은 가족 사진을 보고 누구의 가족일지 궁금해 할 수 있으며, 자신의 가족과 가족들의 경험을 다른 친구들에게 소개할 수 있을 것이다. 우리 동네 간판 만들기(읽기, 쓰기)를 할 예정이라면 가게놀이에서 간판이 필요하다는 것을 인식하고 우리 주변의 간판에 대해 관심을 가질 수 있다.

(2) 탐색하기

탐색하기 단계에서 유아들은 앞으로 할 활동의 자료를 관찰하고 많은 정보를 수집하게 된다. 가족 그림(고갱의 타히티 가족과 렘브란트의 가족)을 보고 가족의 수와 가족이 있는 공간, 입고 있는 옷들을 관찰하여 말할 수 있으며, 명화에 대한 다른 유아들의 생각을 듣고 자신의 생각과 비교해 볼 수 있을 것이다. 우리 동네 가게들의 간판 만들기 활동의 경우 다양한 간판을 관찰하고 "무엇을 파는 가게일까?", "무엇을 보고 알 수 있었니?", "간판들의 공통점과 차이점은 무엇일까?", "가장 인상적인 간판은 무엇이니?" 등과 같은 상호작용을 통해 가게에서 파는 물건과 간판과의 관련성, 간판들에서 볼 수 있는 글자, 간판들의 차이점 등을 관찰을 통해 비교하여 말하는 경험을 할 수 있다.

(3) 탐구하기

탐구하기는 유아들이 자신이 생각한 방법과 기술을 실제에 적용하면서 다른 유아와 비교하면서 검토하는 과정이라고 볼 수 있다. 가족 책 만들기의 경우 우리 가족의 무엇을 소개하고 싶은가? 어떤 방법으로 우리 가족의 특별한 경험을 소개할지를 계획하여 만들기를 할 수 있다. 가게 간판 만들기 활동의 경우 유아들이 우리 동네 가게들의 간판을 만들기 위해서는 우리가 만들고자 하는 가게에서 파는 물건의 특성이 무엇이고 어떻게 하면 다른 사람들에게 인상적으로 전달될 수 있는지에 대해 먼저 생각해 보아야 한다. 유아들은 간결하지만 인상적인 낱말을 생각하거나 그림으로 자신의 간판을 만들 수 있다.

(4) 활용하기

활용하기는 유아들이 경험한 내용이나 알게 된 개념들을 실제 또는 다른 활동에 적용하는 과정으로 이 단계에서 유아들은 자신이 만든 가족 책을 활용할 수 있는 방법이나, 또 다른 책을 만들기 위한 계획 등을 말해 볼 수 있다. 가게 간판을 만든 유아들은 간판에 대한 평가와 간판을 활용할 수 있는 방법, 우리 동네 간판에 대한 평가 등을 할 수 있다.

4 언어교육의 실제

바람의 이름을 지어 주세요

목표	누리과정 관련내용
• 바람의 이름과 그 이름이 의미하는 바를 말한다. • 그림을 보고 창의적으로 바람의 이름을 짓는다.	• 의사소통 〉 듣기와 말하기 〉 자신의 경험, 느낌, 생각을 말한다. • 의사소통 〉 책과 이야기 즐기기 〉 책에 관심을 가지고 상상하기를 즐긴다.

(1) 활동자료

동화(『길베르토와 바람』, 마리홍예츠 글 · 그림, 한국프뢰벨주식회사 출판), 바람 이름 카드, 사진(나무가 바람에 흔들리는 사진, 바다에 파도가 이는 사진, 풀이 바람에 흔들이는 사진, 깃발이 움직이는 사진 등)

(2) 활동방법

| 인식하기 |

① 바람을 맞아 본 경험을 이야기한다.

- 바람이 부는 것을 본 적이 있니?
- 바람은 어디에서 부는 것일까?

② 동화책의 제목을 읽고 이야기를 예측하여 말한다.

- 동화책의 제목을 함께 읽어보자.
- 어떤 이야기일까?

| 탐색하기 |

③ 동화에서 나온 바람의 이름을 회상하여 말한다.

- 바람에도 이름이 있을까?
- 동화에서 어떤 바람이 나왔니?
- 마파람이란 어떤 바람 같니?
- 높새바람이란 말을 들으니 무엇이 생각나니?

④ 바람 이름의 의미를 알아본다.

- 책에서 회리바람, 마파람, 하늬바람, 북동풍이란 단어들이 나왔는데 어떤 뜻인지 알고 있니?
- 회오리는 어떻게 부는 바람을 말하는 것이니?
- 마파람은 어떤 뜻인 것 같니?(마파람은 마주 불어오는 바람이란 뜻을 가지고 있는데 남쪽에서 불어오는 바람을 말한단다)
- 하늬바람은 어떤 느낌이 드니?(하늬바람은 하늘바람이란 뜻을 가지고 있는데, 서쪽에서 불어오는 바람을 말한단다)
- 높새바람이라고 들어봤니? 높새라는 것은 어떤 의미를 가지고 있을까? (높새바람은 북쪽에서 부는 바람을 의미하는데, 북동풍이라고 해)

| 탐구하기 |

⑤ 사진을 보고 바람의 세기와 바람으로 인한 자연물, 사물의 움직임을 관찰한다.

- 이 사진에서도 바람을 볼 수 있니?
- 바람이 불어서 나무(풀, 깃발)가 어떻게 움직이는 것 같니?
- 바람이 가장 세게 부는 곳은 어디일까?
- 왜 그렇게 생각했니?

⑥ 사진에 어울리는 바람의 이름을 짓는다.

- 이 사진을 보니 바람이 어떻게 부는 것 같니?
- 이곳에 부는 바람의 이름을 짓는다면 무엇이라고 할까?(팽이바람, 돌개바람 등)

• 왜 그런 이름을 지었니?

⑦ 종이에 바람의 이름을 적어서 사진 옆에 붙인다.

| 활용하기 |

⑧ 오늘 알게 된 바람의 이름을 이야기한다.

⑨ 유아들이 지은 바람의 이름과 비교하여 말한다.

• 책에서는 높새바람, 회오리바람, 샛바람이란 이름이 나왔는데, 너희들이 지은 이름과 비슷한 이름이 있니?

⑩ 바람의 이름을 이용하여 할 수 있는 놀이를 생각하여 말한다.

• 바람의 이름을 이용하여 무엇을 할 수 있을까?

(3) 확장활동

• 비디오 또는 동영상으로 일기예보를 본다.

• 교사가 일기예보에서 볼 수 있는 지도와 바람을 나타내는 기호 등을 그려서 복사해 주면 바람에 대한 일기예보를 그림 또는 글로 나타낸다.

chapter 2
사 회 교 육

아기는 태어나는 순간부터 주변인과 사회적 상호작용을 시작한다.
생의 초기 사회적 경험은 이후 타인과의 관계 형성에 지속적으로 영향을 미치며,
이 시기 사회적 능력을 획득하는 것은 이후의 원만한 사회 적응을 예언할 수 있다.
유아의 사회적 능력은 저절로 발달하는 것이 아니기 때문에 주변 사람들과 건강하고 긍정적인 관계 형성을 해야 한다. 유아는 사람들과의 관계와 유아 주변의 사회적 환경에서 일어나는 일들을 탐구하면서 사회에 대한 이해를 넓힐 수 있다.
유아사회교육은 민주사회의 구성원에게 요구되는 사회적 지식과 기술 및 가치와 태도를 발달시키기 위한 교육으로 이 장에서는 유아사회교육의 목표와 내용, 교수 · 학습방법을 소개하고자 한다.

유아는 사회적 관계 속에서 태어나서 다른 사람들과의 관계의 생성 및 발전을 통해 성장해 간다. 유아가 자신과 타인을 이해하고 수용하는 상호보완적인 인간관계는 개인의 잠재력 실현 및 행복한 삶에 긍정적인 영향을 미친다.

유아기는 사회 · 정서발달이 활발히 이루어지는 시기로 유아는 자기 자신과 더불어 사는 다른 사람들의 반응에 정서적으로 민감해지며, 원활한 상호관계를 통해서 세상에 대한 이해와 지식을 넓혀간다. 유아기의 사회적 경험은 이후 사회적 능력으로 연결된다는 점에서 사회교육의 중요성이 대두된다.

1 사회교육의 목표

유아사회교육의 목표는 유아가 자신이 속한 사회 안에서 유능한 사람으로 살아가는 데 필요한 기초적인 능력을 함양하는 데 있다. 국가수준의 공통교육과정인 2019 개정 누리과정의 사회관계 영역은 유아가 자기 자신과 다양한 삶의 모습을 이해하고, 다른 사람과 더불어 살아가기 위해 필요한 의미 있는 경험을 제공한다. 유아가 자신을 소중하고 가치 있는 사람으로 여기고 다른 사람과 더불어 살아가는 방법을 익히며 유아가 자신이 속한 사회와 주변 세계에 대해 관심을 가지고 적응해 나갈 수 있도록 지원하기 위하며 사회관계 영역의 목표를 '자신을 존중하고 더불어 생활하는 태도를 가진다.'로 제시하였다(교육부, 보건복지부, 2019).

자신을 존중하고 더불어 생활하는 태도를 가진다.

① 자신을 이해하고 존중한다.
② 다른 사람과 사이좋게 지낸다.
③ 우리가 사는 사회와 다양한 문화에 관심을 가진다.

위의 내용을 고려하여 본 책에서는 유아사회교육의 목표를 '유아가 자신을 소중하게 여기고 사랑하며, 자신의 생각과 행동을 조절하여 가족을 포함한 주위 사람들과 함께 화목하게 살아가는 방법을 익히고, 유아를 둘러싼 생활세계에 대하여 관심을 가지고 적응해 갈 수 있는 기초 능력을 기른다.' 로 설정하며, 그 하위 목표를 다음과 같이 기술하고자 한다.

첫째, 바람직한 가치와 태도를 발달시킨다.
둘째, 사회적 기술을 발달시킨다.
셋째, 사회과학적 지식을 습득한다.

2 사회교육의 내용

2019 개정 누리과정 사회관계 영역의 교육내용은 '나를 알고 존중하기', '더불어 생활하기', '사회에 관심 가지기'이다(교육부, 보건복지부, 2019).

표 2-2 2019 개정 누리과정 사회관계 영역의 유아사회교육 관련 내용

내용 범주	내용
나를 알고 존중하기	• 나를 알고 소중히 여긴다. • 나의 감정을 알고 상황에 맞게 표현한다. • 내가 할 수 있는 것을 스스로 한다.
더불어 생활하기	• 가족의 의미를 알고 화목하게 지낸다. • 친구와 서로 도우며 사이좋게 지낸다. • 친구와의 갈등을 긍정적인 방법으로 해결한다. • 서로 다른 감정, 생각, 행동을 존중한다. • 친구와 어른께 예의바르게 행동한다. • 약속과 규칙의 필요성을 알고 지킨다.
사회에 관심 가지기	• 내가 살고 있는 곳에 대해 궁금한 것을 알아본다. • 우리나라에 대해 자부심을 가진다. • 다양한 문화에 관심을 가진다.

누리과정 사회관계 영역의 교육내용과 본 책에서 설정한 유아사회교육의 목표를 반영하여 유아사회교육의 내용을 정리한다면 유아가 자신과 주변인에 대한 긍정적인 인식에 기초하여 유아의 가족과 주변 사람들과 이루어지는 여러 관계를 잘 이해하도록 돕는 데 중점을 두어야 한다. 이를 위해 유아사회교육은 유아가 자신과 자신이 살고 있는 세계에 대한 이해의 범위를 넓히고 유능한 사회구성원으로서 갖춰야 할 사회적 지식과 기술, 가치와 태도를 배울 수 있는 다양한 경험을 제공해 주어야 한다. 따라서 본 책에서는 유아사회교육의 구체적인 내용은 사회적 기술과 학습기술, 가치와 태도, 사회과학적 지식으로 나누어 제시하고자 한다.

1) 사회적 기술과 학습기술

내용	세부내용
사회적 기술	• 자기통제 기술 • 의사소통 기술 • 공유하기 • 협동하기 • 사회학습 기술

(1) 자기통제 기술

자기통제 기술

유아가 다른 사람과 조화로운 관계를 형성하기 위해 자신의 요구와 감정을 조절하여 통제할 수 있는 능력을 말한다.

자기통제 기술이란 유아가 다른 사람과 조화로운 관계를 형성하기 위해 자신의 요구와 감정을 조절하여 통제할 수 있는 능력을 말한다(박찬옥, 2001). 자기중심 성향이 강한 유아는 타인의 기분과 감정을 배려하지 않고 자기의 요구대로 행동할 수 있다. 만약 유아가 자신의 감정을 조절하지 않고 말하거나 행동한다면 또래 관계를 형성할 때 어려움이 있을 것이다. 따라서 유아기부터 마음대로 해서는 안 되는 것이 있다는 것을 알고 상황에 따라 자신의 행동을 스스로 조절할 수 있도록 배워야 한다. 교사는 유아에게 기대하는 행동을 분명하게 제시하고 교실에서 수용되는 행동과 수용되지 않는 행동을 일관성 있게 안내한다. 또한 집단생활에서 규칙은 왜 필요한지 이유를 설명하고 유아가 자신의 감정을 다른 사람들이 수용할 수 있는 방법으로 표현하도록 안내한다.

자기통제 기술 관련활동

- 화가 날 때는 어떻게 표현할까?
- 말차례 바꿔 말하기
- 동화 듣기(『통명스러운 무당벌레』: 에릭 칼 지음, 엄혜숙 옮김, 더큰 출판)
- 화난 감정을 그림으로 표현하기

사진 2-2 상황극 – 화난 감정 표현하기

(2) 의사소통 기술

의사소통 기술이란 유아가 다른 사람의 이야기를 주의 깊게 듣고 이해하고, 자신의 의견을 적절하게 표현할 수 있는 것으로 이는 유아가 다른 사람과 긍정적인 관계를 형성하는 데 필요한 사회적 기술이 된다(박찬옥, 2001). 효과적인 의사소통 기술을 위해서는 자신의 감정 조절하기, 자신의 생각을 적합한 낱말과 문장으로 말하기, 다른 사람의 이야기를 귀 기울여 듣기, 다른 사람의 말의 의미 이해하기 등이 포함된다.

또한 의사소통 기술에는 갈등상황에서 유아가 자신의 요구를 합리적으로 표현하고 다른 사람의 의견을 수용하는 협의 기술까지 포함한다. 유아가 다른 사람과 협상을 잘하기 위해서는 상대방의 의견을 존중하는 것부터 배우고 자신의 주장을 부드럽게 할 수 있어야 한다. 교사는 유아가 다른 사람들의 생각을 예상해 볼 수 있도록 도우며, 협상의 방법을 구체적으로 안내해 준다.

의사소통 기술

유아가 다른 사람의 이야기를 주의 깊게 듣고 이해하고, 자신의 의견을 적절하게 표현할 수 있는 것으로 이는 유아가 다른 사람과 긍정적인 관계를 형성하는데 필요한 사회적 기술이 된다.

의사소통 기술 관련활동

- 친구에게 부탁하는 말을 해요.
- 무엇이라고 말할까?(상황그림 보고 말하기)
- 그림 보고 감정 추론하기
- 눈으로 보고 말해요.

(3) 공유하기

공유하기

유아가 사람과 사물을 주변인과 함께 나누는 것을 의미한다.

공유하기는 유아가 사람과 사물을 주변인과 함께 나누는 것을 의미한다. 일상생활에서 유아는 다른 사람과 함께 공유해야 하는 것이 많다. 교실의 놀잇감이나 교사의 관심, 친구, 활동자료 등은 유아 혼자 차지할 수 없기 때문에 다른 사람과 함께 공유해야만 한다. 이때 교사는 무조건적인 양보를 강요하기보다는 유아 스스로 공유하기를 선택하도록 안내한다. 교사는 공유를 가르치기 전에 유아의 소유권을 먼저 인정해 줌으로써 안정감을 느낄 수 있도록 배려해 준다.

공유하기 관련활동

- 무지개 물고기(마르쿠스 피스터 지음, 공경희 옮김, 시공주니어 출판) 듣고 나눔에 대해 이야기 나누기
- 간식을 나누어 먹어요.
- 블록을 나누어서 놀이해요.

(4) 협동하기

협동하기

유아가 공동의 이익을 위해서 자신의 감정과 욕구를 조절하고 다른 사람과 함께 협력하는 것이다.

협동하기는 유아가 공동의 이익을 위해서 자신의 감정과 욕구를 조절하고 다른 사람과 함께 협력하는 것이다. 교사는 유아가 다양한 활동을 통해 다른 사람과 도움을 주고받을 수 있도록 한다. 유아는 일상생활에서 친구와 놀잇감 정리하기, 협력하여 놀이하기 등의 활동을 통해 다른 사람과 의견을 조율할 수 있는 기회를 갖는다. 교사는 공동미술활동, 짝체조와 게임 등의 활동을 계획하여 유아들의 협동하기를 안내한다.

협동하기 관련활동

- 친구와 함께 협동하여 게임하기
- 짝과 함께 미술활동 하기
- 도움이 필요한 사람이 있어요
- 공동작업(우리 반 꽃밭 만들기)

사진 2-3 협동작업-나무 만들기

(5) 사회학습 기술

사회학습 기술은 사회학습을 하는 데 필요한 학습 기술로 유아가 사회적 문제를 해결하기 위해서 자료를 수집하고 분류하여 이를 분석하는 과정으로 분류, 비교, 요약, 그래프화 등이 포함된다. 특히 그래프화하기와 지도 그리기는 사회교육에서 중요한 학습 기술이 된다(박찬옥, 서동미, 엄은나, 2020).

사회학습 기술

사회학습을 하는 데 필요한 학습 기술로 유아가 사회적 문제를 해결하기 위해서 자료를 수집하고 분류하여 이를 분석하는 과정으로 분류, 비교, 요약, 그래프화 등이 포함된다.

사회학습 기술 관련활동

- 우리 동네 공원을 깨끗하게 하려면(우리 동네 공원의 문제점 조사-깨끗하게 만들 수 있는 방법 토의)
- 우리 유치원의 지도를 만들려면(우리 동네 견학-우리 동네에 있는 건물 조사 등)
- 안전한 놀이터를 만들려면(놀이터의 위험한 곳 조사-안전한 놀이터 만들기 계획)

2) 가치와 태도

가치와 태도의 교육내용은 보편적 가치와 태도, 개별적 가치이다. 이를 알아보면 다음과 같다.

내용	세부내용
가치와 태도	• 보편적 가치와 태도 • 개별적 가치

(1) 보편적 가치와 태도

자신에 대한 긍정적인 가치와 태도
• 유아가 자신을 소중히 여기고 자신의 일을 유능하게 생각하는 능력이다.

● 자신에 대한 긍정적인 가치와 태도

유아가 자신에 대한 긍정적인 가치와 태도를 지닌다는 것은 유아가 자신을 소중히 여기고 자신의 일을 유능하게 생각하는 능력이다. 유아기는 긍정적인 자아개념을 형성하는 시기로 교사는 유아가 자신을 긍정적으로 인식할 수 있는 활동을 제공한다(이은화, 김영옥, 2009).

자신에 대한 긍정적인 가치와 태도 관련활동

• 나를 소개해요.
• 우리 집에서 내가 할 수 있는 일
• 내가 나는 좋아요.

지식, 학습에 대한 긍정적인 가치와 태도
• 유아가 자기 주변의 사회적 세계에서 일어나는 다양한 현상들을 이해하고 판단하는 데 필요한 지식과 기술들을 배우고 익히는 것이다.

● 지식, 학습에 대한 긍정적인 가치와 태도

지식, 학습에 대한 긍정적인 가치와 태도는 유아가 자기 주변의 사회적 세계에서 일어나는 다양한 현상들을 이해하고 판단하는 데 필요한 지식과 기술들을 배우고 익히는 것이다. 교사는 유아가 자신의 흥미와 경험으로부터 시작하여 관심의 범위를 넓혀가면서 무엇인가를 알고 배우는 일이 매우 가치있고 꼭 필요한 일이라는 것을 인식하도록 도울 수 있다. 교사는 유아가 학습에 대한 긍정적인 태도를 형성하도록 유아가 흥미를 느끼는 활동을 제공하여 성공감을 느낄 수 있도록 해야 한다.

지식, 학습에 대한 긍정적인 가치와 태도 관련활동

- 내가 선택한 놀이를 해요.
- 내가 만들고 싶은 놀잇감이 있어요.

● 사회적 가치 알고 지키기

사회적 가치 알고 지키기는 민주사회의 질서를 유지하기 위해서 개인과 타인의 권리를 인식하고 존중하는 가치체계를 의미한다. 사회적 가치 알고 지키기의 교육내용은 정직과 책임, 다른 사람 존중, 배려하기, 약속과 규칙 지키기, 민주적 의사결정하기 등이 포함된다.

사회적 가치 알고 지키기

민주사회의 질서를 유지하기 위해서 개인과 타인의 권리를 인식하고 존중하는 가치계를 의미한다.

사회적 가치 알고 지키기 관련활동

- 교통안전 지키기
- 놀이 영역의 약속 만들기
- 토의하기(거짓말을 하면 왜 안 될까?)
- 자연을 보호해요.

(2) 개별적 가치

개별적 가치란 개인적인 취향이나 선호에 의해서 결정되는 개인적인 것으로 특정 경향의 음악, 옷, 종교적 믿음, 정치적 신념 등 나와 타인 사이를 구별짓는 독특한 성향을 의미한다. 교사는 유아들이 지닌 개별적인 가치를 존중하면서 유아가 집단에서 존중되고 수용될 수 있는 보편적 가치를 내면화시키도록 도와야 한다. 이때 교사가 유아에 대한 편견이나 선입견이 있다면 유아 개개인의 개별적 가치를 수용하는 데 어려움을 가질 수 있다. 교사는 우선적으로 자신이 지니고 있는 편견의 내용을 점검해 보고 이를 배제하기 위한 노력을 해야 한다(박찬옥, 서동미, 엄은나, 2020).

개별적 가치

개인적인 취향이나 선호에 의해서 결정되는 개인적인 것으로 특정 경향의 음악, 옷, 종교적 믿음, 정치적 신념 등 나와 타인 사이를 구별짓는 독특한 성향을 의미한다.

개별적 가치 관련활동

- 내가 좋아하는 놀이 소개하기
- 다른 나라의 아이들은 어떤 놀이를 할까?

3) 사회과학적 지식

사회과학적 지식은 유아가 자신과 자신이 살고 있는 사회의 역사와 지리, 경제, 우리나라 전통과 세계 이해에 대한 지식을 형성하는 것이다.

내용	세부내용
사회과학적 지식	• 지리 • 역사 • 경제 • 우리나라 • 세계 이해

(1) 지리

지리
주변 환경에 대한 탐색과 위치와 방향을 이해하는 것이다.

유아는 유아가 살고 있는 동네의 주변 환경을 탐색하고 주변의 산과 공원, 우리 동네의 다양한 기관들이 어디에 위치하고 있는지 등에 관심을 갖게 된다. 유아가 학습할 수 있는 지리의 주요 교육내용은 우리가 살고 있는 우리 동네의 위치와 방향, 장소, 공간적 상호작용, 지역이다.

지리 관련활동

- 우리 동네 주변에는 무엇이 있을까?
- 우리 동네 지도 만들기
- 다른 나라의 사람들은 어디에 살고 있을까?
- 우리 동네 산책하기

(2) 경제

경제란 우리의 삶에 필요한 돈과 서비스를 생산, 분배, 소비하는 모든 활동을 의미한다. 유아기의 경제교육은 유아가 실생활과 관련된 경제 현상을 바르게 이해하고 생활 속에서 발생하는 경제문제를 합리적으로 대처하는 경험을 통해 경제지식에 대한 이해를 증진시켜 줄 수 있다는 점에서 중요성을 갖는다(박찬옥, 서동미, 엄은나, 2020).

경제

우리의 삶에 필요한 돈과 서비스를 생산, 분배, 소비하는 모든 활동을 의미한다.

유아에게 소개할 수 있는 경제 교육내용은 자원의 부족함과 소비, 돈과 직업 등이다.

경제 관련활동

- 전기와 물을 아껴써요.
- 우리 엄마, 아빠의 직업을 소개해요
- 나는 커서 무슨 일을 할까?
- 가게 놀이
- 돈을 만들어요.

(3) 역사

역사란 유아가 과거 사람들은 무엇을 했고, 어떻게 살았는지에 대해 관심을 갖고 과거와 현재를 연결하는 것이다. 유아들의 역사 이해를 돕기 위해 제시할 수 있는 교육내용은 시간, 변화, 연속성 등을 생각할 수 있다(박찬옥, 서동미, 엄은나, 2020).

역사

유아가 과거 사람들은 무엇을 했고, 어떻게 살았는지에 대해 관심을 갖고 과거와 현재를 연결하는 것이다.

역사 관련활동

- 우리 엄마, 아빠의 엄마와 아빠
- 옛날에는 어떻게 살았을까?
- 나의 출생과 성장
- 옛날 사람들의 생활

(4) 우리나라

우리나라

우리나라의 전통을 이해하고 존중하기, 우리나라를 상징하는 것에 관심 가지기 등을 교육내용으로 한다.

우리나라에 대한 이해는 우리나라의 전통을 이해하고 존중하기, 우리나라를 상징하는 것에 관심 가지기 등을 교육내용으로 한다. 유아는 우리나라를 상징하는 것을 살펴보면서 이와 같은 상징이 주변 곳곳에서 사용되고 있으며 태극기와 애국가를 존중해야 한다는 것을 배울 수 있다.

우리나라 관련활동

- 우리나라의 전통 의상 알아보기
- 전통놀이 하기
- 전통음악과 미술 감상
- 오늘날의 집과 전통가옥 비교하기
- 태극기를 찾아요

(5) 세계 이해

세계 이해

세계 여러 나라의 문화와 사람들의 다양성을 존중하고 협력의 가치를 이해하는 것이다.

세계 이해는 세계 여러 나라의 문화와 사람들에 관심을 갖고 서로의 다양성을 존중하고 협력하는 것의 가치 이해하기의 내용을 포함한다. 세계 이해의 교육내용은 세계의 여러 나라와 문화적 차이, 서로의 공통점과 차이점, 협력 등을 포함한다.

세계 이해 관련 활동

- 다른 나라의 친구들
- 다른 나라 아이들의 놀이
- 다른 나라의 자연과 특산물
- 다른 나라의 음악과 미술
- 세계인의 축제

3 사회교육의 교수 · 학습방법

유아사회교육의 교수 · 학습방법은 유아의 발달 수준과 흥미에 기초한 구체적이고 실제적인 경험을 제공하여 유아의 사회적 탐구와 사회적 능력을 발달시킬 수 있어야 한다.

유아사회교육에서 사용되는 교수 · 학습전략은 다른 교육에서와 동일하게 자기표현과 소집단토의, 문제해결, 사회적 추론, 모델링, 설명 등의 방법을 사용한다. 교사는 사회교육의 내용과 유아의 흥미, 발달 수준 등을 고려하여 가장 효과적인 교수 · 학습전략을 선택할 수 있어야 하며, 이를 활동으로 전환할 수 있어야 한다. 이 장에서는 사회교육의 활동원리를 제시하고 사회교육의 교수 · 학습전략을 기초로 한 교수 · 학습과정을 소개하고자 한다.

1) 사회교육의 활동원리

- 유아는 자신에게 친숙하게 느끼는 학습상황에서 잘 배운다.
  유아들의 학습은 구체적인 것으로부터 추상적인 것으로, 간단한 것에서 복잡한 것으로 진전되어야 한다.
- 유아는 자신이 흥미를 느끼는 상황에서 가장 잘 배운다.
  교사는 사회교육의 내용을 제시할 때 유아가 가장 관심과 흥미를 느끼는 나와 가족, 친구 등의 주제로부터 시작하여 유아 주변의 환경을 탐색하는 것으로 계획할 수 있다. 또한 유아들이 흥미를 느낄 수 있는 위한 활동 및 자료는 유아들이 만지고 조작할 수 있는 구체적이고 실제적인 것이어야 한다.
- 유아의 실제 경험과 관련이 높을 때 더 잘 배운다.
  유아의 실제 생활에서 일어나는 흥미와 관심, 요구, 질문, 갈등 해결은 유아에게 가장 직접적이고 구체적이며 유의미한 학습경험이 될 수 있으므로 유아 주변에서 일어나는 일, 사건, 생활과 연결된 체험 등을 통해 교육활동을 전개하는 생활중심의 교육이 이뤄지도록 해야 한다

- 유아의 개별적인 차이를 존중하고 이를 고려하여 교수 · 학습방법을 제공한다.
  유아는 성장발달의 속도뿐 아니라 개인적인 선호도와 능력에서 다른 유아와 다른 독특함이 있다. 그리고 유아 개개인의 가족 경험과 문화적 배경도 다양하므로 유아교육은 학습자인 유아를 개별적인 존재로 인정해야 하며 다양한 능력과 흥미를 가진 유아들의 개인차를 고려하여 유아 개인에 적합한 교수 · 학습방법을 제공하여야 한다.
- 교사 자신이 유아를 존중하고 배려하는 모습을 보여준다.
  유아가 긍정적인 자아개념을 형성하고 다른 사람을 존중하는 태도를 기르기 위해서는 유아 자신이 타인으로부터 존중받는 경험이 있어야 한다. 교사는 서로 존중하고 배려하는 교실의 분위기를 제공하고 유아를 대할 때 존중하는 태도를 보여주어야 한다.
- 교사는 일상생활에서 반복적인 경험을 통해 유아가 바른 사회적 가치와 태도를 습득하도록 한다.
  교사는 유아가 바람직하지 않은 사회적 행동을 할 때에도 인내심을 가지고 반복적으로 교실의 약속을 지키고 다른 사람과 협력하며 지내도록 안내한다.
- 유아를 위한 사회교육은 통합적으로 제시한다.
  이는 유아의 신체적, 사회적, 인지적, 정서적, 언어적 발달이 통합적으로 이루어지도록 하여야 한다는 것뿐만 아니라 여러 교과의 학습이 통합적으로 이루어질 수 있도록 하여야 한다는 것을 의미한다.
- 유아가 놀이를 통해 사회적 기술과 지식을 연습하고 적용할 수 있는 기회를 제공한다.
  놀이를 하는 동안 유아는 감정을 조절하는 것, 타인과 상호작용하는 것, 갈등을 해결하는 것을 배운다. 유아는 놀이를 통해 새로 습득한 기능이나 지식을 여러 상황에 자발적으로 연습할 수 있는 기회를 갖는다.
- 유아, 가정, 유아교육기관, 지역사회가 유기적으로 학습과정에 협력하여 참여한다.

2) 사회교육의 교수 · 학습전략

(1) 자기표현

자기표현은 유아가 자연적인 발달과 의도적인 교수 · 학습 결과로 얻게 된 느낌과 생각을 다양한 활동의 형태로 표현하는 것이다. 이런 자기표현은 유아의 사회성을 발달시키는 데 기본적인 전략으로 사용할 수 있다.

유아가 자기표현을 할 때 교사는 유아의 사회성 발달 수준을 판단할 수 있으며 유아들 간에 일어나는 사회적 문제 상황을 파악할 수 있다. 따라서 교사는 유아가 주도적으로 자신의 느낌과 생각을 자유롭게 표현할 수 있는 다양한 기회를 마련해 주어야 한다. 자기표현에는 행동적 표현, 조형적 표현, 언어적 표현이 있다(방인옥 외, 2006).

유아들은 자신의 느낌과 생각을 자유로이 표현하면서 자신감과 긍정적인 자아개념을 발달시키게 된다. 유아들은 자기표현 과정에서 자신의 개인적 정서와 사회적 인지과정을 자연스럽게 나타내게 된다. 이런 과정 속에서 다른 사람의 생각과 느낌을 알게 되는 기회를 가지게 된다.

(2) 토의

토의는 유아들이 어떤 주제 또는 사회적 갈등 상황에 대해 서로의 의견을 표현하는 과정에서 의견들 사이의 유사점과 차이점을 비교하고 문제해결 방법을 논의하는 과정을 말한다. 토의는 유아들이 자신의 입장을 효과적으로 전달하고 타인의 입장을 고려하면서 서로의 생각을 공유하도록 도울 수 있는 효과적인 방법이다. 토의를 통하여 유아들은 문제를 해결하기도 하고, 게임의 규칙을 만들기도 하며, 새롭고 재미있는 활동을 제안하기도 한다.

(3) 문제해결하기

문제해결하기는 유아가 문제 상황에 대해 그 원인과 해결책을 모색하여 문제해결을 시도하는 것이다. 문제해결 전략은 유아 스스로 사고하면서 문제를 해결해 보는 과정으로 민주시민교육의 기초가 되며 합리적 사고와 책임감 있는 행동을 발달시키는 기초가 된다. 문제해결력을 증진시키는 방법으로는 문제 상황에 대한 역할극, 인형극, 동화 듣기 등의 활동을 제공한다. 이러한 활동에 참여하여 유아들은 타협, 양보, 제안 등과 같은 다양한 사회적 기술과 태도를 발달시킬 수 있다.

(4) 사회적 추론

사회적 추론은 논리적 설명, 칭찬, 유아의 행동 결과에 대한 예측을 통하여 유아가 자신이 한 행동의 원인과 결과의 관계를 판단하고 사회에서 일반적으로 수용되는 행동을 하도록 하는 교수전략이다.

사회적 추론은 두 입장에서 설명할 수 있다. 하나는 인지적 측면을 강조한 입장이고, 하나는 감정이입에 기초한 정의적 측면을 강조한 입장이다. 전자를 도덕적 추론, 후자를 귀납적 추론이라고 말할 수 있다.

(5) 시범과 모델링

시범과 모델링은 사회적으로 가치 있는 행동을 유아에게 제시하고 학습하도록 돕는 방법 중 하나이다. 유아들은 사회적 환경에서의 직접적 상호작용과 시행착오를 통해 가장 잘 배울 수 있지만, 유아 주변의 영향력 있는 사회적 인물들 중에서 유아 자신이 친밀감을 느끼고 신뢰하는 모델들을 보고 학습하게 된다. 유아들과 가장 가까이 있는 자신의 부모나 형제, 자매, 선생님과 유능한 또래나 TV 속의 인물들은 유아들에게 중요한 모델이 된다.

그러므로 교사는 유아가 학습하기를 바라는 행동을 언어적 훈계나 지시만을 할 것이 아니라 교사 스스로가 먼저 모범적인 행동을 보여주면 유아는 이를 관찰하고 모방할 수 있게 된다. 시범과 모델링의 교수 · 학습방법은 새로운 행동양식을 처음으로 익히게 할 때, 바람직한 행동양식을 강화하고자 할 때, 그리고 기존의 행동양식을 촉진시키고자 할 때 사용할 수 있다(방인옥 외, 2013).

(6) 설명하기

설명하기는 유아들의 개념 획득을 위하여 사용하는 방법의 하나로 유아가 일반적 원리를 이해하도록 한 후에 이 원리를 구체적 사례에 적용하여 개념의 구조를 형성해 나가도록 하는 방법이다. 이 방법은 교사들이 사회적 관계에 관한 지식들, 즉 예절, 전통윤리 존중, 공중도덕, 질서의식 등 유아가 배워야 할 사회생활의 기본 개념들을 익히도록 돕고자 할 때 사용할 수 있다.

3) 사회교육의 교수 · 학습과정

교사는 사회교육의 목표와 내용을 효과적으로 경험하도록 하기 위하여 유아사회교육의 활동원리와 교수 · 학습전략의 여러 유형을 검토해 본다. 이를 토대로 유아사회교육의 교수 · 학습과정을 계획한다.

(1) 인식하기

인식하기는 유아가 학습할 거리들인 사건과 사물, 사람 또는 개념들을 알아차리는 것이다. 유아들은 견학을 통해 옛날 사람들이 살았던 전통 가옥에 호기심을 갖거나 동화의 제목('통명스러운 무당벌레' 에릭 칼 저, 더큰 출판)을 보고 관심을 갖게 된다.

(2) 탐색하기

탐색하기는 유아가 사건, 사물, 사람 또는 개념들의 구성요소나 속성들을 알아내는 과정이다. 유아들은 사진 또는 동영상, 견학활동을 통해서 전통 가옥의 형태와 사용된 재료들을 관찰하고 이에 대한 정보를 수집한다. 동화('퉁명스러운 무당벌레', 에릭 칼 저, 더큰 출판) 듣기의 경우 동화의 내용을 듣고 동화의 내용을 회상하며, 주인공의 성격과 행동에 대해 이야기를 나눈다.

(3) 탐구하기

탐구하기는 유아가 자신의 개념적 이해를 검토하고 다른 사람의 이해나 객관적 실체와 비교하는 등의 활동을 하는 적응과정을 의미한다. 교사는 유아들이 전통 가옥을 특징과 현대 가옥과의 차이점 등을 비교해 볼 수 있는 기회를 제공할 수도 있다. 또는 전통 가옥의 아름다움을 발견하도록 활동을 계획할 수 있다. 동화(퉁명스런 무당벌레)의 경우, 주인공의 성격과 문제해결 방식을 이해하고 주인공이 다른 사람과 잘 지내기 위해서 어떻게 해야 하는지 생각해 볼 수 있다.

(4) 활용하기

활용하기는 유아들이 사건, 사물, 사람 또는 개념들에 대해 형성한 의미를 적용하거나 사용할 수 있다. 전통 가옥 외에 우리나라 전통 문양 등에서 아름다움을 찾는 활동으로 연계하거나 우리 주변의 전통 가옥들을 발견할 수 있는 곳에 대해 이야기 나누어 볼 수도 있다. 동화 활동의 경우 가족과의 관계에서 또는 친구들 사이에서 발생할 수 있는 갈등 상황을 생각해 보고, 자신의 감정을 효과적으로 전달하는 방법을 알고 실천하도록 한다.

4 사회교육의 실제

옹기종기 우리 동네 만들기[1)]

목표	누리과정 관련내용
• 우리 동네 다양한 가게에 관심을 갖는다. • 친구와 협력하여 우리 동네 가게를 구성한다. • 극놀이에 즐겁게 참여한다.	• 사회관계 〉 사회에 관심 가지기 〉 내가 살고 있는 곳에 대해 궁금한 것을 알아본다. • 사회관계 〉 더불어 생활하기 〉 친구와 서로 도우며 사이좋게 지낸다. • 예술경험 〉 창의적으로 표현하기 〉 극놀이로 경험이나 이야기를 표현한다.

(1) 활동자료

그림동화 '옹기종기 우리 동네'(타카노 노리코 글, 달님그림책, 2010) 플래시, 70cm×40cm 크기의 가게 디오라마 제작용 삽화(꽃가게, 빵가게, 가구점, 채소가게, 잡화점, 들판가게 – 상자 활용), 가게 물건 모형 혹은 실물{(꽃가게 – 꽃, 알뿌리, 꽃씨, 삽, 물뿌리개 등), (빵가게 – 초코빵, 소라빵, 카스테라, 케이크 등), (가구점 – 소파, 식탁, 장롱, 스탠드, 장식장, 서랍 등), (채소가게 – 당근, 오이, 양파, 파, 버섯, 호박 등), (잡화점 – 양동이, 바가지, 치약, 칫솔, 수건 등), (들판가게 – 유치원 혹은 어린이집 물건 모든 것)}, 사람 인형(할머니, 할아버지, 아저씨, 아줌마, 아기, 동생, 여자 어린이, 남자 어린이 등)

(2) 활동방법

| 인식하기 |

① 우리 동네의 사진을 보고 이야기 나눈다.

- '옹기종기 우리 동네' 플래시 동화를 들은 후 동화에 대해서 이야기 나눈다.
- 우리 동네의 어디인 것 같니?
- 무엇을 보고 알 수 있었니?

---

1) 교육과학기술부(2013). 만 4세 누리과정 교사용 지도서 '우리동네'에 제시된 활동을 재구성함

| 탐색하기 |

② 동화(옹기종기 우리 동네)를 듣는다.

- 페퍼네 동네에는 어떤 가게들이 있었니?
- 가게(꽃가게, 빵가게, 가구점, 채소가게, 잡화점, 들판가게)에서는 무엇을 팔았니?

③ 동화 속의 동네와 우리 동네를 비교해 본다.

- 우리 동네에는 어떤 가게가 있니?
- 페퍼네 동네에는 있지만 우리 동네에는 없는 가게는 무엇이니?

| 탐구하기 |

④ 교실에 쌓기놀이 영역과 역할놀이 영역을 통합하여 페퍼네 동네 만들기에 대해 이야기하고 동네를 만들어 본다.

- 우리가 교실에 페퍼네 동네를 만들어 보면 어떨까?
- (미리 준비해 둔 가게 디오라마 만들 상자를 보며) 가게는 무엇으로 만들까?
- (꽃가게, 빵가게, 가구점, 채소가게, 잡화점, 들판가게) 가게는 서로 무엇이 다르니?
- 상자가 부족하다면 무엇으로 가게를 만들까?
- 가게에서 파는 물건은 무엇으로 사용할까?(역할놀이 영역에 있는 것, 없는 것은 유아들이 만들기)
- 물건들은 어떻게 놓아야 사람들이 잘 볼 수 있을까?
- 가게에 물건들이 잘 보이게 하려면 가게 안에 무엇을 만들까?
- 무슨 가게인지 알 수 있으려면 무엇을 만들어야 할까?
- 우리가 만든 가게가 많은 동네의 이름을 지어 준다면 무엇으로 하고 싶니?

⑤ (완성된 페퍼네 동네를 보며) 놀이에 필요한 역할에 대해 이야기 나눈다.

- (꽃가게, 빵가게, 가구점, 채소가게, 잡화점, 들판가게) 가게 주인은 무슨 일을 할까?
- 가게 주인은 손님이 왔을 때 뭐라고 말을 할까?
- 손님은 가게에 들어와서 무엇이라고 말할까?
- 가게 주인은 손님이 물건을 사고 갈 때 뭐라고 말하면서 인사할까?

- 물건을 사려면 무엇이 필요하니?
- 돈을 주고 물건을 샀다면 무엇을 받아야 할까?
- 손님에게 물건을 많이 팔아서 물건이 부족하면 주인은 어떻게 할까?
- 주인과 손님은 무엇으로 놀이해 볼까?
- 손님이 없을 때 주인은 어떻게 해서 손님을 모을까?
- 물건이 안 팔려 물건이 많이 남아 있을 때 주인은 어떻게 할까?
- 옹기종기 동네 사람들이 서로 속상한 일이 생길 때는 어떻게 하면 좋을까?
- 옹기종이 동네 사람들이 행복하게 살기 위해 지켜야 할 것은 무엇이니?

⑥ '옹기종기 우리 동네' 인형놀이를 해 본다.

- 디오라마를 구성하여 가게 물건을 정리한다.
- 우리 동네 구성 인형을 사용하여 놀이한다.

⑦ '옹기종기 우리 동네'를 만들어 역할놀이해 본 느낌에 대해 이야기 나눈다.

- 쌓기놀이 영역과 역할놀이 영역에 무엇을 만들었니?
- 우리가 만든 동네를 보니 어떤 느낌이니?

⑧ '옹기종기 우리 동네' 사람들이 어떤 모습으로 살아가면 좋을까?

(3) 확장 활동

- 쌓기놀이 영역에서 블록을 이용하여 옹기종기 동네를 구성해 볼 수 있다.
- 점토로 빵 만들기, 색종이를 접어 꽃 만들기 등과 같이 다양한 만들기 재료를 이용하여 물건을 직접 만든 후, 가게 놀이를 할 수 있다.
- 건물이 없는 동네 그림 기본판 위에 주사위를 굴려 획득한 가게와 건물 등의 그림을 올려 자유롭게 우리 동네를 꾸밀 수 있다.

chapter 3

수학교육

우리는 하루를 살면서 수없이 많은 수학적 상황을 만나고 수학적 문제해결을 한다. 수학은 우리가 살고 있는 주변 환경과 사물을 이해하는 강력한 도구로 우리의 생활 곳곳에서 발견할 수 있다. 유아들은 수학자처럼 수학적 경험을 통해서 사물의 논리를 스스로 발견할 수 있는 힘을 지니고 있다. 유아들은 놀이와 삶의 장면에서 수학적 문제 상황을 만나고 필요에 의해 수학적 문제해결을 시작했다고 볼 수 있다. 이 장에서는 유아수학교육의 목표와 교육내용, 수학교육의 교수 · 학습방법을 살펴보고자 한다.

수학은 우리 생활과 밀접하게 관련되어 있고, 수학적 아이디어는 우리 삶을 둘러싼 곳곳에 스며들어 있다(배종수, 2002). 수학은 또한 우리의 정신능력을 향상시키기 때문에 수학을 배우는 것은 우리가 보다 합리적이고 논리적인 사고력과 비판적 · 창의적 사고력을 기를 수 있는 방법이 된다. 따라서 현대의 고도 기술 · 정보화 사회에서는 수학자나 과학자와 같이 특정인에게만 수학이 필요한 것이 아니라 모든 사람들이 학교교육을 통해 수학적 능력을 기를 것을 강조하고 있다(황의명, 조형숙, 서동미, 2020).

유아는 능동적인 학습자로서 수학적인 경험을 통해 사물의 논리를 스스로 발전시켜 나간다. 유아기의 수학 경험은 이후 수학적 능력의 토대가 되므로(이영자, 이정육, 1997), 일상에서 유아가 습득하게 되는 비형식적인 수학 지식이 수학 개념과 연결될 수 있도록 적절한 놀이나 구체적인 상호작용 경험을 제공하는 것은 중요하다.

3 수학교육의 목표

최근 수학교육 전문가들은 수학교육의 목적은 일상생활에서 문제해결 능력을 갖는 것이라고 주장하고 있다. 이에 따른 수학교육의 방향은 산술능력이나 수학적 사실의 암기, 문제 풀이 이상의 것으로(황의명 외, 2020), 일상생활에서 수학이 유용하다는 것을 인식하고 다양한 문제상황에서 창의적인 문제해결 방법을 발견하고 추론하고 새로운 개념과 지식을 획득할 수 있는 능력을 기르는 것이다.

최근 수학교육의 동향을 고려할 때 수학교육의 목적은 수학적 힘(mathematical power)을 기르는 것이라고 할 수 있다.

2019 개정 누리과정 자연탐구 영역은 유아가 물질, 사물, 자연현상, 동식물 등의 특성과 변화를 수학적, 과학적으로 탐구하는 다양한 경험을 제공한다. 또한 자연탐구 영역은 유아가 호기심을 가지고 주도적으로 탐구하는 과정을 즐기며, 스스로 궁금증을 해결해 가도록 도우며, 유아가 주변의 동식물, 생명, 자연환경에 관심을 가지며 생명을 소중히 여기고 사람과 자연이 더불어 살아가는 방법을 실천하도록 지원한다(교육부, 보건복지부, 2019).

유아수학교육과 관련된 누리과정 자연탐구 영역의 목표는 다음과 같이 제시하고 있다(교육부, 보건복지부, 2019).

> 탐구하는 과정을 즐기고, 자연과 더불어 살아가는 태도를 가진다.

① 일상에서 호기심을 가지고 탐구하는 과정을 즐긴다.

② 생활 속의 문제를 수학적, 과학적으로 탐구한다.

③ 생명과 자연을 존중한다.

2019 개정 누리과정의 자연탐구 영역 중 유아수학교육과 관련성이 높은 생활 속에서 탐구하기의 목표는 '생활 속의 문제를 수학적, 과학적으로 탐구한다.'이다

한편, NAEYC와 NCTM(2002)는 유아수학교육의 목표가 일상생활에서 수학적 문제를 해결하고, 수학적 언어를 사용하여 서로의 아이디어를 의사소통하며, 추론하고 수학적 개념과 수학의 절차를 이해하며 수행하는 것이 되어야 한다고 주장한다.

본 책에서는 누리과정의 자연탐구 영역의 목표와 최근의 유아수학교육의 방향을 고려하여 유아수학교육의 목표를 일상생활에서의 수학적 문제를 해결하고, 수학의 유용성을 깨닫고, 수학에 대해 긍정적인 태도를 기른다로 설정하고자 한다. 따라서 유아수학교육의 세부 목표는 수학 지식을 이해하는 것 외에도 수학적 탐구과정 기술과 수학에 대한 긍정적인 태도를 발달시키는 것이다. 유아수학교육의 하위 목표를 다음과 같이 기술하고자 한다(황의명 외, 2020).

첫째, 수학의 내용 지식을 이해한다.

둘째, 수학적 탐구과정 기술을 발달시킨다.

셋째, 수학에 대한 긍정적인 태도를 발달시킨다.

2 수학교육의 내용

유아기 수학교육의 내용은 단순한 수세기와 도형 변별 이상의 것으로 유아의 생활과 관련이 있는 수와 연산, 규칙성, 공간과 도형, 측정, 자료분석과 확률 등 풍부하고 다양한 내용을 지도할 것을 강조하고 있으며, 수학적 과정 기술과 수학

에 대한 긍정적인 태도도 교육내용으로 보고 있다.

2019 개정 누리과정에서 유아수학교육과 관련된 내용으로는 표 2-3 과 같이 자연탐구 영역의 탐구과정 즐기기와 생활 속에서 탐구하기가 있다.

표 2-3 2019 개정 누리과정 자연탐구 영역의 유아수학교육 관련 내용

내용 범주	내용
탐구과정 즐기기	• 주변 세계와 자연에 대해 지속적으로 호기심을 가진다. • 궁금한 것을 탐구하는 과정에 즐겁게 참여한다. • 탐구과정에서 서로 다른 생각에 관심을 가진다.
생활 속에서 탐구하기	• 물체를 세어 수량을 알아본다. • 물체의 위치와 방향, 모양을 알고 구별한다. • 일상에서 길이, 무게 등의 속성을 비교한다. • 주변에서 반복되는 규칙을 찾는다. • 일상에서 모은 자료를 기준에 따라 분류한다.

본 책에서는 누리과정과 앞서 제시한 유아수학교육의 세부목표와 연계하여, 유아수학교육의 내용은 이후 수학 학습의 기초가 되는 수학 지식, 수학적 과정 기술, 수학적 태도를 포함하는 것으로 제시하고자 한다.

1) 수학 지식

수학 지식(mathematical knowledge)이란 상황이나 사물의 관계를 지어봄으로써 유아가 수학에 대해 논리적으로 구성할 수 있는 지식을 의미한다(NAEYC & NCTM, 2002).

수학 지식의 교육내용은 수와 연산의 기초 개념, 공간과 도형, 측정, 규칙성, 자료의 조직과 이해이다.

(1) 수와 연산의 기초 개념

수와 연산의 기초개념의 세부내용

- 일상생활에서 수의 사용
- 수세기
- 부분과 전체 이해
- 수 연산
- 숫자 읽기와 쓰기

내용	세부내용
수와 연산의 기초 개념	• 일상생활에서 수의 사용 • 수세기 • 부분과 전체 이해 • 수 연산 • 숫자 읽기와 쓰기

수와 연산의 기초 개념은 단순히 암기하여 수를 세는 능력이나 숫자를 인지하는 능력 이상을 포함하는 것으로 일상생활에서의 수의 사용과 수세기, 숫자 읽기와 쓰기, 수 연산, 수량 어림, 수의 부분과 전체 이해하기 등의 세부내용이 포함된다.

① 일상생활에서의 수의 사용

유아들은 일상생활의 다양한 상황에서 수를 사용하게 된다. 수를 읽고 쓰는 것보다 더 중요한 것은 유아가 일상생활에서의 수의 사용에 대해 이해하는 것이다. 유아가 유아교육기관에 등원을 하면 자신이 몇 번째 왔는지 확인을 하기도 하고, 교실에 몇 명이나 와 있는지 수를 세어 보기도 한다. 또는 유아는 자신이 좋아하는 수만큼 그림을 그리기도 하고, 자신이 살고 있는 집의 주소나 전화번호에 대해 친구들에게 소개하기도 한다. 유아들이 자연스럽게 일상생활에서 수를 활용하고 있는 것이라 볼 수 있다.

일상생활에서의 수의 사용 관련활동

- 게임하는 순서 정하기(순서수)
  "너는 몇 번째 게임을 할 수 있을까?"
- 흥미영역에서 놀이하는 친구 수 세어 보기(집합수)
  "쌓기 영역에서는 모두 몇 명의 아이들이 놀이하고 있니?
- 자기 집 전화번호 알아오기(이름수)
  "너희 집 전화번호는 몇 번이니?"
- 내가 좋아하는 숫자 꾸미기
  "너는 어떤 숫자를 좋아하니?"

② 수세기

수세기는 사회 · 문화적으로 전수되는 지식으로, 유아는 처음에는 암기적이고 기계적인 방법으로 수 단어를 배우게 된다. 수세기는 말로 세기(oral counting)와 물체세기 또는 합리적인 세기(rational counting)로 나누어 생각할 수 있다. 말로 세기의 경우, 유아들은 1부터 10까지는 암기에 의존하지만, 그 이후부터는 1부터 9까지의 단위가 반복적으로 적용되고, 9 다음의 수인 10단위에 새로운 이름이 있다는 규칙을 터득하게 된다(홍혜경, 1999).

유아가 말로 세기가 가능해지면 물체에 수 단어를 부여하여 셀 수 있게 된다. 이를 물체 세기라고 하고 합리적인 세기라고도 한다. 유아가 물체 세기를 할 때는 수를 외워서 세는 것과 수 단어와 사물을 대응하는 이중적인 과제를 수행해야 하기 때문에 말로 세는 것보다 어려운 과정이다. 따라서 유아가 사물의 수를 잘 세기 위해서는 일대일 대응의 원리, 안정된 수세기의 원리, 기수의 원리, 추상화의 원리, 그리고 순서 무관의 원리 등 5가지 수세기 원리를 발달시켜야 한다(Gelman & Gellistel, 1978, 황의명 외, 2020 재인용).

수세기 관련활동

- 모이는 동안 수세기
  "다른 아이들이 카펫에 모일 때까지 수를 세어 보자."
- 큰 수세기
  "수를 어디까지 셀 수 있니? 우리 50까지 세어 볼까?"
- 구체물의 수세기
  "여기 있는 나무 막대는 모두 몇 개니?"
- 놀잇감의 수와 친구들의 수세기
  "쌓기놀이 영역에 몇 명의 아이들이 있니?"
  "자동차는 모두 몇 개니?"
  "쌓기놀이 영역의 아이들이 하나씩 가질 수 있니?"

③ 부분과 전체

수의 부분과 전체란 전체가 여러 개의 부분으로 나누어질 수 있고 이런 부분들이 모여서 다시 하나의 전체가 될 수 있다는 개념이다. 유아들은 "우리 반 전체와 그 중에서 걸어다니는 아이들"과 같이 일상생활을 통해 부분과 전체 개념을 자주 경험한다. 유아가 전체와 부분 개념을 이해하도록 하기 위해 교사는 미술자료나 간식을 나누는 일상의 대화에서 '우리 반 전체는', '그중 일부는', '반' 그리고 '반의 반'과 같은 어휘를 사용하여 자연스럽게 부분과 전체에 대한 개념을 안내할 수 있다.

부분과 전체에 대한 이해는 이후 더하기, 빼기와 나누기, 곱하기, 분수 개념 이해의 기초가 된다. 유아가 6개의 사탕을 두 명이 나누어 먹기 위해 동일한 개수로 나누는 경험은 이후 곱하기와 나누기 개념 이해의 기초가 될 수 있으며, 5개의 사탕을 두 개의 바구니에 '1과 4', '2와 3', '0과 5'와 같이 나누어 담는 것은 더하기와 빼기의 개념을 이해하는 데 도움이 된다. 또한 케이크나 수박을 같은 크기로 등분하는 것은 이후 분수 개념을 이해하는 기초가 된다(Charlesworth, 2000).

부분과 전체 관련활동

- 우리 반 전체와 우리 반의 일부를 나누어 보기
  "우리 반은 모두 몇 명이니? 그중 파란 팀은 몇 명이니?"
- 두 색의 구슬을 사용하여 10 목걸이 만들기
  "네 목걸이에 빨강 구슬은 모두 몇 개니? 파란 구슬은 모두 몇 개니? 구슬은 모두 몇 개니?
- 5개의 꽃을 두 개의 꽃병에 담기
  "파란 병에는 몇 개의 꽃이 있니? 빨간 병에는 몇 개의 꽃이 있니?
  다른 아이들도 너와 똑같이 꽃을 꽂았니?"
- 식빵을 동등하게 두 개로 자르기
  "식빵을 두 사람이 갖기 위해서 똑같은 크기로 잘라보자. 두 개 중에 하나를 줄래? 너는 얼마큼 가지고 있니?"
- 케이크를 우리 반 아이들 수만큼 동등하게 나누기
  "우리 반 아이들은 모두 몇 명이니? 케이크를 20명이 먹기 위해서는 어떻게 잘라야 할까?"

④ 수 연산

유아들은 일상의 구체적인 상황이나 조작할 수 있는 구체물을 가지고 스스로 더하기와 빼기 과제를 해결하기 위해 나름의 세기 책략을 나타낸다. 유아는 더하기 문제 상황에서 두 집단의 사물의 수를 모두 세다가 대체물 세기로 발달하고 점차 정신적 세기로 나아간다. 정신적 세기에서 유아는 주어진 수를 기억하고 더해야 하는 수를 차례로 셈으로써 더하기 과제를 해결한다. 빼기 상황에서는 빼야 하는 사물의 수를 덜어내고, 남은 사물의 수를 세다가 대체물에 의존하는 단계를 거쳐서 정신적인 조작의 과정으로 넘어간다. 정신적인 세기에서 유아는 감해지는 수부터 큰 수까지 차례로 세거나 큰 수부터 감해지는 수까지 거꾸로 세기의 전략을 사용한다. 유아들이 사용하는 수세기 전략은 이후 형식적인 수의 연산과 연결된다. 따라서 유아들이 자신이 알고 있는 비형식적 이해와 전략을 사용하여 더하기와 빼기 문제를 해결할 수 있도록 허용적인 분위기를 조성해 주는 것이 중요하다.

수 연산 관련활동

- 두 바구니의 사탕을 세어 보기(모두 세기)
  "두 개의 바구니에 있는 사탕은 모두 몇 개일까? 세어 보자. 하나, 둘, 셋, 넷. 모두 몇 개니?"
- 내가 가지고 있는 장난감과 친구의 장난감을 합하여 세어 보기(위로 세기)
  "네가 장난감을 두 개 가지고 있는데, 친구가 2개를 또 주었다면 모두 몇 개일까? 세어 볼 수 있니? 세 개, 네 개. 모두 몇 개니?"
- 건물의 층수 차이 비교하기(위로 세기)
  "너희 집이 4층이고 친구의 집이 6층이라면 몇 층 더 올라가야 할까? 함께 세어 보자. 5층, 6층, 두 층 더 올라가야 하는구나."
- 두 수의 차이를 비교하기(거꾸로 세기)
  "네가 6개의 과자를 가지고 있는데 친구에게 2개를 주었다면 너에게 몇 개의 과자가 남아 있니? 다섯, 넷, 셋, 둘, 모두 네 개의 과자가 남아 있구나."

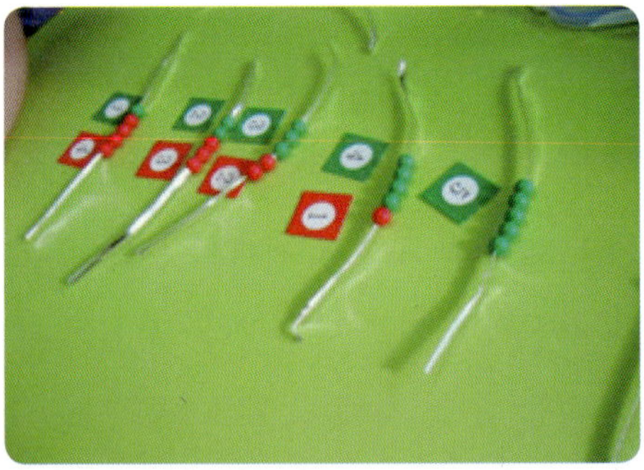

사진 2-4 빨강과 초록 구슬로 5개 만들기

⑤ 숫자 읽기와 쓰기

유아는 숫자를 형식적으로 접하기 이전부터 일상생활 속에서 숫자를 발견하고 친숙해지면서 나름대로 숫자에 대한 인식을 갖추게 된다. 그러나 유아가 숫자를 보다 완전히 이해하기 위해서는 숫자의 모양과 이름을 인식하고, 숫자와 그에 해당하는 물체의 양을 연결할 수 있어야 한다. 또한 숫자를 쓰기 위해서는 눈과 손의 협응력, 소근육 능력, 시각적 변별력, 좌우 변별 및 개폐 개념이 형성되어야 한다. 유아에게 숫자를 지도하기 위해서는 형식적으로 숫자를 읽거나 쓰도록 지도하기보다 일상생활 속에서 사용된 숫자의 예를 찾아보고 그 의미를 이해하며, 실질적인 용도로 활용해 보도록 하는 것이 좋다(황의명 외, 2020). 예를 들어, 날짜를 확인하기 위해 달력의 숫자를 관찰하게 하거나 생일이나 나이 등 유아 자신과 관련된 숫자를 말하거나 쓰도록 한다.

숫자 읽기와 쓰기 관련활동

- 전화번호부 책 만들기
  "우리 반 친구들의 전화번호를 적어서 책으로 만들어 보자."
- 달력 만들기
  "오늘은 몇 월 며칠이니? 달력에서 찾을 수 있니?"
  "달력에 네 생일을 적을 수 있니?"
- 교실의 영역에 들어갈 수 있는 인원 적기
  "쌓기놀이 영역은 몇 명의 아이들이 들어갈 수 있을까? 숫자를 적어 주자."

(2) 공간과 도형

공간적 관계나 기하에 관한 학습은 그동안 유아수학교육에서 중요하게 다루지 않았으나, 공간과 도형에 대한 이해가 공간적 세계에 대한 이해뿐 아니라 다른 수학적 개념들을 이해하는 데 도움이 된다는 견해에 따라 최근 관심이 증가되고 있는 추세이다(NCTM, 1989).

내용	세부내용
공간과 도형	• 공간 개념 • 도형 개념

공간과 도형의 세부내용

• 공간 개념
• 도형 개념

공간과 도형의 교육내용에는 공간 개념(위치와 공간에 대한 이해), 도형 개념(주변의 도형 이해와 도형 구성하기)이 포함된다.

① 공간 개념

공간 개념은 위치, 방향, 거리 등과 관련된 것으로 위상학적 기하라고 부르며, 근접성, 개-폐-경계, 순서 등의 내용이 포함된다. 공간 개념의 근접성은 최초로 나타나는 위상학적 개념으로 가깝고 먼 것 등 물체의 위치에 대한 인식을 나타낸다. 개폐-경계는 모양을 구별하기 전에 그 모양이 열려 있는지 또는 닫혀 있는지에 대해 이해하는 것이다. 그리고 닫혀 있는 모양 즉, 폐곡선을 통해 유아들은 안과 밖, 경계의 개념을 이해하게 된다. 순서는 사물의 앞과 뒤, 옆에, 다음에, 사이의, 좌, 우, 위로, 아래로 등의 개념을 포함한다.

유아들은 자기를 중심으로 사물들의 공간적 관계를 이해하다가 점차 하나의 사물과 다른 사물 간의 관계를 상호관련지어 의식적으로 고려하기 시작한다.

공간 개념 관련활동

- 글자나 숫자 쓰기, 정보를 요약한 차트나 도표 읽기
- 지시에 따라 어떤 위치 찾아가기
- 지도 읽기
- 언어로 묘사된 것을 시각화하기
- 교실의 사물을 공간을 나타내는 용어로 표현하기
- 교실이나 바깥놀이터의 지도 만들기
- 보물찾기 또는 보물 지도 만들기
- 사물들의 위치를 기억하여 그대로 놓아 보기

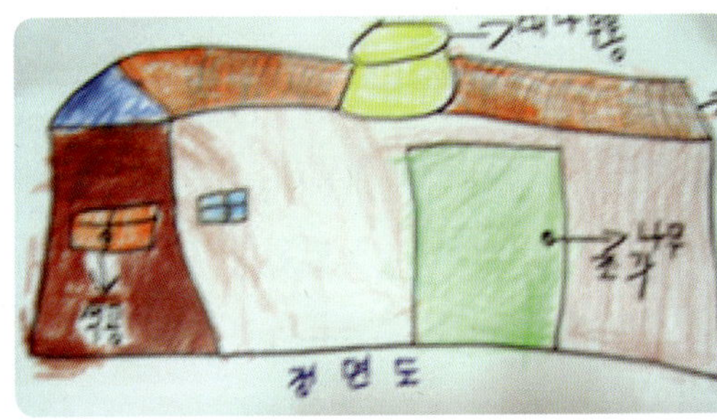

그림 2-2 집 안의 모습 그리기

② 도형 개념

도형 개념은 모양의 속성과 모양들 간의 관계에 대한 개념으로 유아수학교육에서 다루어지는 도형의 내용은 기하학적 모양(geometric shape)과 관련지어 원, 사각형, 삼각형 등의 종류와 크기, 도형의 특성에 대해 인식하고 경험하는 것으로 구성될 수 있다(NAEYC & NCTM, 2002).

도형 개념의 내용 중 입체도형은 일상의 사물을 통해 학습할 수 있다. 유아 주변의 사물들은 3차원의 입체로 이루어져 있으며, 주변 사물과의 상호작용을 통해 입체도형에 대한 비형식적인 이해를 형성하게 된다. 따라서 유아들에게 도형 개념을 처음 소개할 때에는 자연물의 모양 및 기하학적인 모양들을 사용하는 것이 좋다. 이러한 실제 물건들을 관찰하고 토의하는 동안 유아들은 다

양한 모양들의 이름과 특징을 익히게 된다. 이러한 활동이 기초가 되었을 때 유아들은 나중에 보다 복잡하고 어려운 기하학적인 모양들의 특성을 쉽게 이해할 수 있게 된다.

유아들에게 평면도형을 소개하여 모양들의 특성 및 속성에 따라 사물 맞추기, 모양 만들기 등을 경험할 수 있다. 또한 도형을 나누고 합하여 보는 경험을 통해 하나의 도형이 다른 도형으로 변화할 수 있음을 알 수 있게 된다.

도형 개념 관련활동

- 굴러가는 것 모으기
- 우리 교실의 동그라미, 세모, 네모 찾기
- 실, 모루로 도형 만들기
- 몸으로 도형 만들기
- 도형 이용하여 구성하기
- 지오보드에 도형 만들기

(3) 측정

측정은 한 집합 혹은 물체의 연속적인 양에 수를 부여하는 수학적 과정이다(Clements & Stephan, 2004). 유아는 측정 활동을 통하여 수 이해와 셈하기와 같은 수와 양에 대한 경험을 하게 되며(이경우 외, 1997), 수학적으로 문제를 해결하고 의사소통하며 추론하는 수학적 기술을 발달시킨다(NCTM, 1989).

측정의 세부내용

- 비교하기
- 순서짓기
- 측정하기

내용	세부내용
측 정	• 비교하기 • 순서짓기 • 측정하기(길이와 넓이/무게측정/용량과 부피측정)

측정능력의 초기 단계는 직접 들어 무게를 알아본다든가, 시각적 판단에 의해 사물의 길이나 부피 등을 비교하는 방법을 사용하는 것이다. 점차 유아는 자신

의 손이나 발과 같은 신체 부위를 사용하여 측정의 문제를 해결하고, 이후 임의의 단위를 사용하다가 이 단계를 지나 표준단위를 이용한 측정을 한다. 측정활동은 수와 기하뿐 아니라 자연스럽게 다른 영역들과의 통합된 경험을 제공하며, 실제 생활에서의 응용으로까지 이어질 수 있는 유용한 수학적 기술 중 하나이다 (Charlesworth, 2000).

측정의 내용을 세부적으로 살펴보면 다음과 같다.

① 비교하기

비교하기는 특성이 각기 다른 여러 종류의 물건들을 분류, 배열하는 것이다. 유아들은 일상생활에서 "나는 정수보다 커.", "수연이는 나보다 작아."와 같이 키, 몸무게, 크기 등을 비교하는 것에 관심을 가지며 비교 어휘를 사용하여 이를 표현한다. 일상생활에서 유아들이 비교하는 것들은 대부분 자신을 기준으로 하는 것들이다. 비교에 대한 이해를 높이기 위하여 유아들은 유아 자신과 떨어진 사물을 객관적으로 비교해 보는 경험을 할 필요가 있으며, 비교와 관련된 어휘를 사용하여 사물의 크기와 무게, 높이, 길이 등을 표현해 볼 수 있다.

비교하기 관련활동

- 아빠와 나의 손을 비교해 보기
- 장난감의 크기 비교하기
- "~보다 크다.", "~보다 작다."와 같이 비교하는 표현하기
- 길이, 넓이, 높이, 두께, 크기가 다른 놀잇감 비교하기

② 순서짓기

순서짓기는 사물의 특징적 속성의 차이를 인식하고, 차이의 정도를 기초로 순서대로 배열하는 것이다. 이때 유아들은 가장 긴 것, 그 다음으로 긴 것, 가장 짧은 것까지 혹은 가장 두꺼운 것, 그 다음 두꺼운 것, 가장 얇은 것과 같이 사물을 비교하여 순서대로 놓을 수 있다.

유아기에 다루어지는 순서짓기의 학습내용으로는 한 가지 속성에 따라 물체를 순서짓는 단순서열, 두 집단을 일대일 대응하면서 순서짓는 이중 서열, 두 가지 속성을 고려하여 물체를 순서짓는 복합서열 등이 포함된다(이경우 외, 1998).

● 단순 순서짓기

단순 순서짓기는 한 가지 속성에 따라 물체를 순서대로 배열하는 것이다. 유아들은 사물들의 길이가 다르거나 크기가 다른 것을 발견할 때 자연스럽게 서열화하는 경향성이 있다.

유아들이 순서짓기를 할 때 처음에는 규칙성 없이 순서짓기를 하지만 차츰 유아들은 사물들을 순서대로 배열할 때 시작하는 방향이 있어야 하며 한 방향으로 늘어놓아야 한다는 것과 시작할 때의 기준점을 맞춰야 한다는 것을 알게 된다.

순서짓기는 주로 유아들이 길이와 크기와 같이 시각적인 정보에 의한 판단이 가능한 상황에서 많이 일어나지만 때로는 온도와 같이 자신의 감각에 의한 순서 짓기를 할 수도 있고, 제일 좋은 것, 그 다음, 제일 싫어하는 것과 같이 자신의 주관적인 감정의 차이에 따라 순서짓기하는 경우도 있다.

순서짓기를 지도하기 위해 교사는 다음의 사항을 유의해야 한다.

- 처음에는 교사가 준거를 제시하고, 이에 따라 유아가 순서짓기를 한다.
- 유아 자신의 준거를 정하여 순서짓기 하고, 그 준거에 대해 설명한다.
- 다른 사람이 순서대로 배열한 것을 관찰하고, 준거를 찾아서 말한다.
- 서열화되어 있는 상태에서 하나 또는 두 개 빠진 것을 제자리에 찾아 넣어 본다.

● 이중 순서짓기

이중 순서짓기란 두 집단의 사물들을 일대일 대응하면서 순서대로 배열하는 것이다. 영유아들이 놀이할 때 큰 인형에게는 큰 숟가락과 많은 음식,

작은 인형에게는 작은 숟가락과 적은 양의 음식 등을 관련짓는 것은 유아가 수학적이라고 생각하지 않고 하는 행동이라도 그 안에 이중 순서짓기의 개념이 내포되어 있다(황의명 외, 2020).

- 복합 순서짓기

복합 순서짓기는 길이와 높이처럼 두 가지 다른 속성을 동시에 고려하면서 순서짓기하는 것으로 유아가 동시에 두 가지를 비교해야 하기 때문에 단순 순서짓기보다 어렵다. 이는 유아들이 동시에 두 가지 관점을 고려하기보다는 한 면만을 고려하는 인지적 특징과도 관련이 있다.

순서짓기 관련활동

- 놀잇감을 크기 순서대로 놓아 보기
- 분류기준을 정하여 놀잇감 순서대로 놓아 보기
- 아기와 어미 동물을 연결하여 순서대로 놓아 보기

③ 측정하기

- 길이와 넓이 측정

유아들은 또래와 서로의 키를 비교하면서 '~보다 크다. ~작다.' 등의 어휘를 사용하기도 하고, 두 개의 사물을 대어 보면서 그 길이를 비교하기도 한다. 이러한 직접 비교에서 유아들은 각각의 사물이 얼마만큼 더 긴지를 알기 위해 임의의 단위를 이용하여 길이를 측정하게 된다. 넓이는 폭과 높이(길이)라는 이차원의 공간에 대해 고려해야 하기 때문에 유아에게 어려운 개념이다. 따라서 길이를 측정 할 수 있는 유아일지라도 직선의 사물을 이용하여 넓이를 측정할 수는 없다. 그러므로 유아가 일상에서 쉽게 접하는 사각타일이나 블록 등과 같은 넓이를 측정 할 수 있는 단위를 사용한 학습 경험이 필요하다.

● 무게의 측정

유아의 경우 물건의 무게를 알아보기 위해 직접 들어보는 경험이 중요하다. 그러나 사물이 두 개일 경우는 직접 비교하여 무게의 차이를 알 수 있지만 사물의 수가 많아지면 무게를 재는 측정 도구를 사용하여 알아봐야 한다. 양팔저울은 시각적으로 무게를 판단하게 하는 좋은 도구이며, 눈금저울은 무게를 수치화하여 비교하는 데 유용한 도구이다.

● 용량과 부피의 측정

용량은 액체를 측정하는 것이고, 그릇에 최대한 담을 수 있는 양이다. 부피는 3차원적(높이, 넓이, 길이) 물체가 차지하는 공간이고 그릇의 용량인 셈이다. 유아기에 용량과 부피의 개념이 어렵지만, 실생활 속에서 많이 사용되고 있는 개념이며, 유아가 실제로 용량이나 부피를 측정하지 못한다 하더라도 일상생활에서 500mL 같은 용어를 들을 수 있다.

측정하기 관련활동

- 나무의 둘레 측정하기
  "나무의 둘레를 무엇으로 잴까?"
- 두 개의 사물 무게 재어 보기
  "나무 블록과 곰 인형이 무엇이 더 무거울까? 어떻게 알 수 있을까?"
- 내 몸의 길이 재어 보기
  "내 몸에서 가장 긴 곳은 어디일까? 무엇으로 잴 수 있을까?"

사진 2-5 나무의 둘레 측정하기

(4) 규칙성

규칙성의 세부내용
- 규칙성 이해하기

우리 주변에는 보도블록이나 벽지, 줄무늬 옷과 같이 규칙적인 무늬와 색으로 되어 있는 것이 많으며, 유아도 자연스럽게 주변 환경에서 규칙성을 발견하고 이에 대한 이해를 확장시킨다. 규칙성(패턴, pattern)은 사물의 모양이나 양상이 일정한 규칙성을 나타내며 반복되는 형태를 말한다(이경우 외, 1998). 규칙성에 대한 이해는 여러 사물들의 관계를 파악하고 이들 사이의 공통적인 특성을 발견하여 이를 일반화시켜 그 다음을 예측하고, 사물들의 관계에 대한 통찰력을 향상시킨다. 또한 규칙성 이해는 문제해결력과 논리 · 수학적 지식과 같은 유아의 수학적 능력의 발달에 토대가 되므로 유아수학교육 내용으로 규칙성을 다루어야 한다.

내용	세부내용
규칙성(패턴)	• 규칙성 이해하기

① 규칙성 이해하기

규칙성(패턴)은 색깔이나 형태, 소리 등의 순서가 계속 반복되는 반복 패턴(repeating pattern)이 있고, 나이테의 성장과 같이 예측 가능한 방향으로 변화하는 성장 패턴(growing pattern)이 있다. 이러한 패턴은 다양한 양식으로 나타날 수 있는데, 물체나 그림을 이용하여 패턴을 만드는 시각적 패턴, 여러 가지 소리를 이용하여 다양한 패턴을 표현하는 청각적 패턴, 신체를 이용하여 여러 가지 움직임을 가진 패턴을 만드는 운동적 패턴이 있으며, 이러한 유형들을 유아가 다양하게 경험하는 것이 좋다.

유아들은 일상생활 속에서 동작, 색, 소리, 위치 및 수량 등에 나타나는 규칙성과 반복을 관찰하면서 '패턴 인식 및 묘사하기, 패턴 따라하기, 패턴 이어가기, 패턴 끼워 넣기, 패턴 전이하기, 패턴 만들기' 등의 활동을 할 수 있는 기회를 제공받아야 한다. NCTM(2000)은 유아들에게 규칙성(패턴)을 지도하는 방법으로 유아가 환경과 자연물에서 직접 규칙을 찾아보게 하는 방법을 제안하였다. 또한 유아 자신의 신체를 이용하거나 다양한 움직임을 통해 이해하도록 하는 방법 및 패턴 카드를 활용한 다양한 경험을 제공해 주어야 한다고 하였다.

규칙성 이해하기 관련 활동

- 색깔 순서대로 나무 구슬 끼우기
- 카드 보고 순서대로 악기연주하기
- 머리, 어깨, 무릎, 발 노래 부르며 춤추기
- 색동저고리 꾸미기
- 다른 사람의 작품을 보고 규칙 찾기
- 일주일의 규칙 이해하기
- 숫자 사이의 규칙 이해하기

그림 2-3 규칙성에 따라 옷의 무늬 만들기

(5) 자료의 조직과 이해

자료의 조직과 이해는 유아가 필요로 하는 정보 수집, 일정한 준거에 의해 자료 분류와 조직, 그래프와 같은 형태로 표현한 후, 이 자료를 분석 · 해석하는 것이다(윤애희 외, 2002; NCTM, 1989; Richardson & Salkeld, 1995). 유아는 필요로 되는 정보를 수집하여 일정한 준거에 의해 자료들을 한데 묶어 셈하는(김숙령, 2000) 과정에 참여함으로써, 전체적인 경향성을 통계자료로 만들어 보고, 이를 통해 확률적 추론과 수학적 기술을 습득하게 된다(류혜숙, 2003). 유아들은 이러한 경험을 통해 자연스럽게 유아들이 알고 있는 지식과 문제해결하기와 의사소통하기 같은 수학적 기술을 적용하게 된다(권기욱, 2001; NCTM, 2000).

그러므로 유아기부터 유아 자신에게 맞는 방식으로 자료를 수집하고 조직하고 분석하여 설명할 수 있는 기회를 제공해야 한다. 자료의 조직과 이해에는 자료수집, 자료의 조직과 분류, 결과 제시하기 세부내용이 있다.

자료의 조직과 이해의 세부내용

- 자료수집
- 자료의 조직과 분류
- 결과 제시하기(그래프 이해하기)

내용	세부내용
자료의 조직과 이해	• 자료수집 • 자료의 조직과 분류 • 결과 제시하기(그래프 이해하기)

① 자료수집

자료수집은 유아가 관심있는 주제와 연관성이 있는 사실 또는 사물 등을 수집하는 것이다. '우리 반 아이들이 좋아하는 꽃'을 조사하고자 한다면 유아들을 만나서 좋아하는 꽃이 무엇인지 물어 볼 수 있다.

② 자료의 조직과 분류

자료의 조직과 분류하기는 물체를 속성이 같은 것들끼리 한 범주로 모으는 능력으로써 논리 · 수학적 지식의 기초가 되고, 방대한 자료들을 체계적으로 정리하여 처리하는 능력이 요구되는 정보화 시대에 필수적으로 요구되는 능력이다.

분류능력은 크게 단순분류, 복합분류, 유목 포함관계의 단계를 거치면서 발달해 간다(권영례, 1998).

- 단순분류

  단순분류는 한 가지 준거에 따라 사물들을 모으거나 나누는 것이다.

  유아들은 일상생활에서 다양한 방법으로 단순분류를 경험하며 교사도 유아들의 발달수준으로 고려하여 다양한 방법으로 단순분류 활동을 안내할 수 있다.

분류하기의 지도방법은 다음과 같다.

- 교사가 분류준거를 제시하고, 유아들은 그 준거에 따라 사물을 분류해 본다.
- 유아 스스로 분류준거를 정하고, 자신의 분류준거를 설명해 본다.
- 다른 사람이 분류해 놓은 결과를 보고, 어떤 준거에 의해 분류했는지를 추측해 본다.

- 복합분류

  복합분류는 한번에 두 가지 이상의 속성을 고려하여 분류하는 것이다. 교사는 다음과 같이 복합분류를 안내할 수 있다.

- 한 가지 준거로 분류한 뒤, 또 다른 준거로 재분류하게 한다.
- 두 가지 속성의 준거를 동시에 들려주고 분류해 보도록 한다.
- 유사한 두 물체의 유사한 점과 차이점을 발견하게 한다.

분류하기 관련활동

- 같은 색의 옷을 입을 사람들끼리 모이기
- 같은 종류의 놀잇감 분류하기
- 하나의 기준을 가지고 나뭇잎 분류하기
- 다른 사람이 분류해 놓은 것을 보고 분류 준거 맞추기
- 친구와 나의 유사점과 차이점 찾아보기
- 동물들이 사는 곳에 따라 분류하기
- 하늘에서 다니는 교통기관과 땅과 바다에서 다니는 교통기관 분류하기

유목포함

유목포함에는 상위집단에 포함되는 하위집단과의 관계를 이해하는 것이다. 어려운 개념이기는 하지만, 인지적 수준이 높아지면서 유아는 동물의 하위집단에 집에서 기르는 동물과 동물원의 동물, 숲에서 자라고 동물이 포함되고 집에서 기르는 동물의 하위집단에 강아지, 고양이가 포함된다는 것을 이해하게 된다.

유목포함 관련 활동

- 동물에 대한 주제망 짜기
  "동물하면 생각나는 단어를 말해볼까?"
  "비슷한 단어끼리 모을 수 있니?"
  "제목을 붙인다면 무엇이라 할까?"
  "동물을 가운데 쓰고, 비슷한 단어끼리 묶어서 주제망을 만들어 보자"

사진 2-6 같은 종류끼리 모으기

그림 2-4 분류 준거 정하기

③ 결과 제시하기(그래프 이해하기)

유아는 친구들이 좋아하는 만화 주인공이 무엇인지를 알아보기 위해 반 유아들의 의견을 수집하고 이러한 정보를 분류한 후 그래프나 차트로 나타낸 다음 그 수를 비교해 볼 수 있다. 이러한 결과를 토대로 유아는 학급 유아들이 좋아하는 만화 주인공이 무엇인가를 대략적으로 예측할 수 있다. 이와 같이 여러 자료들을 정리하고 조직하며 기록하는 통계적 활동은 분류, 순서짓기, 수의 이해, 부분과 전체, 측정과 같은 여러 수학적 개념과 관련되며, 통계에 의해 그림이나 표, 그래프 등을 완성하고 이에 대해 이야기를 나눌 수 있다.

결과 제시하기 관련활동

- 우리 반 아이들이 좋아하는 운동을 조사하여 그래프로 나타내기
- 좋아하는 운동선수 조사하기
- 우리 반과 옆 반에 있는 놀잇감 조사하기
- 1주일 동안의 반찬 조사하여 그래프로 나타내기

그림 2-5 좋아하는 화가 그래프 활동

2) 수학적 과정 기술

수학적 과정 기술

유아가 수학 지식을 획득하고, 이를 사용하는 방법을 의미하는 것으로, 유아가 수학을 경험하는 과정에서 중요한 수학적 아이디어를 이해하고 수학적 능력을 확장시키는 데 필요한 기술이다.

수학적 과정 기술(mathematical process skill)이란 유아가 수학 지식을 획득하고, 이를 사용하는 방법을 의미하는 것으로, 유아가 수학을 경험하는 과정에서 중요한 수학적 아이디어를 이해하고 수학적 능력을 확장시키는 데 필요한 기술(Copley, 2000; NAEYC & NCTM, 2002; NCTM, 1991)이다. NAEYC와 NCTM(2002)은 수학적 과정 기술로 문제해결하기, 추론하기와 증명하기, 의사소통하기, 연계하기, 표상하기를 제시하였다.

3) 수학적 태도

수학적 태도

수학에 대한 일반적인 감정적 성향이며, 수학을 하는 과정에서 나타나는 특별한 행동양식으로 호기심, 주의집중, 개방성, 적극성, 지속성이 포함된다.

수학적 태도(mathematical attitude)는 수학에 대한 일반적인 감정적 성향이며, 수학을 하는 과정에서 나타나는 특별한 행동양식으로 호기심, 주의집중, 개방성, 적극성, 지속성이 포함된다(NAEYC & NCTM, 2002). 호기심(curiosity)은 수학적 문제해결이나 학습의 동기가 될 수 있으며, 수학적 주제나 내용에 관심을 기울이는 행동이 포함된다. 주의집중(attention)은 유아가 수학적 상황이나 활동의 과정에 주의를 기울이는 태도이며, 개방성(openness)은 수학활동의 과정에서 자기 주장에 대한 비판과 같이 타인의 의견을 듣고 수용하며 게임의 결과를 그대로 인정하는 태도이다. 적극성(enthusiasm)은 수학과 관련된 활동에 적극적으로 참여하여 열심히 활동하는 태도이다. 지속성(perseverance)은 끈기성과 유사한 구성요소로 해결되지 않는 문제를 포기하지 않고 지속적으로 해결해 보려는 태도이다.

3 수학교육의 교수 · 학습방법

유아수학교육은 지필식의 교육이 아니라 유아가 일상생활에서 직접적인 경험과 문제해결의 기회를 가질 때 가장 효과적으로 학습될 수 있다. 교사는 수학교육의 내용과 유아의 흥미, 발달수준을 고려하여 효과적인 교수 · 학습전략을 선택할 수 있어야 한다. 유아수학교육에 적용할 수 있는 교수 · 학습전략은 자기표현과 소집단토의, 문제해결, 사회적 추론, 모델링, 설명 등의 방법이 있다. 교수 · 학습전략은 앞서 소개되었기에 이 장에서는 수학교육의 활동원리를 제시하고 이를 토대로 한 교수 · 학습과정을 소개하고자 한다.

1) 수학교육의 활동원리

- 일상생활을 통해 수학을 배울 수 있도록 계획한다.
  유아의 키나 몸무게 재기, 간식인 과자를 일렬로 늘어놓기, 과자 나누어 먹기, 생일 케이크의 촛불 끄기, 신발 크기 알아보기, 미술 영역의 재료를 종류별로 정리하기 등의 일상생활의 자연스러운 경험을 통해 수학을 배울 수 있도록 안내한다.

- 수학은 다른 활동과 통합적으로 계획할 때 유아들은 더 잘 배울 수 있다.

최근 미술을 통한 수학교육, 과학과 통합된 수학교육, 음악과 통합된 수학교육 등 다른 교과와 통합된 수학교육 방법이 소개되고 있다. 미술이나 음악은 유아가 좋아하는 활동으로 수학이 미술, 음악과 통합이 되었을 때 유아들은 쉽게 활동에 동기유발이 될 수 있다. 특히 미술은 수학 개념을 시각적으로 제시하여 유아의 이해를 도울 수 있고, 자신의 수학적 사고를 시각적으로 표상하여 다른 사람에게 전달할 수도 있다.

미술활동을 통한 수학교육

미술을 통한 수학교육 방법은 교사가 준비한 미술 자료를 이용하여 유아가 직접 미술작품을 만드는 방법으로 그리기, 콜라주, 공작, 구성, 찍기, 점토놀이 등 다양한 평면미술과 입체 미술활동을 통해 수학 지식(규칙성, 도형, 분류, 서열, 공간관계, 수세기, 수, 그래프, 측정, 시간 등)을 학습하는 방법이다. 이를 위해서는 적절한 미술활동 선정과 구체적인 자료 준비, 관련된 수학적 개념의 명료화, 그리고 상호 작품의 비교 및 감상과 생활에서의 작품 활용을 고려하는 것이 포함된다.

신체를 통한 수학교육의 접근법

유아들은 감각을 통해 많은 정보를 보다 유의미하게 받아들일 수 있는 특성이 있다. 특히 연령이 어린 유아들에게 추상적인 수학 지식을 자신의 신체를 통해 느끼고, 표현하는 것은 수학을 일상생활에서 인식하고 활용할 수 있는 기회를 제공하므로 보다 유의미한 방법이라 하겠다.

신체활동을 활용한 경험을 좀 더 교육적으로 제공하기 위해서는 체계적인 계획하에 실행하는 것이 중요하다.

첫째, 활동에 사용할 자료에 대한 탐색을 중심으로 신체활동에 주가 되는 수학적 개념에 대해 이야기를 나눈다.

둘째, 신체활동의 방법을 소개할 때, 유아와 함께 계획하고 실행한다.

셋째, 회상하기 과정이다.

- 수학적 소재나 수학적 지식을 소개하는 문학을 활용하여 안내할 수 있다.

유아들은 이야기 듣는 것을 좋아한다. 문학은 유아가 지니고 있는 비형식적인 수학 지식과 전략을 일상생활에서 사용하도록 안내하기 때문에 수학교육에 대한 동기부여에도 도움이 되고, 수학에 대해 긍정적인 태도를 형성하도록 돕는다.

문학을 통한 수학교육

문학을 통한 수학교육은 유아와 교사 모두에게 수학이 일상생활과 분리된 학습이 아닌 유아의 현재 경험, 사고와 의미 있고 통합된 학습 경험으로 제공되므로 기존 교육과정과 통합을 보다 용이하게 한다. 문학을 통한 수학교육을 위해 교사는 다음과 같은 과정을 계획한다.

- 수학 지식과 과정이 포함되어 있는 문학작품을 선정한다.
- 이야기 속의 수학적 상황을 회상하고 그대로 실행하여 봄으로써 수학적 경험으로 유아들을 안내한다.
- 문학작품에 포함되어 있는 조작적 물체(돌, 과자, 단추 등)를 사용하여 수학활동을 진행한다.
- 유아들이 이야기의 상황이나 수학적 문제를 해결하는 과정을 표상해 보도록 한다.
- 이야기에서 제시한 방법 외에 다양한 전략을 탐색하여 문제를 해결해 보도록 한다.
- 유아의 문제해결 전략이나 발견한 사실을 수학적 언어를 사용하여 표현해 보도록 한다.
- 이야기를 개작하거나 일부의 내용을 수정하여 유아들이 발견한 수학적 사실을 적용해 보도록 하거나 일상생활과 관련지을 수 있는 방법을 생각해 보도록 한다.

● 유아의 일상적이고 직접적인 경험과 관련된 수학활동을 계획한다.

유아에게 의미 있는 수학 상황이 되기 위해서 유아들의 직접적인 경험과 관련 있는 것이어야 하며, 다양한 수학적 해결 방법을 모색케 하는 것이어야 한다. 동생과 과자 나누어 먹기, 친구와 놀잇감 분배하기 등은 유아의 일상생활과 밀접한 관련성이 있고, 생활 속에서 반복적으로 경험하는 것들이다.

● 구체물을 활용하여 활동한다.

수학지식은 추상적 지식으로 설명만으로는 이해하기 힘들다. 구체물을 활용했을 때 유아는 보다 쉽게 수학 개념을 이해할 수 있다. 블록, 자연물이나 종이, 사탕 등은 세기를 위한 구체물이 될 수 있으며, 블록이나 종이 등은 세기와 도형 개념을 이해할 수 있는 구체물이 된다.

- 유아가 자신의 생각을 표상해 볼 수 있도록 격려한다.
  수학적 사고를 영상적, 상징적으로 표현해 봄으로써 자신의 생각을 더 명료하게 정리할 수 있으며, 수학적 생각을 다른 사람과 함께 나눌 수 있다.

- 유아가 다양한 문제해결의 기회를 가질 수 있는 기회를 제공한다.
  문학작품에서 제시하는 해결방법 외에 유아 나름대로 자신의 새로운 해결방법을 찾아봄으로써 다양한 전략을 탐색할 기회를 제공하는 방법이다.

- 수학적 언어를 사용하여 생각을 표현하도록 한다.
  수학적 이해를 언어, 상징, 그림 등의 다양한 방법으로 의사소통하는 것을 격려하여 비형식적 경험에 의한 이해와 수학적 의미를 연계시키는 데 중요한 역할을 하고 심화시키는 데도 활용된다.

- 교사 자신이 수학에 대한 흥미를 보이고, 수학적 용어를 사용하는 등의 모델을 제공한다.

- 놀이를 통해 수학 개념을 탐색하도록 안내한다.

2) 수학교육의 교수 · 학습방법[2)]

수학교육의 교수 · 학습방법은 언어교육과 마찬가지로 교육에 대한 관점에 따라 변화되었다. 과거 전통적 관점에서 유아수학교육의 방법은 교사에 의한 수연산, 구구셈 등을 직접 지도받고 유아는 반복적으로 수와 구구단을 암기하는 방법이었다. 이는 행동주의의 영향을 받은 교수법으로 유아의 수학적 문제해결 능력을 발달시키는 데 한계가 있다.

---

2) 앞서 언어교육과 사회교육에서 교수 · 학습전략을 소개하였고, 이는 수학교육에도 적용할 수 있다.

이후 피아제(Piaget)의 영향을 받아 유아 수학교육의 내용으로 수 이전 활동이 제시되었으며 구체물을 통한 유아의 직접적 경험과 놀이에 의존하는 교수 · 학습방법이었다. 이는 유아들의 자유로운 놀이와 탐색이 강조되는 교수 · 학습방법이었으나 유아들이 놀이를 통해 수학의 개념을 발달시키는 데 한계가 있었고, 수학교육 내용 지식의 계열성이 소홀히 되었다는 비난을 받게 되었다.

최근에는 문화심리학적 관점에 의해 유아들이 일상생활에서 수학의 필요성을 느끼고 일상의 문제를 수학적으로 해결할 수 있는 능력을 기르고자 유아의 수학적 탐색과 교사의 수학적 안내를 강조하는 교수 · 학습방법을 사용하고 있다. 교사는 유아의 흥미와 일상생활의 경험을 고려하여 다양한 수학교육의 내용을 놀이와 직접적인 탐구, 문제해결 과정을 통해 발견하도록 돕는다.

수학교육의 방법 역시 앞서 언어교육과 사회교육에서 사용한 교수 · 학습 모형과 교수 · 학습전략이 적용될 수 있다. 이는 수학교육의 내용과 유아의 발달 수준, 흥미에 따라 달라질 수 있다. 예를 들어, 수학 문제의 답을 발견하기까지의 과정을 유아가 말 또는 그림으로 표현해 보는 자기표현 방법을 사용할 수 있으며, 교사는 도형의 이름이나 수 이름, 수의 순서를 설명하거나 시범을 보일 수도 있다. 유아에게 수학적 문제를 제시하고 유아 스스로 모형과 그림 표상 등을 사용하여 답을 발견하도록 하는 문제해결의 방법 등도 사용할 수 있을 것이다.

수학교육과 수업 모형

다음은 1부에서 소개한 교과교육의 교수 · 학습 모형과 수학교육의 방법과의 관련성을 제시한 것이다. 교수 · 학습 모형의 전 과정을 설명하기보다는 유아 수학교육의 활동을 중심으로 제시하였다.

● 직접교수 모형

교사는 수 이름, 숫자 쓰기 등을 직접교수 모형에 따라 활동할 수 있다. 유아는 교사가 들려주는 수 이름을 듣고 암기하여 말하거나 숫자를 반복적으로 써서 기억하게 하는 방법이다. 교사는 직접교수 모형을 사용하여 수업을 할 때 설명하기와 시범보이기의 교수 · 학습방법을 사용하게 된다. 자칫 직접교수 모형과 설명에 의한 교수 · 학습방법은 유아가 수학 지식을 학습할 수는 있으나 수학의 과정 기술을 활용할 수 있는 기회를 갖지 못하고 수학에 대한 부정적 태도를 발달시킬 수 있으므로 주의해야 한다.

- 모양 이름 외우기
- 수세기와 수의 이름 알기

● 문제 해결 학습 모형

수학적 문제 상황을 인식하고 유아가 알고 있는 수학지식을 활용하여 문제를 해결하는 방법이다. 유아들은 문제해결하기 경험에서 수학의 과정 기술을 사용하여 수학 지식을 학습할 수 있다. 또한 유아 스스로가 문제를 해결하면서 수학에 대한 긍정적인 태도를 발달시킬 수 있다.

- 과자는 13개인데 친구들이 4명일 때 동등하게 나누어 가질 수 있는 방법은?
- 우리 유치원/어린이집에서 가장 큰 나무를 찾을 수 있는 방법은?

● 창의성 계발 학습 모형

수학은 정답과 원리가 정해져 있어서 창의성과는 관련이 없을 것이라고 생각을 하지만 최근에는 수학을 다양한 방법으로 답을 찾도록 하는 창의적인 교수 · 학습방법을 강조하고 있다.

- 기본 도형을 사용하여 다양한 도형 구성하기
- 규칙성(패턴) 창조하기

● 역할수행 모형

추상적, 논리적 수학 지식을 이해하기 어려운 유아들의 경우 역할놀이를 통해 수학의 과정 기술과 수학 지식을 학습할 수 있다.

- 동화 – '개구리와 두꺼비는 내 친구'(아놀드 로벨 저, 엄혜숙 옮김, 비룡소 출판) 동화 듣고 단추를 찾는 역할극하기

● 시뮬레이션

시뮬레이션은 가상의 상황을 실제처럼 재현하는 교수 · 학습 모형으로 수학의 상황을 실제 모형을 가지고 재현하거나 역할극처럼 유아들이 실제 해동으로 표현해 볼 수 있다.

- 남자와 여자아이들이 줄을 서서 수 비교하기(그래프 활동)
- 케이크는 하나인데 우리 반 아이들이 20명이라면 모형을 가지고 20조각으로 동등하게 나누기

3) 수학교육의 교수 · 학습과정

교사는 수학교육의 교수 · 학습과정을 계획하기 위해 수학교육의 지도원리와

교수 · 학습전략의 여러 유형을 검토해 본다. 유아들의 수학에 대한 사전 경험과 수학교육의 목표와 내용 등을 고려하여 교수 · 학습과정을 계획할 수 있다. 수의 부분과 전체에 대한 교육내용을 위해 교사는 문학(딩동 벨이 울렸어요)을 선정하고 여러 유형의 교수법 중 유아들이 과자의 수를 세고, 사람들의 수만큼 동등하게 나누는 과제를 해결하기에 적합한 교수 · 학습 유형을 선택한 후 이에 따라 교수 · 학습과정을 계획한다.

(1) 인식하기

학습은 유아가 학습할 거리들인 사건과 사물, 사람 또는 개념들을 인식하는 데서 출발한다. 인식하기는 유아가 학습할 거리를 마주하는 첫 순간의 느낌과 인상을 통해 나타난다. 천으로 만든 수박이나 피자 놀이자료를 제시하였을 때 유아들이 "와! 수박이다. 크다. 나 먹어 봤어." 등의 반응은 학습자료에 대한 유아의 첫 이미지라고 볼 수 있다.

(2) 탐색하기

인식하기 다음에 탐색하기가 이루어진다. 탐색은 사건, 사물, 사람 또는 개념들의 구성 요소나 속성들을 알아내는 과정이다. 유아들은 탐색을 하는 동안 자신의 모든 감각들을 활용한다. 이 과정에서 유아들은 자신이 경험한 것에 대한 개인적인 의미를 구성한다. 예를 들어 유아들은 수박 놀이자료를 만져보고 모양이나 크기, 부분으로 나눠진다는 것을 발견하게 된다.

(3) 탐구하기

탐구하기는 유아가 자신의 개념적 이해를 검토하고 다른 사람의 이해나 객관적 실체와 비교하는 등의 활동을 하는 적응과정을 의미한다. 이 단계에서 유아는 사건, 사물, 사람 또는 개념들이 가지는 일반적이고 객관화된 의미를 이해하기 시작한다. 또한 유아는 이 단계에서 개인적 개념들을 일반화하고 이 개념들을 성인들이 생각하고 행동하는 방식으로 적응시키기 시작한다. 교사는 유아들이 수박이 하나의 전체임과 이를 반으로 나눈 상태를 "반" 또는 "2개 중의 하나"라는 것을 이해한다. 4조각으로 나누면 "반의 반" 또는 "4개 중의 하나"라는 표현을 한다는 것을 알고 이를 그림 또는 기호로 표상할 수 있다.

(4) 활용하기

활용하기는 기능적인 수준의 학습으로서 유아들이 사건, 사물, 사람 또는 개념들에 대해 형성한 의미를 적용하거나 사용할 수 있다. 분수의 개념이나 이를 표현하는 방법을 배운 유아들은 일상생활이나 놀이 중에 우유를 "컵의 1/2"만 따르기, "도화지를 1/4" 조각으로 자르기 등을 할 수 있다.

4 수학교육의 실제

내 나이는 다섯 살이에요

목표	누리과정 관련내용
• 나의 나이와 관련된 숫자 '5'을 익히고 주변에서 숫자 '5'을 찾는다. • 숫자 '5'에 대한 자신의 경험과 생각을 이야기 한다.	• 자연탐구 〉 생활 속에서 탐구하기 〉 물체를 세어 수량을 알아본다. • 의사소통 〉 듣기와 말하기 〉 자신의 경험, 느낌, 생각을 말한다.

(1) 활동자료

생일축하 사진, 점토로 만든 생일축하 케이크, 초(10개), 팝업북, 스티커(동물,

사람), 신문, 잡지(사람이나 그림이 4 이상 나온), 계산기, 달력, 시계, 전화번호 책 준비

(2) 활동방법

| 인식하기 |

① 생일축하 노래를 부르고 생일축하를 해 본 경험에 대해 이야기 나눈다.

- 너는 몇 살이니?
- 생일 축하 파티를 했니?
- 생일 축하할 때 초를 몇 개 꽂았어?
- 동생은 생일에 초를 몇 개 꽂아야 해?

| 탐색하기 |

② 케이크에 5개의 초를 꽂고 불을 붙이면서 수를 센다.

- 몇 개의 초를 꽂아야 하니?
- 같이 초를 꽂아 보자. 하나, 둘. 동생 생일하고 똑같네. 셋, 넷, 다섯.
- 불도 붙여 보자. 하나, 둘, 셋, 넷, 다섯.

③ 주변에서 숫자 '5'를 나타내는 것에는 어떤 것이 있는지 알아본다.

- 이 방에서 5라고 쓰여 있는 것이 있니?(시계, 핸드폰, 계산기, 전화기, 달력)
- 여기 있는 신문에도 5라고 쓰여 있는 것이 있니?
- 우리도 5를 만들 수 있을까?(실 또는 점토로 '6' 만들기)

④ 주변에서 사물을 5개 모아서 세어 본다.

- 우리 손가락으로 다섯 개를 만들어 보자.
- 우리 발가락으로 다섯 개를 짚어보자.
- 선생님 두 손하고 너의 두 손하고 합치면 다섯 개가 될 수 있을까?(4개)
- 선생님 두 손하고 네 두 손하고 발을 몇 개 합치면 다섯을 만들 수 있을까?(유아의 발 1 / 선생님 발 1)

- 너의 두 손하고 선생님 두 손하고 또 우리 몸의 무엇을 합하면 다섯이 될까?(머리 1 / 어깨 1)
- 동생반의 나이만큼 손가락을 펴 볼까? 네 나이만큼 손가락을 펴 볼까?
- 세 개는 동생반의 나이, 우리 반 아이들의 나이를 만들려면 어떻게 할까?
- 우리 손으로 동생반의 나이만큼 모아보자. 선생님은 손 하나 너희들이 손 두 개가 합쳐지니 동생반의 나이가 되었네. 우리반 아이들의 나이가 되려면 몇 개가 더 필요하니?

| 탐구하기 |

⑤ 팝업북에 '모두 다섯이에요.'라고 쓰고, 다섯 개의 그림을 붙인다.

- 동물들이 소풍을 간 대요. 그런데 몇 명의 동물들이 올까?
- (곰) 얘들아! 오늘은 소풍가는 날이야 모두 모여라. 어! 왜 친구들이 안 오지?
- (토끼) 헉헉! 미안해 곰돌아. 우리 빨리 소풍가자.
- (곰) 그런데 친구들이 아직 안 왔어. 다섯 마리가 되어야 갈 수 있어. 기다려야 해.......
- 모두 몇 마리의 친구들이 모였니?
- 다섯 마리의 동물들이 모이려면 몇 마리가 더 와야 해?
- (다람쥐) 조로로록~~ 얘들아, 다 모였니? 늦어서 미안해.........
- 동물 친구들이 다 모였니? 소풍을 갈 수 있을까?

⑥ 다섯 마리의 동물들에게 다섯 개의 과자, 빵, 김밥을 그려 준다.

- (곰) 그런데 소풍을 가서 무엇을 먹지?
- (토끼) 나도 아무것도 안 가지고 왔는데, 우린 다 굶어야겠다.......
- 동물 친구들이 소풍을 가는데 김밥도 없고, 간식도 없대. 우리가 동물 친구들에게 먹을 것을 주기로 하자.
- 곰은 다섯 살이라서 다섯 개만 먹는데, 그럼, 김밥을 다섯 개 그려 주기로 하자.

- 곰은 과자도 다섯 개만 먹는데...... 과자 다섯 개를 그려 줄 수 있니?
- 토끼도 과자 다섯 개를 먹고 싶어 해. 선생님하고 하나씩 그려 주기로 하자. 토끼야, 배고프지 과자 하나 먹어. 너도 토끼한테 과자 하나 그려 주자. 모두 다섯 개를 주었니?.......
- 다람쥐는 빵하고 과자하고 섞어서 다섯 개를 먹고 싶대. 선생님이 빵 3개를 그려 줄게. 네가 과자 그려 줘. 몇 개를 그려 줘야 다섯 개가 될까?

| 활용하기 |

⑦ 숫자 '5' 찾기 활동과 5개만큼 모으기 활동을 평가한다.

- 네 나이만큼 과자를 먹는다면 몇 개의 과자가 있어야 해?
- 숫자 책을 만든다면 어떤 숫자로 책을 만들고 싶어?
- 좋아하는 숫자 책을 만들어서 무엇이든지 그 숫자만큼만 그림을 그리거나 스티커를 붙여 보자.

(3) 활동 평가

- 유아가 숫자 '5'를 세고 숫자와 수량을 연결할 수 있는가?
- 수세기 활동에 즐겁게 참여하는가?

(4) 확장활동

- 숫자 책 만들기를 한다.
- 숫자 '5'를 이용하여 이야기를 짓는다.

chapter 4

과학교육

과학은 우리가 살고 있는 세계에 대해 많은 의문을 제기한다. 과학자들은 세상에 대한 의문을 해결하기 위해 가설을 세우고 자신의 가설을 입증하기 위한 실험을 한다.
유아도 과학자처럼 주변 세계와 사물에 대해 많은 호기심을 가지고 탐구하려는 성향을 가지고 있다. 그래서 유아를 타고난 과학자라고 부른다.
유아는 태어나는 순간부터 주변세계를 탐색하고 이러한 과정에서 주변세계를 이해하는 데 필요한 탐구과정 기술과 과학에 대한 긍정적인 태도를 발달시킨다.
유아과학교육은 유아의 과학적 호기심과 탐구적 태도를 유지하도록 하고 우리가 살고 있는 자연세계에 대해 알아가도록 하는 것이다.
이 장에서는 유아과학교육의 목표와 내용, 교수 · 학습방법에 대해 제시하였다.

많은 사람들이 과학을 어려운 학문으로 생각하고 과학에 대해 불안감을 갖는다. 대부분의 사람들은 과학자나 과학과 관련된 직업을 갖는 사람들만이 과학을 배운다고 생각한다. 과학자는 자연의 세계에서 벌어지는 현상을 탐색하고 관찰된 현상에 대해 설명하고, 자신의 가설을 세워서 입증하기 위해 노력하는 사람들이다. 이는 유아의 모습에서도 찾을 수 있다.

과학은 놀라움과 호기심을 해결하고자 하는 의지로부터 시작되어, 주변세계를 보다 잘 이해하기 위해 끊임없이 문제를 해결해 가는 탐구과정이라고 볼 수 있다. 천성적 호기심을 가지고 있는 유아들은 주변에서 일어나는 많은 과학적 현상에 대해 흥미를 갖고, 궁금증을 해결하기 위해 열심히 연구하는 과학자의 모습과 닮았다. 따라서 과학자의 소양을 가장 많이 소유하고 있는 유아들을 위한 과학교육은 과학적 지식을 암기하고 받아들이도록 할 것이 아니라, 세상에 대한 호기심을 갖고 질문을 풀기 위해 분석적으로 행동하는 과학자와 같이 생각하고 행동할 수 있도록 해야 한다(조형숙 외, 2010).

유아들은 주변에서 눈에 띄고 손에 잡히는 다양한 사물과 현상에 대해 끊임없이 호기심과 의문을 갖고 있으며, 이를 해결하기 위해 적극적으로 행동하는 과학자의 성향을 지니고 있다. 이를 과학적 성향(과학적 자아)이라고 한다. 유아의 과학적 자아에 의해 유아들은 일상생활 속에 내포된 과학적 지식과 개념을 이해하기 위해 더 적극적이고 활발한 탐구행위를 한다. 유아기 과학교육은 유아의 과학적 자아를 더욱 증진시키기 위해 유아들의 과학적 질문에 대해 탐구할 수 있는 환경과 경험을 제공한다. 이렇게 본다면, 유아의 생활 주변에서 일어나는 모든 자연현상, 사건, 사물, 사람에 대한 내용이 유아를 위한 과학교육의 범주에 속한다. 과학은 유아의 실제 삶과 연관되어 있으며 과학적 개념, 기술, 태도는 일상생활과 주변세계에서 키워진다.

1 과학교육의 목표

2019 개정 누리과정의 자연탐구 영역은 유아가 호기심을 가지고 주도적으로 탐구하는 과정을 즐기며, 스스로 궁금증을 해결하도록 돕기 위한 영역이다. 또한 유아가 주변의 동식물, 생명, 자연환경에 관심을 가지며 생명을 소중히 여기고 사람과 자연이 더불어 살아가는 방법을 실천하도록 지원하는 영역이다(교육부, 보건복지부, 2019).

과학교육과 관련된 2019 개정 누리과정의 자연탐구 영역의 목표는 다음과 같다.

> 탐구하는 과정을 즐기고, 자연과 더불어 살아가는 태도를 가진다.

① 일상에서 호기심을 가지고 탐구하는 과정을 즐긴다.

② 생활 속의 문제를 수학적, 과학적으로 탐구한다.

③ 생명과 자연을 존중한다.

누리과정 자연탐구 영역의 목표와 최근 과학교육의 동향을 반영하여 본 책에서는 유아과학교육의 목표를 '일상생활과 과학과의 관련성을 이해하고 과학적으로 문제를 해결하는 능력을 기른다'고 설정하고자 한다. 이에 따라 하위 목표를 다음과 같이 기술하고자 한다.

첫째, 주변 사물과 자연을 지속적으로 관찰하고 문제를 해결하는 과정에 필요한 탐구능력을 기른다.

둘째, 자연과 일상생활에 대한 과학 개념을 이해한다.

셋째, 과학에 대한 긍정적 태도를 갖는다.

2 과학교육의 내용

2019 개정 누리과정의 자연탐구 영역은 탐구하는 과정 즐기기, 생활 속에서 탐구하기, 자연과 더불어 살기의 세 가지 내용 범주로 구성되어 있는데, 이 중 유아과학교육과 관련된 교육내용을 정리하여 제시하면 표 2-4 와 같다(교육부, 보건복지부, 2019).

표 2-4 2019 개정 누리과정 자연탐구 영역의 유아과학교육 관련 내용

내용 범주	내용
탐구하는 과정 즐기기	• 주변 세계와 자연에 대해 지속적으로 호기심을 가진다. • 궁금한 것을 탐구하는 과정에 즐겁게 참여한다. • 탐구과정에서 서로 다른 생각에 관심을 가진다.

내용 범주	내용
생활 속에서 탐구하기	• 물체의 특성과 변화를 여러 가지 방법으로 탐색한다. • 도구와 기계에 대해 관심을 가진다.
자연과 더불어 살기	• 주변의 동식물에 관심을 가진다. • 생명과 자연환경을 소중히 여긴다. • 날씨와 계절의 변화를 생활과 관련짓는다

누리과정 및 본 책에서 설정한 목표와 연계할 때 유아기에 다루어야 하는 과학교육의 내용은 과학적인 지식을 이해하고 주변 환경에 대한 호기심, 관심 등의 과학적 태도, 그리고 사실이나 현상들을 다루고 기록할 수 있는 과학의 과정 기술을 포함한다. 이에 따라 본 책에서는 유아과학교육의 내용을 과학적 개념, 과학적 태도, 과학적 탐구능력의 세 가지로 제시하고자 한다.

1) 과학적 개념

과학적 개념
- 물체와 물질
- 생명체와 자연환경
- 자연현상과 환경
- 도구와 기계

과학적 개념은 유아가 과학활동에 참여하여 관찰, 경험, 실험, 사실 등을 통해 얻은 과학적 지식 및 정보들의 통합을 의미한다(Martin, 1997). 2019 개정 누리과정과 유아과학교육의 목표와 관련 이론을 고려할 때 유아가 경험하는 과학적 개념을 물체와 물질, 생명체와 자연환경, 자연현상과 환경, 도구와 기계이다.

(1) 물체와 물질

내용	세부내용
물체와 물질	• 물체와 물질의 특성에 관심 가지기 • 물체와 물질의 변화에 관심 가지기

물체와 물질의 세부내용

- 물체와 물질의 특성에 관심 가지기
- 물체와 물질의 변화에 관심 가지기

물체와 물질은 유아들이 일상생활에서 자주 접하는 공, 팽이, 부채 등의 친숙한 물체와 우유, 물 등의 물질에 관심을 가지고 오감을 사용하여 탐색하는 과정에서 물체와 물질의 기본적인 특성을 알아보고, 물체와 물질을 다양한 방법으로 변화시켜 보는 내용을 포함한다.

① 물체와 물질의 특성에 관심 가지기

유아들은 자신의 감각을 활용하여 주변의 사물과 상황을 탐색하면서 물체와 물질의 기본적인 특성을 발견하게 된다. 공을 가지고 놀이하는 유아는 공이 둥글고 구르는 성질이 있다는 것을 이해하게 되고, 사각의 블록은 구르지 않는다는 것을 이해한다. 물은 색이 없고 향이 없고 형태가 없다는 것 또한 감각 탐색을 통해 발견하게 된다.

교사는 유아들이 주변에 탐색과 발견이 가능한 풍부한 환경을 제공하여 다양한 사물과 현상을 주의 깊게 관찰할 수 있도록 안내하여 물질과 물체의 기본적인 특성을 발견할 수 있도록 돕는다.

물체와 물질의 특성에 관심 가지기 관련활동

- 공의 특성을 발견하기
  "우리 주변에 굴러가는 것은 무엇이 있을까?"
  "눈을 감고 만져보자. 무엇인 것 같니? 왜 그렇게 생각했니?"
- 악기의 특성 발견하기
  "어떤 소리가 들리니?"
  "악기들의 소리는 모두 같을까? 어떻게 다를 것이라고 생각하니?"
- 여러 가지 과일의 맛보기
  "과일의 맛이 같을까? 어떻게 알 수 있니?"
  "사과의 맛은 어떠니?"
- 꽃향기 맡아 보기
  "무슨 꽃인 것 같니? 같은 냄새가 나는 꽃이 또 있니?"

② 물체와 물질의 변화에 관심 가지기

그네를 타는 유아들은 자신의 발을 굴려서 그네의 속도를 높이기도 하고, 다른 유아가 그네를 타고 있을 때 밀어주기도 한다. 유아는 놀이를 통해 자신의 힘으로 그네의 속도를 변화시키는 경험을 하고 있는 것이다. 그런가 하면 유아들은 바람이 불어서 바람개비가 돌아가는 것에 관심을 갖고, 탐구하는 과정에서 바람의 힘과 물체의 움직임에 대한 관계를 이해하게 된다.

요리활동에 참여하는 유아들은 믹서가 과일과 야채의 크기와 모양을 변화시키는 것을 관찰하고, 딱딱하던 옥수수 알이 열에 의해 하얀색의 팝콘으로 변화되는 과정을 관찰하기도 한다. 이러한 과정에서 유아들은 자연스럽게 물질의 변화를 이해하게 되는 것이다.

교사는 유아들이 물체의 움직임이나 물질의 변화를 예측하고 실험할 수 있는 자연스러운 놀이 경험을 제공하여 일상의 경험 또는 놀이활동을 통해 이러한 개념을 이해하도록 도울 수 있다.

물체와 물질의 변화에 관심 가지기 관련활동

- 요리활동
  "주스 가루를 냉동실에 보관하면 어떻게 변할 것 같니?"
  "계란을 관찰해 보자. 이 계란을 물에 삶으면 어떻게 변할까?"
  "빵을 구우면 색이 어떻게 변할까?"
- 빨래하기
  "젖은 빨래가 어떻게 해서 마를 수 있었을까?"
  "이 수건을 물에 넣으면 어떻게 변할까?"
- 그림자 놀이
  "빛을 가까이 하면 그림자의 크기는 어떻게 변할까?"
  "손을 이용해서 어떤 모양을 만들 수 있니?"

(2) 생명체와 자연환경

생명체와 자연환경의 세부내용
- 나의 몸, 출생과 성장과정에 관심가지기
- 동물에 관심 가지기
- 식물에 관심 가지기
- 생명체를 소중히 여기기

내용	세부내용
생명체와 자연환경	• 나의 몸, 출생과 성장과정에 관심 가지기 • 동물에 관심 가지기 • 식물에 관심 가지기 • 생명체를 소중히 여기기

생명체와 자연환경 알아보기는 유아 자신의 출생과 성장과정에 대한 관심뿐 아니라 우리 주변의 식물과 동물, 그리고 생명체에 영향을 미치는 자연환경에 대해 관심을 갖고 탐구하는 내용이다.

유아들은 자연스럽게 자신이 어떻게 태어났는지에 대해 호기심을 가지고 성인들에게 질문을 한다. 또한 주변의 동물의 탄생과 성장과정에 대한 궁금증을 가지고 해결하고자 노력한다.

교사는 유아들이 자신뿐 아니라 궁금해하는 동물과 식물에 대해 관심을 갖고 탐구할 수 있는 기회를 제공하고 인간과 동식물, 자연환경이 서로 유기적으로 연결되어 있다는 것을 이해할 수 있도록 한다.

① 나의 몸, 출생과 성장과정에 관심 가지기

유아기는 자신의 신체에 대해 관심이 많은 시기이다. 자신의 손과 얼굴의 생김에 대해 관심을 갖고 친구와 비교하기도 한다. 또한 밥을 먹으면 어떻게 소화되는지와 같이 신체의 내부 기관에 대해서도 궁금증을 갖는다. 이와 같이 유아들은 자신의 신체의 각 부분과 신체의 부분들이 하는 일에 관심을 갖게 된다. 또한 유아기는 자신의 출생과 성장과정에 대해 호기심을 갖는 시기이므로 유아들의 질문을 자연스럽게 과학교육으로 연결할 수 있다.

나의 몸, 출생과 성장에 관심 가지기 관련활동

- 나의 몸
  "내 몸의 구멍들은 어디에 있을까?"
  "네 손을 자세히 관찰해 보자. 무엇을 발견할 수 있니?"
  "우리 눈으로 어떤 일을 할 수 있을까?"
- 내 몸속의 기관들
  "밥을 먹으면 어디로 가는 것일까?"
  "왜 밥을 먹어야 할까?"
- 나의 출생과 성장
  "아기는 어떻게 태어났을까?"
  "엄마 뱃속에서 아기는 어떻게 있었을까?"
  "아기였을때 너는 얼만했을까?"

② 동물에 관심 가지기

유아들은 동물이 움직이고 소리 내는 것에 관심을 갖는다. 유아가 동물을 생명체로 존중해야 한다는 인식은 낮으나 우리 주변의 동물들에 친숙함을 보이고 탐구하고자 하는 태도를 보인다. 교사는 유아들이 자주 자연으로 나가 동물들을 접할 수 있는 기회를 제공한다. 또는 교실 안에 동물을 길러서 유아들이 살아 있는 생명에 관심을 갖고 소중함을 느끼도록 할 수 있다.

교실에서 동물을 기를 때에는 우선 안전해야 한다. 동물의 성장 변화가 빨라야 유아들이 관심을 갖고 관찰할 수 있으며 움직임이 있는 동물이 좋다. 교사는 유아 스스로 먹이를 주고 서식지를 관리하도록 할 수 있으며 성장과정을 관찰하여 기록하도록 하는 것이 좋다.

동물에 관심 가지기 관련활동

- 동물 관찰하기
  "우리 주변의 곤충은 어디 있을까?"
  "어떤 소리를 내는지 잘 들어보자."
  "생김새는 서로 어떻게 다르니?"
- 동물 기르기
  "우리 반에 어떤 동물을 길렀으면 좋겠니?"
  "사슴벌레는 무엇을 먹을까?"
  "달팽이의 먹이는 하루에 얼마큼 주어야 할까?"
  "달팽이는 밝은 곳과 어두운 곳 중에서 어디를 더 좋아할까?"
- 동물의 출생과 성장
  "개구리는 처음에 어떤 모습이었을까?"
  "새끼를 낳는 동물들에 대해 알고 있니?"

③ 식물에 관심 가지기

산책을 나가면 땅에 떨어진 꽃잎이나 나뭇잎을 수집하는 유아들을 자주 볼 수 있다. 유아들은 나무와 나뭇잎, 열매 등의 특성을 탐색하고자 한다. 또한 날씨의 변화에 따라 변화하는 식물에 관심을 갖는다.

식물 알아보기는 유아 주변의 식물의 기본적인 특성과 식물의 성장과정, 변화 등을 알아보는 것이다.

식물에 관심 가지기 관련활동

- 나무 관찰하기
  "같은 나무를 찾을 수 있니?"
  "나무껍질을 관찰해 보자. 느낌이 어떠니?"
- 씨앗 심기
  "씨앗을 심었는데, 어떻게 변할 것 같니?"
  "씨앗이 잘 자라기 위해서는 어떻게 해야 할까?"
  "씨앗의 크기와 모양을 비교해서 말할 수 있니?"
- 나무의 성장
  "나무의 나이를 알 수 있니?"
  "땅에 떨어진 솔방울은 살았을까? 왜 그렇게 생각했니?"

사진 2-7 라이트테이블로 나뭇잎 관찰하기

사진 2-8 나무 관찰하기

④ 생명체를 소중히 여기기

사람과 식물, 동물은 서로 유기적인 관계를 맺으며 살고 있다. 교사는 유아가 인간과 동식물, 자연환경 간의 밀접한 연관성을 이해하고 모두가 살기 좋은 건강한 생태환경을 만들기 위해 노력해야 한다는 것을 안내해야 한다. 유아들에게는 어려운 내용일 수 있으나 일상생활의 작은 실천으로부터 유아들은 자연을 지키고 보호하는 것의 가치를 배울 수 있다.

생명체를 소중히 여기기 관련활동

- 물 한 컵의 소중함
  "이 한 컵의 물은 어디에서 왔을까?"
  "우리가 집에서 더러운 물을 버리면 어떻게 될까?"
- 산을 보호해요
  "땅에 쓰레기가 많이 떨어져 썩게 된다면 어떻게 될까?"
  "산에는 누가, 누가 살고 있을까? 나무가 없다면 동물들에게 어떤 일이 생길까?"
  "산을 보호할 수 있는 방법이 있을까?"
- 애완동물을 사랑해요.
  "가족처럼 함께 사는 동물이 있니?"
  "애완동물을 소개해 줄 수 있니? 네 애완동물에게 어떤 마음이 드니?"

(3) 자연현상과 환경

자연현상과 환경의 세부내용
- 날씨(계절)과 생활의 관계에 관심 가지기
- 돌, 물, 흙, 바람, 소리 탐색하기
- 낮과 밤의 차이에 관심 가지기
- 빛과 그림자 탐색하기

내용	세부내용
자연현상과 환경	• 날씨(계절)와 생활의 관계에 관심 가지기 • 돌, 물, 흙, 바람, 소리 탐색하기 • 낮과 밤의 차이에 관심 가지기 • 빛과 그림자 탐색하기

자연현상과 환경은 유아가 생활 속에서 쉽게 접할 수 있는 돌과 물, 흙 등의 자연물과 자연현상에 대한 탐구를 통해 자연의 변화와 규칙을 이해하도록 하는 내용이다. 교사는 스치고 지나가기 쉬운 일상생활의 작은 변화일지라도 유아들이 관심을 가질 수 있도록 상호작용한다.

① 날씨(계절)와 생활의 관계에 관심 가지기

우리나라의 날씨는 봄, 여름, 가을, 겨울의 사계절로 구분되어 있으며 날씨의 변화에 따라 주변의 환경과 유아들의 생활도 변화한다. 유아들은 여름이 되어 더워지고 땀이 많이 나는 등 자신의 몸을 통해 날씨의 변화를 체험하게 된다. 또한 날씨의 변화는 주변의 자연환경 변화로도 연결된다. 교사는 유아들이 자연스럽게 날씨와 인간, 동물과 식물의 생활, 자연환경의 변화에 관심을 갖도록 한다.

날씨와 생활의 관계에 관심 가지기 관련활동

- 온도 변화 측정하기
  "우리 교실에서 온도가 제일 높은 곳은 어디일까?"
  "7월 달에는 비가 몇 번이나 올 것이라고 생각하니?"
- 나뭇잎의 색이 변했어요.
  "어느 나무의 나뭇잎인지 알고 있니?"
  "왜 색이 변했을까?"
- 일기예보 놀이
  "일기예보를 본 적이 있니?"
  "내일의 날씨는 어떨까?"
  "일기예보에서 어떤 말을 들을 수 있니?"

② 돌, 흙, 물, 바람, 소리 탐색하기

유아들은 바깥놀이 시간에 물과 모래를 가지고 놀이하면서 자연물질인 돌과 흙, 물에 대한 기본 특성을 발견한다. 또한 씨앗 심기를 하면서 흙의 소중함을 알게 된다. 교사는 자연에서 매일 접하는 돌, 흙, 물을 유아가 탐색하고 이를 보호하는 태도를 기를 수 있도록 한다.

돌, 흙, 물 탐색하기 관련활동

- 돌 관찰하기
  "돌의 색과 모양을 관찰하고 이야기해 줄래?"
  "이 돌은 어디에서 가져온 것 같니? 왜 그렇게 생각했니?"
- 흙 분류하기
  "흙의 크기가 다 같을까?"
  "가장 가늘고 고운 흙을 어떻게 고를까?"
  "흙은 어떻게 생긴 것 같니?"
- 물의 순환
  "비는 어떻게 해서 오는 것일까?"
  "물이 없다면 동물들은(식물들은) 어떻게 될까?"

유아들은 소리 나는 장난감에 흥미가 많으며 자신의 신체와 사물을 이용하여 소리를 탐색하고자 한다. 유아들은 악기를 이용하여 크고 작은 소리를 비교하기도 하고, 여러 가지 물체를 이용하여 소리를 전달하는 놀이를 하기도 한다. 또한 유아들은 공과 바람개비, 호루라기 등을 이용하여 사물을 움직이게 하기 위해 바람이 필요하다는 것과 바람의 힘이 세면 셀수록 사물의 움직임이 빨라진다는 것을 발견하게 된다.

환경오염의 측면에서 유아들은 듣기 좋은 소리와 듣기 싫은 소리를 비교하며 소리 공해를 일으키지 않는 방법에 대해 생각해 볼 수 있으며, 건강한 바람과 나쁜 바람에 대해서도 관심을 가질 수 있다.

바람, 소리 탐색하기 관련활동

- 바람의 힘
  "바람이 분다는 것을 어떻게 알 수 있니?"
  "바람을 이용해서 무엇을 할 수 있을까?"
- 소리 만들기
  "네 몸을 이용해서 소리를 만들 수 있니?"
  "악기는 어떻게 해서 소리가 날까?"
  "자연에서 만들어지는 소리는 무엇이 있을까?"
- 듣기 좋은 소리, 듣기 싫은 소리
  "소리를 줄일 수 있는 방법은 무엇이니?"
  "우리 주변에서 듣기 좋은 소리는 무엇일까?"

사진 2-9 바람불기

③ 낮과 밤의 차이에 관심 가지기

유아는 아주 어린 나이부터 반복되는 하루 일과를 통해 낮과 밤을 경험한다. 낮에는 밝고 해가 있으며 밤에는 어두워지며 해가 보이지 않고 달과 별이 보인다는 것을 아주 어린 유아들도 익히 알고 있으며 유아기가 되면 우주와 별, 달의 변화 등에 호기심을 갖게 된다.

낮과 밤의 차이에 관심 가지기 관련활동

- 낮에 하는 일과 밤에 하는 일
  "낮에 너는 어떤 일을 하니?"
  "우리가 잘 때 동물(나무와 꽃)은 무엇을 할까?"
- 밤하늘 관찰
  "밤하늘을 본 적이 있니? 무엇을 볼 수 있니?"
  "별은 본 적이 있니?"
- 달의 변화
  "달은 항상 같은 모양일까?"
  "어떻게 변하는지 알고 있니?"

④ 빛과 그림자 탐색하기

유아들은 빛이 있을 때 사물의 반대편에 생기는 그림자를 발견하고 이에 호기심을 갖는다. 유아들은 놀이를 통해 빛과 사물과의 관계를 파악하고 이해하게 된다. 실외에서 땅위에 생기는 자신의 그림자를 발견하고, 그림자의 크기와 방향이 달라지는 것에 관심을 가질 수 있으며 교실에서는 빛을 이용하여 손 그림자를 만들거나 미술활동 등을 통해 빛의 필요성과 활용에 대해 생각해 보게 된다.

사진 2-10 그림자 관찰하기

그림자 관찰하기 관련활동

- 나무와 건물의 그림자 찾기
- 그림자가 없는 곳도 있을까?
- 큰 그림자와 작은 그림자를 만들어요.
- 그림자 인형극 놀이를 해요.

(4) 도구와 기계

도구와 기계의 세부내용

- 일상생활에서 사용되는 도구와 기계에 관심 가지기

내용	세부내용
도구와 기계	• 일상생활에서 사용하는 도구와 기계에 관심 가지기

도구와 기계는 유아들이 일상생활에서 사용하는 간단한 기계와 도구에 관심을 갖고 이를 사용하면서 도구와 기계가 우리 생활에 주는 편리함을 이해하는 것을 교육내용으로 한다.

① 일상생활에서 사용하는 기계와 도구에 관심 가지기

유아들은 소리 나는 장난감이나 움직이는 장난감에 호기심을 갖고 움직이는 이유와 방법을 탐색하길 즐기며 일상생활에서 이용하는 교통기관이나 엘리베이터에 관심을 갖고 그러한 기계와 도구가 우리 생활에 편리함을 주기도 하지만 합리적으로 활용해야 한다는 것을 배우게 된다.

일상생활에서 사용하는 도구와 기계에 관심 가지기 관련활동

- 요리 도구 사용하기
  "믹서로 무엇을 할 수 있을까?"
  "예전에도 믹서를 사용했을까?"

- 움직이는 장난감
  "어떻게 해서 소리를 낼 수 있니?"
  "움직이게 할 수 있는 방법이 있니?"

2) 과학적 태도

과학적 태도는 유아가 과학을 좋아하고 일상생활에서 과학의 유용함을 인식하며 주변 환경에 대한 호기심을 갖고 문제해결을 위해 노력하는 것이다. 과학적 태도의 구성요소로는 과학적 주제나 내용에 대한 호기심, 과학활동에 대한 적극적인 참여, 과학활동의 결과를 편견 없이 받아들이는 솔직성, 주변의 자료를 체계적으로 수집하여 결론을 내리는 객관성, 과학적 현상에 대한 과정이나 결과를 판단하고 토론할 수 있는 비판성, 끝까지 문제를 해결하려는 끈기성, 다른 사람과 함께 협의하고 돕는 협동성이 있다(교육인적자원부, 2008)

과학적 태도
유아가 과학을 좋아하고 일상생활에서의 과학의 유용함을 인식하며 주변 환경에 대한 호기심을 갖고 문제해결을 위해 노력하는 것이다.

3) 과학적 탐구능력

과학적 탐구능력은 과학적 현상을 탐구하기 위해 탐구과정 기술을 사용하여 문제를 해결하고 과학의 내용과 지식을 발견할 수 있는 능력을 의미한다(Martin, 1997). 이러한 탐구능력은 개인이 지닌 지식과 개념들을 활용하도록 도우며 과학뿐 아니라 일상생활에서 발생하는 문제를 해결하고 대처해 나가는 사고기술을 발달시키는 데 필수적이다(Althouse, 1994; Martin, 1997).

과학적 탐구능력
과학적 현상을 탐구하기 위해 탐구과정 기술을 사용하여 문제를 해결하고 과학의 내용과 지식을 발견할 수 있는 능력을 의미한다.

(1) 관찰하기

관찰하기는 목적 지향적으로 무엇인가를 발견하고자 우리의 다양한 감각을 활용하는 것이다. 유아는 주의집중하여 사물의 여러 측면을 살펴봄으로써 사물에 대한 정보를 수집할 수 있다. 교사는 “이것이 무엇이지? 여기 두 가지의 흙이 있는데 자세히 살펴보고 너희들이 발견한 것을 이야기해 보자.”와 같이 질문하여 유아들의 관찰하기를 격려할 수 있다. 유아들이 관찰을 하는 대상은 매우 다양하다. 동물이나 식물, 기계와 도구, 사람, 자연현상의 변화 등에 관해 관찰을 할 수 있다. 교사는

관찰하기
목적 지향적으로 무엇인가를 발견하고자 우리의 다양한 감각을 활용하는 것이다.

유아들이 관찰 대상의 특성을 파악할 수 있도록 "장미 꽃잎의 느낌은 어떤 것과 비슷하니?", "달팽이 껍질의 색은 처음부터 끝까지 같은 색깔일까?", "나뭇잎에서 발견할 수 있는 색은 몇 가지일까?"와 같이 구체적으로 질문한다.

(2) 분류하기

분류하기

자연현상이나 사물을 이해하기 쉽도록 하기 위해서, 사물의 유사점이나 차이점에 따라 그룹지어 보는 과학적 활동이다.

분류하기는 자연현상이나 사물을 이해하기 쉽도록 하기 위해서, 사물의 유사점이나 차이점에 따라 그룹지어 보는 과학적 활동이다. 유아들이 분류하기를 하기 위해서는 충분한 관찰 기회를 가져야 한다. 교사는 주어진 자료들을 충분히 관찰할 수 있도록 시간과 기회를 주고, 처음에는 광범위한 기준을 가지고 분류하다가 점차 세부적인 기준으로 분류하도록 한다.

(3) 측정하기

측정하기

거리, 온도, 부피, 크기, 속도, 시간 등에 관해 신체, 사물, 도구 등을 사용해 재어 보는 과정이다.

측정하기는 거리, 온도, 부피, 크기, 속도, 시간 등에 관해 신체, 사물, 도구 등을 사용해 재어 보는 과정이다. 유아기에는 표준화된 단위를 사용하여 측정하기 전에 손, 발, 연필 등을 사용하는 임의의 단위 사용 경험이 다양하게 제공되어야 한다. 유아는 요리활동을 하면서 온도의 변화를 측정하기도 하고, 씨앗을 심고 성장과정을 관찰하면서 하루하루 자라나는 식물의 길이를 측정할 수 있다.

(4) 의사소통하기

의사소통하기

과학활동의 과정에서 발견하고 탐색한 내용을 언어 또는 그림, 소리 등의 상징적인 표현으로 나타내는 과정이다.

의사소통하기는 과학활동의 과정에서 발견하고 탐색한 내용을 언어 또는 그림, 소리 등의 상징적인 표현으로 나타내는 과정이다. 교사는 유아들의 발견이나 생각을 그래프나 관찰일지 등에 기록하고 이를 다른 유아들 앞에서 발표해 보도록 하거나 교실의 벽면에 전시해 준다.

(5) 예측하기

예측하기는 알고 있는 지식을 이용하여 앞으로 일어날 일을 예상하는 것이다. 교사는 실험의 결과를 알아보기 전에 "어떻게 될까?", "무슨 일이 생길까?"와 같은 질문을 하여 유아들의 생각을 말해 보도록 할 수 있다. 또는 주어진 결과를 다른 상황에 적용시킨다면 어떻게 달라질지 등을 예측하여 말해 보도록 할 수도 있다.

예측하기는 이미 관찰한 내용이나 유아 자신의 경험, 지식을 근거로 하기 때문에 합리적, 논리적인 사고과정을 요구한다.

예측하기
알고 있는 지식을 이용하여 앞으로 일어날 일을 예상하는 것이다.

(6) 토의하기

토의하기는 과학적 사실과 과정에 대한 서로의 견해를 공유하는 과정으로 유아들은 토론과 질문을 통해 과학적 개념을 습득할 수 있다. 토의는 유아들이 지닌 생각을 보다 명료하게 하며 또래의 질문을 통해 관찰, 실험 등에서 얻은 정보를 종합하여 정리하여 답을 제시하도록 돕는다. 토의하기가 원활히 이루어지도록 하기 위해서 교사는 유아들이 질문한 것을 보다 잘 이해할 수 있도록 간단하면서 명료한 문장으로 정리하여 들려 주어야 하며 각각의 유아가 제시한 의견, 증거, 결과들이 동등하게 평가받을 수 있도록 해야 한다.

토의하기
과학적 사실과 과정에 대한 서로의 견해를 공유하는 과정이다.

(7) 실험하기

실험하기는 예측하고 가설을 설정한 뒤 가설이 맞는지 실제 검증하는 과정이다. 유아들은 코코아 가루가 '뜨거운 물에 더 잘 녹을 것이다', '찬물에 더 잘 녹을 것이다'와 같은 가설을 세우고 직접 활동을 통하여 자신의 가설이 맞는지 검증하는 과정을 경험할 수 있다.

실험하기
예측하고 가설을 설정한 뒤 가설이 맞는지 실제 검증하는 과정이다.

3 과학교육의 교수 · 학습방법

유아과학교육의 내용은 추상적 · 논리적 판단을 요하는 것으로 유아들이 과학 개념을 보다 쉽게 이해할 수 있는 방법은 유아들이 지닌 비형식적 또는 일상생활의 경험으로부터 시작하여 형식적 지식으로 연결시켜 주는 것이다.

유아가 유아과학교육의 내용과 관련된 경험을 하도록 돕기 위하여, 교사는 고려해야 할 활동원리를 이해하고 효과적인 교수 · 학습전략을 선택할 수 있어야 한다. 이를 기초로 교사는 교수 · 학습과정을 계획한다. 이 장에서는 과학교육의 활동원리를 살펴보고, 이를 기초로 한 교수 · 학습과정을 제시하고자 한다.

1) 과학교육의 활동원리

- 유아들이 일상생활에서 갖는 과학적 관심과 질문을 존중한다.

  아주 어린 유아들도 유아 주변에서 일어나는 현상과 사물, 자연 등에 대한 관심을 갖는다. 유아들은 자신의 호기심을 해결하기 위해 과학적 질문을 한다. 교사는 유아들의 과학적 질문이 과학적 탐구활동으로 연결되도록 한다.

하루 일과에서 발생할 수 있는 과학적 상황

- 유아들의 옷차림과 날씨
- 점심시간 국의 온도, 음식의 맛, 향
- 시계의 고장과 건전지
- 미끄럼틀의 경사와 안전한 미끄럼틀 선택
- 그네 밀기와 속도, 높이
- 교실에 들어온 벌
- 뚜껑이 열려 말라버린 사인펜, 물풀
- 말라버린 물감과 점토 등

일상생활에서 유아들이 하는 과학적 질문

- 비옷을 입으면 왜 비를 안 맞아요? 너는 더운데 왜 긴 팔 입었어?
- 너무 뜨겁다. 찬 물 좀 넣어야겠다. 얼음 없어요?
- 시계는 어디로 밥을 먹어요. 왜 건전지가 밥이에요?
- 왜 아침에는 추운데 낮에는 따뜻해져요?
- 안 미끄러운 미끄럼틀은 어디 있어요?
- 벌하고 거미하고 싸우면 누가 이겨요?
- 태풍은 왜 생겨요?
- 사인펜이 왜 고장났어요(안 나와요)?

- 유아들이 일상생활에서의 과학의 유용성을 알도록 한다.

  우리는 생활 속의 다양한 문제를 과학적으로 해결하게 된다. 유아들도 일상생활의 날씨와 놀잇감 움직이기 등을 과학적으로 생각하고 문제해결하는 과정에 참여하게 된다.

- 옷에 묻은 사인펜을 지울 수 있을까?
- 음식이 상하지 않게 보관할 수 있는 방법은 무엇일까?
- 젓은 옷을 더 빨리 마르게 할 수 있는 방법이 있을까?

- 과학을 다른 교과, 활동과 통합적으로 경험하도록 한다.

  과학은 엘리트를 양성하기 위한 교육이 아니라 모든 사람을 위한 교육이다. 또한 과학은 과학만 분리하여 활동하기보다는 미술, 신체, 수학, 문학 등 다른 교과활동과 통합했을 때 보다 더 효과적일 수 있다.

문학을 통해 경험하는 과학

교사는 과학적 개념이나 탐구과정을 담고 있는 아동문학을 소개하여 유아들과 함께 읽고 토의하여 문제해결하는 과학활동을 계획할 수 있다.

예 거미 관찰하기 : "아주 바쁜 거미"(에릭 칼 글 · 그림, 더큰 출판)
- 거미줄을 발견하고 나서 거미줄이 만들어지는 과정에 대해 호기심 갖기
- 동화듣기
- 거미집 짓기의 과정 알아보기
- 거미집 짓기 과정을 신체로 표현하기
- 실 등을 이용해 거미 집 짓기 미술활동

예 씨앗의 번식과 성장 : '씨야, 씨야 퍼져라'(최미숙 글 · 그림, 보리출판)
- 씨앗의 종류에 대해 유아가 알고 있는 것에 대해 이야기
- 씨앗이 퍼지는 방법에 대해 유아들이 알고 있는 것을 토의
- 책에서 빈터에 씨앗들이 올 수 있었던 방법에 대해 정리

자연 체험을 통한 과학교육

자연체험 활동은 자연과 함께 살아가는 것의 소중함과 생명 공동체의 필요성을 깨달을 수 있도록 생태학적 지식뿐 아니라 생명체와의 직접적인 만남과 교류를 통해 생명에 대한 경외심과 생태계의 질서를 이해하도록 하기 위한 것이다.
자연체험 교육의 목적을 달성하기 위해서는 유아들이 주변에서 쉽게 접근할 수 있는 작은 자연물을 일정 기간 동안 다양한 방법으로 접하고 놀이하며 탐구하는 경험이 중요하다.

교사는 유아가 자연물과의 만남을 통해 이전의 경험을 회상하여 생명체와 친해지기, 다양한 감각기관을 사용하여 자연물을 관찰하기, 생명체에 대한 다양한 이미지를 발견하기, 자연에 대한 이해를 토대로 개념을 구성하기, 자연 안의 생명체와 또 다른 생명체, 자연과 나 또는 나와 다른 사람들과의 공동체적 삶을 이해하기 등의 내용으로 구성할 수 있다(서동미, 김명애, 이광자, 2006).

예 거미와 친해지고 거미 이해하기
- 거미에 대한 이전 경험 나누기
- 우리 주변의 거미 찾기, 관찰하기
- 거미가 사는 곳을 찾아 지도 만들기
- 거미에 대해 알아보기(몸, 먹이, 거미줄)
- 거미와 다른 곤충과의 관계 알아보기
- 거미와 사람들과의 관계 이해하기

유아들은 음악이나 미술 또는 신체활동과 같은 다양한 영역에서의 놀이를 통해 자연스럽게 과학을 경험할 때 과학에 보다 쉽게 접근하며, 과학이 재미있고 즐겁다는 긍정적인 태도도 형성할 수 있다.
이 외에도 음악과 과학, 미술과 과학도 통합이 가능하다. 이와 같이 다양한 영역과 과학적 개념과의 통합을 계획하여 유아에게 의미 있는 과학 경험을 제공하는 것은 유아의 과학적 능력 향상과 과학에 대한 성향과 태도의 발달에 긍정적인 효과가 있다.

창의적 실험 구성 접근법(황의명, 조형숙, 2001)

창의적 실험 구성은 유아나 교사가 제시한 흥미로운 과학적 질문에 대한 해답을 찾기 위해 마치 과학자처럼 구조적이고 통제된 실험을 유아와 교사가 공동으로 구성하고 실행하는 과정 중심의 과학 교수방법이다.

창의적 실험 구성 전개과정

유아는 자신의 호기심을 기초로 탐구문제를 제안하고 문제를 해결하기 위한 실험조건과 실험에 필요한 재료와 절차를 계획한다.

- 탐구문제의 제안 : 씨앗이 싹트기 위해 반드시 흙(물, 공기, 빛)이 있어야 하나?
- 실험문제의 구성 : 씨앗이 싹트는 데 필요한 것들을 실험을 통해 알아보기
- 실험조건 : 물, 씨앗, 빛 등을 동일하게, 흙만 통제(하나의 용기는 흙/하나의 용기는 솜)
- 재료계획 : 흙, 솜, 물 2컵, 같은 씨앗 6개, 똑같은 크기와 모양, 색의 용기 2개, 견출지, 필기도구
- 실험절차 계획: 용기 1과 2에 날짜를 적는다.
  용기 1에 흙을 담고 씨앗을 심는다. 물을 한 컵 준다.
  용기 2에 솜을 깔고, 씨앗을 심는다. 물을 한 컵 준다.
  용기 1과 2를 창턱에 올려놓는다.
  용기에 날짜를 적는다.
- 자료수집 결과 정리 및 평가
  - 매일 씨앗의 변화를 관찰하고 관찰 결과를 그리거나 사진을 찍는다.
  - 어느 용기의 씨앗이 먼저 싹이 났는지를 관찰하여 기록한다.
  - 흙이 없는 용기의 씨앗도 싹이 났는지 관찰하고 기록한다.
  - 씨앗이 싹이 나기 위해서 반드시 흙이 있어야 할지 평가한다.
  - 어느 용기의 씨앗이 싹이 빨리 나는지 그 이유는 무엇인지 알아본다.

- 유아의 직접적인 경험이 추상적인 과학 지식으로 연결되도록 한다.

유아들은 비형식적 경험을 통해 형식적인 개념을 형성하고 직접적인 경험을 통해서 추상적인 지식을 이해하게 된다. 미끄럼틀을 타는 놀이 경험은 이후 경사진 길과 그렇지 않은 길의 차이를 비교할 수 있는 사고의 기초경험이 된다. 교사는 과학 지식을 전달하기 보다는 유아가 직접경험을 충분히 할 수 있는 기회를 우선 제공한다.

- 교사 자신도 일상의 문제에 대해 호기심과 탐구적 태도를 갖는다.

유아는 교사를 관찰하고 모방하면서 주변에 대한 호기심과 탐색활동을 하기

도 한다. 교사 자신이 자연의 변화에 관심을 기울이고 관찰하거나 일상생활에서 다양한 과학적 문제를 제기하고, 유아와 과학적 대화를 시도하는 것은 유아의 과학적 탐구능력을 증진하는데 효과적인 방법이 된다.

- 또한 유아들이 자유롭게 질문할 수 있는 분위기를 조성하고 탐색을 통해 발견한 과학적 사실을 기록해보도록 격려한다.
  과학적 대화는 과학적 문제에 대해 질문하고 유아 스스로 해결방안을 제시하는 모든 대화를 의미한다. 과학적 소재와 문제에 대해 유아가 창의적이고 다양한 의견을 표현하도록 하기위해서는 어떤 의견도 존중되는 교실의 허용적 분위기가 중요하다. 또한 과학적 대화에는 과학적 생각을 그림과 기호, 글자로 표현하는 것도 포함된다. 관찰한 사실을 그리거나 실험의 결과를 유아 나름대로 기록할 수 있는 자유로운 분위기도 제공해야 한다.

2) 과학교육의 교수 · 학습과정[5)]

교사는 효과적인 교수 · 학습을 위하여 다양한 접근법과 교수 · 학습전략의 여러 유형 중 유아들의 흥미와 발달수준, 교육내용에 적합한 방법을 선택하여 교수 · 학습과정을 계획한다.

예를 들어, 바람의 힘과 사물의 움직임에 대하여 유아들이 경험하도록 교사는 동화 '바람이 불었어'(팻 허친스 글 · 그림, 시공주니어 출판)를 통해 유아들의 흥미를 유발하고 바람이 얼마큼 불 때 사물들이 동화에서처럼 날아가는지에 대한 과학적 질문을 만들고 실험해 볼 수 있을 것이다. 이때 유아들이 문제를 직접 해결해 보도록 하는 교수 · 학습전략을 선택하여 교수 · 학습과정을 계획할 수 있다.

5) 교사는 유아의 흥미와 발달수준, 과학교육 내용에 적합한 교수 · 학습전략과 교수-학습 모형을 사용할 수 있다.

(1) 인식하기

인식은 유아들이 주변의 사물과 상황에 대해 과학적으로 인식하는 것으로 미술 활동에서 색의 변화에 대해 알아차리는 것, 동화를 듣고 과학적 현상에 대해 호기심을 갖는 것, 일상생활에서 과학적 변화를 알아차리는 것 등이 포함된다.

교사는 유아들의 과학적 인식을 돕기 위해서 문학적 접근을 사용하거나 일상생활의 과학적 질문 등을 사용할 수 있다.

(2) 탐색하기

탐색은 유아가 인식단계에서 알아차리고 호기심을 갖게 된 과학적 사실이나 상황에 대해 주의 깊게 관찰하여 정보를 수집하는 것이다. 교사는 유아들이 나뭇잎을 오감을 통해 탐색하여 색과 무늬, 크기 등을 발견하도록 도울 수 있으며, '눈 오는 날'(에즈라 잭 키츠 글 · 그림, 비룡소 출판) 동화를 통해 유아들이 눈에 대한 호기심이 있다면 탐색단계에서 눈에 대한 관찰과 정보를 수집할 수 있을 것이다.

(3) 탐구하기

유아들이 탐색한 정보들을 기초로 과학적 이해와 발견을 하는 단계라고 볼 수 있다. 눈을 여러 장소에 두고 녹는 정도를 실험을 통해 알아보면서 온도와 눈의 관계에 대해서 이해할 수 있으며, 팝콘 요리활동을 통해서 열에 의해 변화되는 옥수수 알에 대해 알아볼 수 있을 것이다.

(4) 활용하기

유아들은 오늘의 과학활동을 통해 알게 된 과학적 사실이나 발견을 다른 상황에 적용해 보거나 일상생활에 활용해 볼 수 있을 것이다. 식빵에 곰팡이가 생기는 과정을 관찰하여 음식의 부패에 대해 알게 된 유아는 활용단계에서 음식의 부패를 방지할 수 있는 방법들을 생각해 보거나 상한 음식을 먹으면 안 되는 이유 등을 생각해 볼 수 있을 것이다.

4 과학교육 실제

코코아를 타요

목표	누리과정 관련내용
• 요리활동을 통하여 코코아가 물에 녹는 과정을 관찰한다. • 요리활동을 통해 관찰한 내용을 다른 사람들에게 이야기할 수 있다.	• 자연탐구 〉 생활 속에서 탐구하기 〉 물체의 특성과 변화를 여러 가지 방법으로 탐색한다. • 의사소통 〉 듣기와 말하기 〉 상황에 적절한 단어를 사용하여 말한다.

(1) 활동자료

코코아 가루, 컵, 찬물, 미지근한 물, 기록지, 숟가락

(2) 활동방법

| 인식하기 |

① 코코아를 먹어 본 경험에 대해 이야기 나눈다.
- 코코아를 먹어 본 적이 있니?
- 어떤 맛이었니?
- 코코아를 어떻게 만드는지 알고 있니?

| 탐색하기 |

② 코코아 가루를 관찰하고 이야기한다.
- 코코아 가루를 관찰해 보자. 어떻게 관찰할 수 있을까?
- 코코아 가루에 대해 무엇을 이야기할 수 있을까?

- 색은 어떠니?
- 코코아 가루의 냄새는 어떠니? 어떻게 알아볼 수 있을까?
- 맛은 어떨까?
- 맛을 보기 위해 지켜야 할 일은 무엇일까?
- 코코아 가루는 어떤 맛이 나니?

③ 그 외의 요리 재료를 알아본다.

- 코코아를 만들기 위해서 어떤 재료들이 필요한지 알아보자.
- 우유를 관찰하고 이야기해보자.
- 막대(수저, 컵)는 왜 필요할까?

④ 요리방법을 알아본다.

- 코코아를 타기 위해서 무엇부터 해야 할까?
- 우유는 어느 정도 필요할까?
- 우유 한 컵에 코코아는 몇 숟가락 넣을까?
- 그 다음에 무엇을 할까?

⑤ 요리할 때의 주의사항을 알아보자.

- 코코아 탈 때 주의할 점은 무엇일까?

| 탐구하기 |

⑥ 찬 우유에 코코아를 타서 맛을 본다.

- 찬 우유에 코코아를 타서 맛을 본다.
- 왜 코코아 가루가 녹지 않았을까?

⑦ 코코아 가루가 잘 녹게 할 수 있는 방법을 이야기한다.

- 코코아가 잘 녹게 하려면 어떻게 할까?
- 만약 미지근한 우유에 코코아를 탄다면 잘 녹을까?
- 왜 그럴 것이라고 생각하니?

⑧ 미지근한 우유에 코코아를 타서 변화되는 과정을 관찰하고 이야기 나눈다.

- 코코아 가루가 어떻게 변하고 있니?

- 찬 우유에 넣었을 때와 다른 점이 있니?

⑨ 찬 우유에 탄 코코아와 미지근한 우유에 탄 코코아의 맛을 비교하여 말한다.

- 어느 코코아가 더 맛있을 것이라고 생각하니?
- 왜 그렇게 생각했니?
- 맛을 보니 어떻게 다르니?

| 활용하기 |

⑩ 코코아처럼 물에 녹여서 먹을 수 있는 음식에 대해 이야기 나눈다.

⑪ 어떤 물에 가루들이 잘 녹을지 이야기 나눈다.

⑫ 오늘의 활동을 통해 알게 된 사실을 이야기 나눈다.

(3) 활동 평가

- 코코아가 물에 녹는 과정에 관심을 보이는가?
- 요리활동 과정에서 관찰한 내용을 다른 유아들에게 이야기할 수 있는가?

(4) 확장활동

- '코코아 타기' 요리 순서도를 만든다.
- 물에 잘 녹는 것과 잘 녹지 않는 것에 대한 실험을 한다.

chapter 5
미술교육

우리 주변의 생활공간과 자연세계는 아름다운 색과 형태로 가득 차 있고,
유아들은 자연스럽게 자신의 감각을 통해 미술의 요소를 발견하고
자신의 생각과 느낌을 표현하는 과정에 참여한다. 미술을 통한 욕구의 표현은
유아에게 정서적 안정감과 자신의 개성을 표출하는 기회가 된다.
미술은 유아가 일상생활에서 경험하고 생각한 바를 다양한 매체와 자료를 이용하여
자신과 타인들이 이해할 수 있는 시각적 이미지로 바꾸는 것이다.
유아미술교육은 유아가 미술의 요소를 발견하고 아름다움을 느끼며
자신의 생각을 자유롭게 그리기와 만들기, 구성하기 등으로 표현하는 것이다.
이 장에서는 유아미술교육의 목표와 내용, 교수 · 학습방법에 대해 제시하고자 한다.

유아에게 미술은 자신의 감정과 느낌을 표출하는 정서적 배출구이며 자신과 주변세계에 대한 생각을 표현하는 의사소통의 수단이 된다(류지후 외, 2001). 따라서 미술교육은 유아가 그리기와 만들기 등의 작품을 완벽하게 만들어 내는 것이 아니라 유아 주변에서 아름다움을 발견하고 자신의 생각과 느낌을 창조적으로 표현하는 과정에서 심미감을 발달시키는 것이라고 할 수 있다.

유아기의 미술교육은 미술기법을 훈련하는 것이 아니라 미술활동을 통해 전반적인 발달을 통합적으로 지원한다는 데 교육적 가치가 있다. 미술활동을 통해 유아들은 자신의 생각과 감정을 자유롭게 표현하는 과정에서 즐거움과 흥미를 경험한다. 또한 유아는 미술의 요소를 발견하고 탐색하는 기회를 통해 심미감을 발달시키고 개인의 독창적이고 창의적인 표현능력을 발달시킬 수 있다. 미술활동은

유아가 오리거나 구기기, 붙이기 등 자신의 감각을 사용하여 미술활동 과정에 참여하고 도구를 다루는 과정에서 대근육과 소근육의 운동 기회를 제공하며 미술활동의 과정에서 무엇을 만들고 어떻게 만들지 등을 고민하면서 문제해결력을 발달시키기도 한다. 그러나 무엇보다 미술교육은 유아가 유아 주변의 자연환경과 사물 등에서 아름다움을 발견하고 이를 표현하기를 즐기는 가운데 아름다움을 탐색하고 표현하고 감상하는 능력이 발달한다는 데 의미가 있다.

1 미술교육의 목표

유아미술교육은 유아들이 주변의 아름다움을 찾고 자신의 생각을 미술적으로 표현하기를 즐기며, 아름다움을 감상하는 태도를 발달시키는 것이다. 2019 개정 누리과정의 예술경험 영역은 유아가 자연, 생활, 예술에서 아름다움을 찾아보고 느끼며, 다채롭고 창의적인 방법으로 자신의 경험, 생각, 느낌을 표현해 보고, 다양한 예술 표현을 존중하는 경험을 제공하는 영역이다(교육부, 보건복지부, 2019).

누리과정 예술경험의 교육목표는 '아름다움과 예술에 관심을 가지고 창의적 표현을 즐긴다.'이다(교육부, 보건복지부, 2019).

아름다움과 예술에 관심을 가지고 창의적 표현을 즐긴다.

① 자연과 생활 및 예술에서 아름다움을 느낀다.
② 예술을 통해 창의적으로 표현하는 과정을 즐긴다.
③ 다양한 예술 표현을 존중한다.

일반 미술교육과 누리과정 예술경험의 미술교육 관련 목표를 토대로 본 책에서는 유아미술교육의 목표를 다음과 같이 기술하고자 한다.

첫째, 자연과 사물의 미적 요소를 인식하고 탐색한다.

둘째, 자신의 생각과 느낌을 창의적으로 표현하는 과정을 즐긴다.

셋째, 다양한 미술작품을 보고 즐기며 심미적인 태도를 기른다.

2 미술교육의 내용

미술교육의 내용은 미술교육의 변천사에 따라 달라지고 있다. 전통적인 미술교육에서는 미술의 표현기법을 지도하는 것을 강조하였다. 그러나 최근에는 미술의 요소 인식과 창의적인 자기표현, 예술적 요소에 대한 감상을 교육내용으로 하고 있다. 2019 개정 누리과정의 예술경험 영역은 아름다움 찾아보기, 창의적으로 표현하기, 예술 감상하기의 내용 범주를 제시하고 있다(교육부, 보건복지부, 2019). 이 중 유아미술교육과 관련된 내용을 정리하여 제시하면 표 2-5 와 같다.

표 2-5 2019 개정 누리과정 예술경험 영역의 유아미술교육 관련내용

내용 범주	내용
아름다움 찾아보기	• 자연과 생활에서 아름다움을 느끼고 즐긴다. • 예술적 요소에 관심을 갖고 찾아본다.
창의적으로 표현하기	• 다양한 미술 재료와 도구로 자신의 생각과 느낌을 표현한다.
예술 감상하기	• 다양한 예술을 감상하며 상상하기를 즐긴다. • 서로 다른 예술 표현을 존중한다. • 우리나라 전통 예술에 관심을 갖고 친숙해진다

일반적인 미술교육의 내용과 누리과정 예술경험에서 제시하는 미술교육의 내용을 토대로 본 책에서는 유아미술교육의 내용을 미적 요소 탐색, 미술적 표현, 미술감상의 세 가지로 제시하고자 한다.

1) 미적 요소 탐색

미적 요소 탐색의 세부내용

- 색
- 모양
- 공간
- 질감

탐색은 유아가 감각을 활용하여 관찰하고 체험하는 과정으로 이를 통해 사물의 특징을 지각적으로 이해할 수 있다. 미적 요소 탐색은 유아가 자연과 사물에서 다양한 색과 형태 등 미적 요소에 주의를 기울이고 반응하면서 아름다움을 느끼고 미적 요소들이 갖고 있는 특징과 차이를 발견하고 탐색하는 것이다(교육과학기술부, 2012).

미적 요소 탐색의 세부내용은 색, 모양, 질감, 공간이다.

내용	세부내용	
미적 요소 탐색	• 색 • 모양	• 공간 • 질감

(1) 색

유아들의 주변은 색으로 가득 차 있고, 유아는 자연스럽게 자연환경과 사물 등에서 색을 발견하고 탐색한다. 유아들은 주변 환경에서 기본의 3색을 발견하고 물감놀이나 색 셀로판지를 통해 색의 혼합을 발견하고 경이로워 한다. 유아의 연령이 어릴 경우 선호하는 색을 중심으로 탐색하지만 연령이 높아질수록 점차 사물의 고유한 다양한 색을 발견하게 된다. 또한 유아들은 색에 대한 자신만의 느낌을 반영하여 탐색하고 표현할 수 있게 된다(이정욱, 임수민, 2010).

색 관련활동

- 색깔 찾기 놀이
- 내가 좋아하는 색깔 만들기
- 따뜻한 느낌과 차가운 느낌의 그림
- 어둡고 밝은 느낌의 그림
- 색을 순서대로 놓아요.

그림 2-6 천을 이용하여 구성하기

(2) 모양

유아 주변의 세상은 형태를 지니고 있는 것들로 가득차 있다. 유아들은 아주 일찍부터 주변 환경의 형태에 관심을 갖고 탐색을 시작한다. 미술에서의 형태는 유아수학교육의 도형의 개념과 연계된다. 유아들은 사물의 기본적인 형태로부터 시작하여 평면의 도형과 입체의 도형을 인식하고, 기본의 도형 외에도 다양한 도형을 탐색하고자 한다.

모양 관련활동

- 같은 모양 찾기
- 나뭇잎에서 발견하는 무늬와 모양
- 내 얼굴에서 모양을 찾아요.
- 점토로 모양을 만들어요.
- 모양 구성하기

(3) 공간

공간이란 사물의 상하, 좌우, 앞뒤, 여백 등을 탐색하는 것이다. 이는 유아수학교육의 공간 개념과도 관련이 있다. 유아들은 주변 환경에서 사물이 차지하고 있는 물리적 공간에 대해 관심을 기울이며 멀고 가깝고, 위와 아래, 앞과 뒤 등 공간이 만들어 내는 아름다움을 탐색하게 된다.

공간 관련활동

- 큰 나무와 작은 나무
- 교실 배치도 관찰하기
- 얼굴 그리기
- 집 안과 밖 구성하기

(4) 질감

질감은 시각적 · 촉각적 감각 등 모든 느낌의 총체이다. 유아는 자신의 감각을 활용하여 유아 주변의 환경과 사물의 재질에서 부드럽고 까끌까끌한, 매끈매끈한, 거친 등의 다양한 질감을 발견하고 탐색한다.

질감 관련활동

- 새의 깃털을 만져봐요.
- 부드러운 나뭇잎과 꺼끌꺼끌한 나뭇잎 비교하기
- 다양한 천 관찰하기
- 물과 모래 탐색하기

2) 미술적 표현

미술적 표현의 세부내용
- 평면미술활동
- 입체미술활동

미술적 표현은 유아들이 미적 요소를 활용하여 자신의 생각과 느낌, 경험을 창의적으로 표상하는 과정이다. 미술적 표현은 다양한 미술재료와 도구를 가지고 유아가 상상하고 경험한 것을 자유롭게 표현하는 과정으로 유아들은 이러한 과정을 통해 정서적 즐거움과 성취감과 자신감을 갖게 된다. 유아들이 자신의 생각과 느낌을 창의적으로 표현하기 위해서는 유아의 연령과 발달에 적합한 다양한 재료와 도구를 활용할 수 있어야 한다.

미술 표현의 세부내용으로는 그리기, 판화, 오리기와 찍기 등의 평면미술활동과 만들기, 점토활동과 같은 입체미술활동이 있다.

내용	세부내용
미술적 표현	• 평면미술활동 : 그리기, 구성하기, 찢기와 오리기, 판화(찍기) • 입체미술활동 : 만들기, 점토, 구성하기

(1) 평면미술활동

Spodek(1985)은 유아의 미술활동을 제공되는 자료에 따라서 2차원적인 미술활동과 3차원적인 미술활동으로 분류하였다. 2차원적인 미술활동은 평면적인 자료를 의미하는 것으로 물감, 크레용, 분필을 사용하여 그리기, 판화활동(찍기), 콜라쥬활동을 하는 것이다(이정욱, 임수민, 2010).

① 그리기(김신영 외, 2007)

- 자유화: 주제와 형식에 구애받지 않고 유아가 그리고 싶은 것을 그리기
- 관찰화: 인물, 자연물, 사물 등을 주의 깊게 관찰하고 대상의 형태, 색의 특징을 그리기
- 상상화: 유아가 본 것, 느낀 것, 생각한 것을 자기 나름으로 표현하기

② 판화활동

- 오목판화: 스티로폼 위에 뾰족한 도구(연필 끝이나 나무젓가락 등)로 꾹꾹 눌러 가면서 그림을 그린 다음 그 위에 물감을 칠한다. 그 위에 종이를 덮어 손바닥으로 문지른 후 종이를 떼어낸다(김신영 외, 2007).
- 볼록판화: 여러 가지 물체에 물감을 묻힌 후 종이에 찍기, 야채 위에 무늬를 볼록하게 새긴 후 물감 묻혀 찍기 활동을 하거나, 모루 등을 붙여서 무늬를 내고 도장처럼 찍기 활동할 수 있다.
- 평판화: 아세테이트지나 유리판 위에 물감으로 그림을 그리고 그 위에 종이를 덮어서 찍어내는 활동이다. 이 외에도 핑거페인팅한 것을 찍어내거나 마블링, 데칼코마니 등이 포함된다.
- 공판화(스텐실): 종이 위에 모양종이를 올려놓고 잉크나 물감 묻힌 롤러로 밀거나 물감을 분무기에 담아서 뿜어 본다. 종이 위에 올려놓은 도안을 떼어내면 도안이 있던 자리는 물감이 묻지 않고 그 주변만 물감이 묻어 있게 된다. 또는 안개 그림이라고 부르는데, 나뭇잎이나 형태를 지닌 물건을 종이 위에 올려놓고, 가는 빗(또는 망사 천)에 물감 묻힌 칫솔로 문지르는 기법도 있다.

평면미술 관련활동

- 내 얼굴 그리기
- 동물을 관찰하고 그려요
- 상상화 그리기
- 야채 판화 활동
- 나뭇잎 베끼기
- 데칼코마니
- 해바라기 모자이크

그림 2-7 나뭇잎 베끼기

(2) 입체미술활동

입체미술활동은 3차원적 미술활동으로서 유아가 길이나 넓이, 깊이 등의 공간에 대해 탐색할 수 있는 활동이다. 유아가 입체적 미술활동에 참여하는 방법은 점토를 이용한 활동과 평면자료를 입체적으로 표현하는 꾸미기 활동과 만들기 활동을 들 수 있다(김신영 외, 2009).

사진 2-11 블록으로 탑 만들기

- 점토활동

점토(밀가루, 흙 등)는 부드럽고 유연성이 있어서 유아가 조작하는 대로 형태가 만들어지기 때문에 유아들이 쉽게 성취감을 느낄 수 있으며, 한 번 만든 형태도 다른 형태로 변형이 가능하기 때문에 창의성을 발달시킬 수도 있다(서동미, 엄은나, 이혜경, 박성희, 2013).

- 꾸미기

꾸미기는 종이, 한지 비닐과 같은 평면자료들을 구기거나, 돌돌말기, 붙이기, 직조하기 등의 표현기법을 사용하여 구성하는 것이다. 색종이를 오려 붙여서 면구성하기, 한지를 말거나 꼬아서 선표현 활동을 할 수 있다(서동미 외, 2013).

- 만들기

만들기는 유아가 생각하는 입체적 이미지를 표현하기 위해 주변의 상자와 폐품, 나뭇조각 등의 입체자료를 사용하여 쌓거나 붙여서 구성하는 방법이다. 유아들은 상자를 이용하여 자동차와 집 만들기, 철사와 모루를 이용하여 동물만들기와 같은 만들기 활동에 참여할 수 있다.

입체미술 관련활동

- 점토로 가족 얼굴 만들기
- 상자 안에 신문지로 동물원 구성하기
- 신문지를 구겨서 표현하기
- 철사로 모양 구성하기
- 자연물로 나무 구성하기

3) 미술감상

감상하기는 유아들이 쉽게 접하는 주변 환경, 자연과 사물, 다양한 미술작품을 통해 아름다움을 느끼고 작품의 가치를 발견하는 활동이다(서동미 외, 2013). 아름다움을 느끼는 대상과 형태는 사람에 따라 다르게 나타나므로 매우 주관적이다. 따라서 감상은 절대적인 평가가 아니라 상대적인 느낌과 비평으로 이루어진다.

미술감상의 세부내용

다양한 미술 작품 감상하기

감상을 통하여 유아들은 자신과 타인의 작품, 전통문화 예술품 등을 접하면서 표현기법, 재료, 느낌과 표현내용에 대해 서로의 생각을 교환하고 작품에 대한 자신만의 판단을 구성하고 가치를 내면화시키는 경험을 한다. 작품을 비교하고 평가, 판단하는 경험은 작품을 보는 안목을 길러줄 뿐만 아니라 새로운 표현을 하고자 할 때 창의적인 표현의 밑바탕이 된다.

감상을 활동하기 위해서 교사는 미술작품을 충분히 감상할 시간을 제공하고 작품의 주제와 구성요소에 대해 토론할 수 있도록 격려해 주어야 한다. 감상의 내용은 미술의 요소를 기초로 이루어지며 작품에 대한 유아들의 느낌이나 평가도 다루어질 수 있다(서동미 외, 2020).

내용	세부내용
미술감상	• 다양한 미술작품 감상하기

(1) 다양한 미술작품 감상하기

감상은 유아들이 자신과 다른 사람의 작품, 자연을 통해 미적 요소를 발견하고 미적인 아름다움을 즐기는 과정이다. 유아들은 미술활동의 결과에 대해 색과 형태, 질감과 공간 등에 대한 평가를 통해 미적인 요소를 인식하며 이는 새로운 미술 표현에 반영된다. 미술교육에서의 감상하기는 유아가 주변의 여러 가지 조형적이고 시각적인 언어를 읽고, 그 의미를 이해하여 미술적 표현으로 이끌어 새로운 작품을 탄생하게 하는 기틀이 된다. 또한 이러한 과정에서 심미감을 발달시킬 수도 있다.

미술감상 관련활동

- 형태가 서로 다른 작품 감상(몬드리안의 '빨강, 파랑, 노랑의 구성' / 고흐의 '별이 빛나는 밤' 비교)
  "빨리 움직이는 선을 찾을 수 있니?"
  "부드러운 느낌의 선을 찾아보자."
  "가는 선과 굵은 선을 찾아보자. 느낌이 어떻게 다르니?"
  "몬드리안의 작품에서 어떤 모양을 발견할 수 있니?"
  "동그라미를 많이 사용한 작품은 무엇이니?"

- 색을 감상해 보자(고갱의 '타히티 풍경' / 마티스의 '붉은 색의 조화' 비교/ 모네의 '일본식 다리')
  "고갱은 어떤 색을 많이 사용했니?"
  "마티스의 작품에서는 어떤 색을 볼 수 있니?"
  "노랑이 많이 쓰인 고갱의 작품은 어떤 느낌이 드니?"
  "차가운 느낌의 색을 쓴 작품은 무엇이라고 생각하니?"

- 질감을 감상해요(유아가 만든 콜라주 작품)
  "무엇으로 만든 작품 같니?"
  "만지면 어떤 느낌이 들까?"
  "부드러운 느낌이 드는 작품은 어느 것 같니?"

- 공간에 대한 감상(드가의 '무대 연습')
  "이 곳은 어디인 것 같니?"
  "이 그림은 작가가 어디에서 보고 그린 것일까?"
  "만약 앞에서 보고 그린다면 그림이 어떻게 달라질까?

- 유아 작품 감상
  "○○의 그림에서는 무슨 색을 주로 사용하였니?"
  "붉은색을 많이 사용하니까 어떤 느낌이 드니?"
  "○○의 그림과 다른 느낌의 그림은 무엇일까?"
  "△△는 무엇을 표현하고 싶었니?"
  "가장 멀리 있는 나무를 그린 사람은 누구니?"

3 미술교육의 교수 · 학습방법

미술교육은 유아들의 창의적 표현과 심미감 발달을 목표로 하고 있기 때문에 교수 · 학습방법도 유아들의 자유표현과 아름다움의 요소에 대한 탐색과 감상을 격려하는 방법이 되어야 한다. 전통적인 미술교육의 교수 · 학습방법은 교사에 의해 표현기법을 지도받는 방법으로 유아들의 자유로운 표현이 제한되었다. 그 이후 유아의 자유표현을 강조하는 교수 · 학습방법은 유아들이 미술적 요소에 대한 인식이나 새로운 기법을 발견하는 데 한계를 갖게 되었다. 유아들이 사물을 자유롭게 표현할 수 있기 위해서는 풍부하고 다양한 미술경험을 해야 하며, 교사의 안내와 중재가 필요하다는 평가에 의해 최근 미술교육의 교수 · 학습방법은 유아의 자유로운 탐색과 표현 그리고 교사의 체계적인 준비와 안내가 균형을 이룰 것을 강조하고 있다.

교사는 유아들의 발달수준과 진행되는 주제를 고려하여 미술교육의 목표와 내용을 선정하며 교육내용을 보다 효과적으로 전달할 수 있는 교수 · 학습방법을 계획한다. 교사는 미술교육의 활동원리를 고려하여 교수 · 학습방법을 계획한다.

1) 미술교육의 활동원리

- 미술표현의 결과도 중요하지만 과정을 격려하여 미술활동에 대한 긍정적인 태도를 갖도록 한다.
  미술교육은 유아의 창의적인 표현과정을 강조하므로 표현과정에서는 표현된 결과물뿐 아니라 표현하는 과정을 유아들이 즐길 수 있도록 해야 한다. 교사가 결과를 중심으로 평가를 한다면 유아들이 미술활동에 대한 자신감을 갖기는 어려울 것이다. 유아가 다양한 소재를 선택하고 자신들이 선택한 방법을 통해 표현할 수 있도록 허용적인 분위기를 조성한다.
- 미적 요소 탐색과 창의적 표현, 감상의 통합적 경험을 제공한다.

유아는 다른 사람의 작품을 감상하면서 미적 요소에 대한 탐색과 작품의 아름다움을 발견한다. 유아들이 감상을 통해 발견한 미적 요소는 다시 자신의 미술 표현에 반영되기 때문에 미술요소의 탐색과 표현, 감상은 분리되어 경험되기보다는 자연스럽게 통합될 수밖에 없다.

- 다른 교과와의 통합적 접근을 사용한다.

  유아들의 미술교육 내용과 수학교육 내용은 통합성이 높다. 예를 들어 유아들의 미술요소 인식 중 형태에 대한 인식이나 공간에 대한 이해는 유아의 수학 개념 중 공간과 도형에 대한 이해가 있어야 가능하다. 따라서 유아의 수학적 능력은 미술의 공간과 형태 인식과 표현에 영향을 미치고 반대로 유아들의 미술적 공간과 도형에 대한 탐색과 표현 경험이 수학 개념 이해에 긍정적인 영향을 미치게 된다.

이러한 예는 과학과의 통합에서도 발견할 수 있다. 유아들의 색에 대한 탐색과 표현은 유아들의 과학의 색과 색의 혼합에 대한 이해와 관련되어 있고, 만들기의 균형에 대한 탐색과 표현기법도 과학의 물체에 대한 움직임(균형)과 관련 있다.

미술교육과 타 교과와의 통합

- 미술교육과 수학교육의 통합
  - 전통 문양의 무늬 발견, 전통 문양에서 반복되는 색과 형태 발견하기(수학–규칙성)
  - 드가의 무대연습 감상하기, 무용하는 사람을 앞에서 본 모습을 그려 보기(수학–공간)
  - 꽃 접어 꾸미기(수학–도형)
  - 나도 몬드리안처럼 도형 구성하기(수학–도형)

- 미술교육과 과학교육의 통합
  - 색 안경 만들기(과학–물체와 물질 알아보기)
  - 마블링 미술활동(과학–물체와 물질 알아보기)

- 곤충 만들기(과학–생명체와 자연환경)
- 모빌 만들기(과학–물체와 물질 알아보기/자연현상 알아보기)
- 나무와 꽃 관찰하기, 만들기(과학–생명체와 자연환경)
- 자연물로 염색하기(과학–생명체와 자연환경)
- 그림자 인형 만들기(과학–자연현상 알아보기)

• 미술교육과 음악교육의 통합
- 음악을 듣고 선그림 그리기(음악–멜로디와 박자 등의 음악의 요소 탐색)
- 음악 감상하고 그림 그리기(음악–음악의 요소 탐색)
- 악기 만들기(음악–음악으로 표현하기)

• 미술교육과 사회교육의 통합
- 전통의상(한복) 만들기(사회–사회적 지식–우리나라)
- 폐품을 이용하여 우리 동네 구성하기(사회–사회적 지식–지역사회 이해)
- 협동미술활동(사회–사회적 기술–협동하기)
- 다른 나라의 탈 감상하고 만들기(사회–사회적 지식–세계 여러 나라)

• 미술교육과 동작교육의 통합
- 명화의 사람들처럼 움직이기(동작–동작의 요소 인식)
- 리본막대 춤에서 발견할 수 있는 선 그림(동작–동작의 요소 인식)

● 하루일과에서 미술활동을 경험할 수 있도록 한다.

유아의 미술 경험은 자유놀이시간의 미술영역이나 미술활동에만 이루어지는 것은 아니다. 유아들은 수학과 과학활동의 과정에서 자신의 수학적 · 과학적 아이디어를 그림으로 표상하기도 하고 언어적 표현이 미숙한 유아들도 자신의 생각과 감정으로 글 이전에 그림으로 표현하기도 한다. 이와 같이 유아들은 미술활동을 분리된 교과나 활동으로 경험하지 않기 때문에 교사는 하루일과의 등원, 실내자유놀이, 활동, 바깥놀이에서 통합적으로 경험할 수 있도록 한다.

● 자연, 생활, 전통문화를 통해 전달되는 예술에 대한 이해와 감상, 비평을 중시한다.

유아 주변의 자연환경은 그 자체로 미적 요소와 질서를 지니고 있어 보는 이로 하여금 심미감을 형성하도록 한다. 생활 속에서 접할 수 있는 여러 작품, 조형물, 건축물들과 전통문화를 통해 전수되는 여러 조형물들은 모두 그 시대의 생활상과 미적인 가치를 담고 있다. 미술 감상은 유명한 화가의 그림뿐 아니라 우리 가까이 있는 자연과 건축물, 전통문화, 조각품 등 다양한 작품과 매체에 대한 감상 경험을 제공한다.

- 진행되는 주제와 유아의 발달수준, 흥미를 고려하여 균형 있는 미술활동을 계획한다.
  현재 진행되는 주제가 '봄의 동식물'이라면 교사는 봄꽃 만들기나 휴지를 구겨서 봄나무 구성하기 등의 미술활동을 계획할 수 있을 것이다. 이때 교사는 유아들의 발달수준을 고려하여 활동의 규모와 활동방법 등을 구체적으로 계획한다. 또한 쉬운 활동과 어려운 활동, 그리기, 만들기, 꾸미기 등의 활동을 균형 있게 계획한다.

- 미술활동의 형태와 수준에 따라 적합한 집단을 구성한다.
  미술활동은 대집단 활동보다는 자유놀이 시간 중 개별활동이나 소집단활동이 적합하지만 경우에 따라서는 대집단으로도 계획할 수 있다. 단, 대집단의 경우 유아들의 탐색과 자유로운 표현이 제한될 수 있으므로 미술의 자료와 주제를 충분히 탐색하고 표현으로 연결되도록 한다. 또한 두세 가지 이상의 미술활동을 준비하여 유아들에게 선택의 폭을 넓혀 준다.

- 유아가 미술활동을 계획하고 마무리짓기까지의 충분한 시간을 계획한다.
  유아가 자신의 생각을 표현으로 전환하기 위해서는 생각을 정리하고 준비된 재료들을 탐색하여 표현의 방법을 결정하기까지 많은 시간을 필요로 한다. 표현의 중간 중간에도 유아들은 자신의 표현과정을 되돌아보고, 생각을 하기 위한 시간을 필요로 할 수 있으므로 교사는 유아가 활동을 계획하고 실제

표현하고, 평가하기까지 충분한 시간을 제공한다.

- 창의적인 미술활동을 위한 다양한 자료를 충분히 제공한다.

  창의적인 표현은 유아들의 자유로운 선택이 있을 때 가능하다. 교사는 유아가 다양한 색과 질감의 종이와 채색 도구, 자연물, 잡지, 폐품, 조개껍데기 등을 준비한다. 또한 유아들은 미술활동을 여러 번 반복하고자 하는 성향이 있으므로 미술재료를 유아들의 수만큼 충분히 준비해야 하며 유아가 원하는 만큼 탐색할 수 있는 충분한 기회를 제공해야 한다.

- 유아들이 활동하기에 충분한 공간을 제시하고 유아들의 작품을 보관할 공간을 유아들과 약속한다.

  미술활동을 위해서는 유아들이 활동할 수 있는 충분한 공간의 작업 책상과 유아들의 작품을 보관할 수 있는 전시 공간이 있어야 하다.

2) 미술교육의 교수 · 학습과정

다른 교과와 마찬가지로 미술교육도 미술교육의 내용과 활동에 따라 다양한 교수 · 학습방법을 사용할 수 있다. 교사는 교수 · 학습의 기본원리와 교수 · 학습전략을 고려하여 교수 · 학습과정을 계획한다. 단 미술교육은 기법을 배우는 것도 중요하지만 창의성을 발달시키기 위한 예술 교과이므로 설명과 시범에 의한 교수 · 학습전략과 수업 모형을 최소화하고 유아들의 자기표현과 문제해결을 격려하는 교수 · 학습전략과 창의성 계발을 돕는 수업 모형을 선택하여 교수 · 학습과정을 계획한다.[6)]

6) 교사는 유아미술교육의 내용과 유아의 발달 수준, 흥미 등을 고려하여 1부에서 소개된 교수 · 학습 모형과 앞서 언어교육과 사회교육에서 소개된 교수 · 학습전략을 선택하여 교수 · 학습과정을 계획한다.

인식단계에서 유아는 오늘의 미술활동과 관련된 자신의 이전 경험을 회상하거나 오늘의 미술활동에 대한 동기유발을 할 수 있다. 자연물을 이용하여 엽서 꾸미기 활동을 할 경우 유아들은 편지를 써 본 경험이나 유아들이 수집한 자연물에 대한 관심 갖기를 할 수 있다. 교사와 유아는 "엽서를 본 적이 있니?", "어제 산책에서 무엇을 수집해 왔니?" 등의 상호작용을 할 수 있다.

(2) 탐색하기

탐색하기 단계에서 유아는 오늘의 미술활동 주제나 미술재료를 감각을 통해서 탐색하면서 색과 형태, 질감과 공간에 대한 미적 요소를 발견하게 된다. 교사는 유아가 자연물의 색과 형태, 자연물의 질감, 크기 등에 대해 호기심을 가지고 탐색할 수 있는 기회를 제공한다. 휴지를 이용한 벚나무 구성하기 활동일 경우 벚나무를 관찰하고 벚꽃의 색과 모양, 휴지의 성질과 색 등을 탐색할 수 있다.

(3) 탐구하기

탐구하기 단계에서 유아는 표현기법을 알아보고 이를 그리기와 만들기에 반영한다. 또는 그리기와 만들기 과정에서 발생하는 문제를 해결하기 위한 다양한 방법을 모색하게 된다. 자연물을 이용한 엽서 만들기의 경우 교사는 강아지풀이나 풀꽃 말린 것을 보고 연상되는 것 생각하기, 자연물을 붙여서 무엇을 어떻게 구성할 수 있을까 등을 깊이 있게 생각해 볼 수 있으며, 자연물을 붙일 수 있는 다양한 방법을 생각하여 창의적인 표현활동에 참여하게 한다.

(4) 활용하기

활용하기 단계에서는 유아가 자신의 작품을 평가하고 다른 유아의 표현방법과 비교하기도 한다. 오늘 만든 작품을 전시하거나 활용할 수 있는 방법을 생각해 보기도 하고, 오늘 발견한 표현기법을 다른 곳에 적용할 수 있는 다양한 방법을 생각하여 다음 미술활동에 적용해 볼 수 있도록 한다.

4 미술교육의 실제

미술작품 감상하기[7)]

목표	누리과정 관련내용
• 미술작품 감상을 통하여 움직이는 사람을 표현하는 방법을 탐색한다. • 미술작품에 나타난 운동에 대하여 자신의 생각을 적절히 표현한다.	• 예술경험 〉 예술 감상하기 〉 다양한 예술을 감상하며 상상하기를 즐긴다. • 의사소통 〉 듣기와 말하기 〉 자신의 경험, 느낌, 생각을 말한다.

(1) 활동자료

운동과 관련된 미술작품 사진(김홍도의 씨름, 김홍도의 활쏘기, 앙투안 부르델의 조각-활 쏘는 헤라클레스, 미론의 조각-원반 던지는 사람)

김홍도의 씨름

김홍도의 활쏘기

활 쏘는 헤라클레스

원반 던지는 사람

출처: 교육과학기술부(2013). 4세 누리과정 교사용 지도서 '운동과 건강'

7) 교육과학기술부(2013). 4세 누리과정 교사용 지도서 운동과 건강의 활동 재구성함.

(2) 활동방법

| 인식하기 |

① 운동을 해 본 경험을 이야기해 본다.

- 운동을 해 본 적이 있니?
- 어떤 운동을 좋아하니?

| 탐색하기 |

② 김홍도의 씨름 그림을 보며 이야기 나눈다.

- 무슨 운동을 하는 장면일까?
- 씨름하는 사람의 움직임을 어떻게 표현했니?
- 누가 그림 속의 사람들을 흉내 낼 수 있니?
- 팔은 어떻게 하고 있니?
- 발은 어떻게 하고 있을까?
- 구경하는 사람들은 몸을 어떻게 움직이고 있니?

③ 김홍도의 '활쏘기'를 감상한다.

- 무슨 운동을 하는 사람이지?
- 활을 쏘는 사람은 몸의 어느 부분을 더 많이 움직이고 있니?
- 누가 흉내 낼 수 있니?

④ 미론의 조각 작품 '원반 던지는 사람'을 감상한다.

- 무슨 운동을 하고 있니?
- 이렇게 운동하는 사람들 마음은 어떨까?
- 몸의 어느 부분을 많이 쓰고 있니?

| 탐구하기 |

⑤ 유아들이 그리고 싶은 움직이는 사람에 대해 이야기해 본다.

- 운동하는 사람을 그리려고 하는데 어떤 모습을 그리고 싶니?

• 축구를 한다면 움직이는 사람을 어떻게 표현할 수 있을까?
• 다리를 어떻게 표현할까?
• 팔과 머리는 어떻게 표현할까?

⑥ 운동하는 사람을 그린다.

| 활용하기 |

⑦ 오늘의 활동을 회상해 본다.

⑧ 유아들의 작품을 감상한다.
• 몸의 어느 부분을 움직이고 있니?
• 오늘 만든 움직이는 사람은 어디에 전시할까?

⑨ 운동하는 사람을 표현할 수 있는 또 다른 방법을 생각해 본다.
• 움직이는 사람을 다른 방법으로도 표현할 수 있을까?

(3) 활동 평가

• 그림을 보면서 움직이는 사람을 표현한 방법에 관심을 갖고 탐색하는가?
• 미술작품을 보고 자신의 느낌과 생각을 자유롭게 표현하는가?
• 움직이는 사람을 표현하는가?

(4) 확장 활동

• 운동에 관련된 여러 가지 명화를 책으로 만들어 본다.
• 운동을 주제로 그리기 또는 만들기 활동(내가 좋아하는 운동 그리기, 찰흙으로 운동하는 모습 빚기 등)을 할 수 있다.

chapter 6 음악교육

인간은 아름다움을 추구하는 기본적인 욕구를 가지고 있다.
음악은 아름다운 선율과 리듬으로 사람의 마음을 움직이는 힘이 있다.
인간은 음악을 통해 자신의 감정을 표현하기도 하지만
음악으로 위안을 받고 음악으로 다른 사람과 소통하기도 한다.
유아들은 소리에 대해 자연적인 반응을 보이며, 음악활동에 참여하면서 음악의 요소를 발견하고
음악적 표현의 다양성을 이해하게 된다.
다른 사람들의 음악적 표현을 감상하면서 음악에 대한 심미감과
다른 사람의 음악적 표현을 존중하는 태도를 발달시키게 된다.
이 장에서는 유아음악교육의 목표와 교육내용, 교수 · 학습방법을 제시하고자 한다.

아주 어린 유아들도 소리에 대해 반응을 하며 자신의 감정과 생각을 소리를 통해 표현하므로 음악은 유아들의 정서 표출의 수단이며 의사소통의 수단이 된다. 음악에는 인간의 생각과 감정이 포함되어 있으며 음악을 수용하고 창작하는 과정에서 소리를 통한 의사소통이 일어나는 것이다(서동미 외, 2013).

유아기는 일상생활 속에서 바람소리, 새소리, 시계소리 등을 통해 소리와 소리의 규칙성을 이해한 음악적 감수성 형성의 기초를 다지는 시기이다.

음악교육은 유아들에게 정서를 표현하고 완화하는 기능 외에도 소리의 아름다움을 예술적으로 경험하도록 하며 이를 통해 유아들은 음악의 아름다움을 발견하고 일상생활에서 음악을 즐기는 태도를 발달시킬 수 있다.

유아기 음악교육은 노래를 잘 부르거나 악기를 다룰 줄 아는 능력을 익히는 것이 아니라 유아의 사회, 인지, 언어, 정서, 신체의 전인적인 발달을 지원하는 것이 되어야 한다. 즉, 유아가 음악적 요소와 관련된 다양한 경험을 함으로써 긴장과 갈등을 해소하고 즐거움을 느끼며, 자신의 생각과 감정을 음악으로 표현하고 다른 사람과 함께 노래 부르고 악기연주하는 경험을 통해 협동의 가치를 알게 하고 음악에 따라 몸을 움직이는 경험을 제공하는 것이다.

1 음악교육의 목표

유아음악교육의 목표는 전문적인 음악가를 양성하는 것이 아니라 유아가 일상생활에서 음악에 친숙해지고 음악의 아름다움에 관심을 갖고 탐색하며 음악적 표현과정에 즐겁게 참여하는 것이다. 또한 유아가 좋은 음악표현이나 감상에 적극적인 태도를 갖고 음악의 아름다움을 받아들이는 습관을 기르는 것이어야 한다(김혜경, 1996).

유아를 위한 음악교육은 노래, 움직임, 듣기, 악기연주 등을 통해 소리를 탐색할 수 있는 많은 기회를 제공하고 음악적 사고를 시각화 및 언어화하는 기초적인 경험들을 제공해야 한다.

2019 개정 누리과정 예술경험 영역은 유아가 아름다움을 느끼고 즐기며 창의적으로 표현하는 과정을 통해 풍부한 감수성을 기르도록 돕기 위한 영역이다. 이에 따라 유아가 다양한 예술 감상을 통해 상상력을 키우고 예술 표현이 가지고 있는 고유의 가치를 존중하도록 지원한다(교육부, 보건복지부, 2019). 누리과정 예술경험의 목표는 다음과 같다.

> 아름다움과 예술에 관심을 가지고 창의적 표현을 즐긴다.

① 자연과 생활 및 예술에서 아름다움을 느낀다.
② 예술을 통해 창의적으로 표현하는 과정을 즐긴다.
③ 다양한 예술 표현을 존중한다.

누리과정과 일반 음악교육의 목표를 고려하여 본 책에서는 유아음악교육의 목표를 다음과 같이 기술하고자 한다.

첫째, 음악적 요소를 탐색한다.
둘째, 음악적 표현을 즐긴다.
셋째, 음악감상을 통해 심미감을 발달시킨다.

2 음악교육의 내용

음악교육의 내용에는 유아의 음악적 발달을 고려하여 유아가 경험해야 할 음악적 요소 탐색과 음악 표현, 음악 감상에 대한 내용을 포함한다. 2019 개정 누리과정 예술경험 영역의 유아음악교육과 관련된 내용을 정리하여 제시하면 표 2-6 과 같다.

표 2-6 2019 개정 누리과정 예술경험의 유아음악교육 관련내용

내용 범주	내용
아름다움 찾아보기	• 자연과 생활에서 아름다움을 느끼고 즐긴다. • 예술적 요소에 관심을 갖고 찾아본다.
창의적으로 표현하기	• 노래를 즐겨 부른다. • 신체, 사물, 악기로 간단한 소리와 리듬을 만들어 본다.
예술 감상하기	• 다양한 예술을 감상하며 상상하기를 즐긴다. • 서로 다른 예술 표현을 존중한다. • 우리나라 전통 예술에 관심을 갖고 친숙해진다

위의 내용을 중심으로 본 책에서는 유아음악교육의 내용을 음악적 요소 탐색, 음악적 표현, 음악감상의 세 가지로 제시하고자 한다.

1) 음악적 요소 탐색

음악에서 가장 중요한 것은 소리를 주의 깊게 듣고 탐색하는 능력이다. 음악의 요소 탐색하기는 유아가 자연의 소리와 주변 환경에서 친숙하게 들을 수 있는 다양한 소리와 음악에 관심을 갖고 주의 깊게 듣는 과정에서 소리와 음악의 아름다움을 발견하는 것이다. 유아들은 소리와 음악을 듣고 반응하면서 소리와 음악의 셈여림과 빠르기, 리듬, 고저 등을 탐색할 수 있다.

음악적 요소 탐색의 세부내용

- 음(tone)과 음색(tone color)
- 셈여림(dynamics)
- 리듬(rhythm)과 속도(tempo)
- 박자
- 가락(멜로디)
- 하모니(harmony)

내용	세부내용
음악적 요소 탐색	• 음(tone)과 음색(tone color) • 셈여림(dynamics) • 리듬(rhythm)과 속도(tempo) • 박자 • 가락(멜로디) • 화성(harmony)

(1) 음(Tone)과 음색(Tone color)

음악에서 사용하는 음은 여러 음이 결합된 것이며 음의 특성은 음악의 강도, 음의 길이, 음의 높이, 음색 등이다(박화윤 외, 2010). 같은 높이의 음이라도 악기에 따라 혹은 음을 내는 방법에 따라 다른 소리가 나는데 이것을 음색이라고 한다. 음의 높낮이는 일정한 시간 내의 진동수에 의해서 결정되는데 진동수가 많을수록 높은 음, 적을수록 낮은 음이다(서동미 외, 2013).

음과 음색 관련활동

- 지금은 낮은 곳, 지금은 높은 곳(소리를 듣고 몸을 움직이기)
  "높은 소리가 나면 몸을 높게 해보자, 낮은 소리가 들리면 몸을 아주 낮게 만들어 보자."
- 악기 소리 듣고 구별하기
  "어떤 악기의 소리 같니?"
- 친구의 목소리를 찾아요.

(2) 셈여림(Dynamics)

셈여림은 유아가 큰 소리와 작은 소리를 인식하고 소리 크기의 변화를 탐색하는 것이다. 유아는 주변 환경의 다양한 소리 중에서도 크고 작은 소리들을 탐색할 수 있으며, 음악을 듣다가 갑자기 커지거나 서서히 커지는 소리에 반응하게 된다.

셈여림 관련활동

- 점점 크게 점점 작게(소리의 크기 변화 관찰하기)
  "음악을 듣고 소리가 커질 때는 우리 몸을 크게 만들어 보자. 음악의 소리가 작아질 때는 우리 몸을 점점 작게 만들어 보자."
- 우리 주변의 큰 소리, 작은 소리를 찾아요.
  "(자동차 소리, 매미 소리, 파도 소리 등) 가장 큰 소리는 무엇일까?"
- 음악감상(쇼팽의 '빗방울 전주곡')
  "음악의 소리가 커지는 부분은 어디일까?"
  "음악 중 가장 큰 소리를 내는 악기는 무엇일까?"

(3) 리듬(Rhythm)과 속도(Tempo)

유아는 음악 경험을 통해 음악의 속도(빠르기), 박자와 소리의 규칙, 리듬의 형태와 음의 길고 짧음에 대한 요소를 인식하게 된다.

리듬과 속도 관련활동

- 음악 듣고 선그림 그리기
  "음악을 듣고 소리가 길게 날 때는 긴 선으로, 소리가 짧게 날 때는 짧은 선으로 표현해 보자."
- 음악의 속도를 비교해 보기(생상의 동물의 사육제 중 '거북이'와 오펜바흐의 오페라 중 '캉캉')
  "음악의 속도가 어떻게 다르니?"
- 선생님의 리듬 따라 하기
  "선생님이 리듬막대로 소리를 들려주면 따라서 소리를 내보자."

(4) 박자(Beat)

박자는 음악에서 리듬의 기초로 소리의 일관성 있는 규칙이다.

박자 관련활동

- 손뼉 치며 노래 부르기
  "이 노래에 맞춰 손뼉을 친다면 어떻게 할 수 있을까?"
- 북소리에 맞춰 걷기

(5) 가락(Melody)과 화성(Harmony)

가락은 리듬이 있고 높고 낮은 음의 흐름으로 여러 개의 음을 일정한 규칙에 따라 배열한 것이다. 화성은 둘 이상의 음이 동시에 소리를 내는 것으로 유아들은 친구들과 서로 다른 악기를 가지고 연주를 할 때 경험할 수 있다.

가락과 화성 관련활동

- 같은 멜로디 찾기(김성균 동요 중 '하얀 나라')
  "노래의 이 부분과 같은 부분은 어디니?"
- 악기 연주하기(타악기를 함께 연주하기)

2) 음악적 표현

음악적 표현의 세부내용
- 노래 부르기
- 악기 연주하기
- 음악 만들기

음악적 표현은 노래 부르기, 악기연주하기, 리듬과 노래를 즉흥적으로 만들기 경험을 통해 유아가 자신의 생각과 느낌을 음악적으로 표현해 보는 것을 의미한다. 노래 부르기와 악기연주하기는 기능적인 수준이 아니라 유아가 즐거움을 가지고 자발적으로 노래 부르고 악기연주하고 노래와 리듬을 만드는 것이 중요하다.

내용	세부내용
음악적 표현	• 노래 부르기 • 악기 연주하기 • 음악 만들기

(1) 노래 부르기

유아들은 시키지 않아도 노래를 흥얼거리며 음악이 나오면 노래를 따라 부르곤 한다. 유아들의 선천적인 음악적 관심을 지원하기 위해서 교사는 유아들이 쉽게 부를 수 있는 노래를 선정하고 즐겁게 부를 수 있는 방법을 안내한다.

유아들과 함께 부를 노래를 선정할 때에는 발달에 적합해야 하며 동시에 교사 자신이 부를 수 있는 곡이어야 한다. 3세 유아는 길이가 짧고 리듬이 반복적이며, 쉽게 따라 부를 수 있는 친숙한 노래가 적합하다. 4, 5세의 유아는 다양한 장르의 노래를 부를 수 있으며 감정을 실어서 음악의 요소(셈여림과 빠르기 등)의 변화를 주어서 불러 보도록 한다. 연령에 상관없이 전래동요는 반복되는 리듬과 가사로 되어 있기 때문에 유아들이 자신감을 가지고 부를 수 있는 노래이다.

노래 부르기 관련활동

- 전래동요(여우야 여우야) 역할 나눠 부르기
- 고기잡이(윤극영 요/곡) 노래 부르기
  "고기를 많이 잡아서 정말 신난 사람처럼 불러보자."
- 크고 작은 소리로 노래 부르기
- 동물농장 노래 부르며 동물 흉내내기

(2) 악기 연주하기

유아는 악기로 소리를 내면서 음의 높낮이와 크기, 속도 등을 직접 탐색하고 표현할 수 있다. 유아들은 리듬악기를 이용하여 연주한다기보다는 소리를 만드는 과정(소리 탐색)을 더 즐긴다. 그러나 반복적인 악기 소리 내기 경험을 통해 유아들은 음악적 요소를 직접적으로 경험할 수 있다. 교사는 유아들에게 충분히 악기를 연주할 수 있는 기회를 제공하여 음악 표현에 대한 자신감과 음악 개념 이해를 발달시키도록 한다.

악기 연주하기 관련활동

- 마라카스 만들어 소리 내기
- 리듬악기를 천천히 또는 빠르게 소리내기
- 노래 부르며 좋아하는 악기 소리내기
- 음악을 감상하며 악기 소리내기
- 동화의 내용에 따라 악기 소리내기

(3) 음악 만들기

음악 만들기는 악기를 자신의 방식대로 연주하거나 즉흥적으로 노래를 만드는 것이다. 유아들이 좋아하는 노래의 일부분을 바꿔 불러 보거나, 자신이 하고 싶은 말에 즉흥적인 멜로디를 붙여서 노래 부를 수 있다.

음악 만들기 관련활동

- 노래의 후렴부 새로 만들기
- 친구의 이름을 노래로 부르기
- 친구의 이름을 다양한 리듬으로 부르기
- 동극의 효과음 만들기
- 익숙한 노래에 악기 소리 만들어 넣기

3) 음악감상

음악감상이란 유아가 다양한 음악을 주의 깊게 듣고 음악의 아름다움을 느끼고 음악을 해석하는 것을 의미한다. 유아들은 하루일과 중 놀이와 휴식, 간식 등 다양한 시간에 자연스럽게 음악을 감상하고 있다. 때로 교사는 의도적으로 주제와 관련된 음악을 선정하여 유아가 듣고 감상하도록 지도한다.

음악감상의 세부내용
• 다양한 음악 감상하기

유아기는 아직 음악에 대한 선호도가 결정되어 있는 것이 아니므로 교사는 유아가 다양한 음악의 장르를 경험하도록 하고 유아들이 음악 감상을 통해 음악적 요소 탐색에 관심을 갖도록 한다.

내용	세부내용
음악감상	• 다양한 음악 감상하기

(1) 다양한 음악 감상하기

음악감상을 위해 교사는 유아가 일상생활에서 다양한 장르의 음악을 접할 수 있는 기회를 제공하고 음악에 대한 느낌과 생각을 자유롭게 표현할 수 있는 허용적인 분위기를 제공한다. 유아들은 음악을 들으면서 음악의 셈여림과 빠르기, 고저 등의 변화를 발견하고 이를 몸으로 또는 그림으로 표현할 수 있다.

음악감상 관련활동

- 세계 여러 나라의 자장가 감상하기
- 전통 음악 감상하기
- 음악을 들으며 몸을 움직여요
- 음악을 듣고 지휘자처럼 움직여요.
- 어떤 악기 소리를 들을 수 있나?

3 음악교육의 교수 · 학습방법

음악교육은 유아의 자발적인 탐색과 창의적인 표현을 강조하므로 교수 · 학습 방법도 유아의 창의적인 표현과 자발적 참여를 격려하는 방법이 되어야 한다. 이 장에서는 유아음악교육 활동의 기본원리를 소개하고 이를 토대로 한 교수 · 학습 과정에 대해 기술하고자 한다.

1) 음악교육의 활동원리

- 유아들이 흥미를 가질 수 있는 음악활동을 계획한다.

  유아들이 음악 탐색과 표현, 감상에 동기유발될 수 있도록 유아에게 친숙한 소리와 음악을 중심으로 활동을 소개한다. 유아들은 형식적인 음악교육보다는 놀이를 통해 자연스럽게 음악의 과정을 즐기고, 놀이를 통해 음악의 요소 인식과 감상활동에 참여할 수 있도록 한다.

- 유아의 발달에 적합한 음악 경험을 제공한다.

  유아의 발달 수준에 따라 노래의 길이, 음의 높이, 멜로디의 변화, 악기 다루는 방법 등의 차이가 있다. 따라서 교사는 음악의 요소 탐색과 노래 부르기, 악기연주하기, 음악 감상 등의 활동을 선정할 때 유아의 발달수준과 주의집중 정도, 이전 음악 경험 정도를 고려한다.

- 음악활동을 계획할 때 개별적인 과정이 아니라 또래와 함께 즐기고 경험할 수 있는 활동이 되도록 한다.

  유아들은 친구들과 함께 노래 부르고 소리를 만드는 경험을 좋아한다. 다른 사람과 함께 음악 경험을 하면서 유아들은 자연스럽게 다른 사람과 협력하고 다른 사람의 음악표현을 존중하게 된다.

- 음악교육은 다른 교과와 통합되었을 때 보다 효과적으로 전달될 수 있다.

유아들은 음악의 요소인 멜로디와 셈여림, 음의 고저 등을 탐색할 때 미술과 통합하거나 신체와 통합했을 때 보다 잘 이해하게 된다. 그 이유는 음악의 개념을 그림 표상이나 신체로 표상하는 체험을 통해 보다 쉽게 이해할 수 있기 때문이다. 따라서 교사는 음악활동을 분리하여 실행하기보다는 다른 교과와 통합하여 활동한다.

음악교육과 타 교과와의 통합

- 음악교육과 수학교육의 통합
  - '잘잘잘(하나 하면 할머니가~)' 노래 부르기(수학-수와 연산의 기초 개념)
  - 패턴 카드 보고 악기연주하기(수학-규칙성)
  - 음악을 듣고 모양을 그려 보세요(수학-공간과 도형의 기초개념)
- 음악교육과 과학교육의 통합
  - 고무줄 악기 만들기(과학-물체와 물질 알아보기)
  - 소리를 전달해요(과학-물체와 물질 알아보기)
  - 악기 관찰하기(과학-물체와 물질 알아보기)
- 음악교육과 미술교육의 통합
  - 음악 듣고 그림 그리기(미술-미술적 표현 '상상화 그리기')
  - 악기 만들기(미술-미술적 표현 '만들기')
- 음악교육과 동작교육의 통합
  - 음악을 듣고 창의적 신체표현하기(동작-표현하기)
  - 몸을 크게, 몸을 작게(동작-동작의 요소 인식)
  - 리본막대 춤에서 발견할 수 있는 선 그림(동작-동작의 요소 인식)
- 음악교육과 언어교육의 통합
  - 노랫말을 읽어요(언어-읽기)
  - 반복되는 말 찾기(언어-듣기)
  - 새로운 노랫말 창작하기(언어-말하기, 쓰기)

- 하루 일과 중 다양한 상황에서 음악적 경험을 할 수 있도록 한다.

교사는 대집단의 음악활동시간 외에도 모이기, 전이, 휴식 등 다양한 시간에 음악을 듣고 음악을 표현하도록 한다.

- 풍부한 음악적 환경을 제공한다.
  유아들은 활동 외에도 음률영역에서 놀이를 통해 개인적으로 음악적 탐색과 표현을 하게 된다. 따라서 교사는 음률 영역을 구성할 때 유아들이 다양한 음악적 탐색과 표현이 가능한 풍부한 환경을 제공한다. 악기, 음악가의 사진, CD플레이어와 오디오, 헤드폰 등을 준비해 줄 수 있다.

- 교사 자신이 음악을 좋아하고 즐기는 모습을 보여준다.
  교사 자신이 음악감상이나 노래부르기를 즐긴다면 유아에게 교사의 정서가 그대로 전달될 것이다. 유아와 함께 음악활동을 할 때 교사는 음악을 집중해서 듣고 음악에 대한 생각과 느낌을 표현하는 모습을 보여준다. 교사를 관찰한 유아들은 자유롭게 자신의 생각을 음악적으로 표현하는 과정에 적극적으로 참여하게 될 것이다.

2) 음악교육의 교수 · 학습과정

유아음악교육은 미술교육과 마찬가지로 유아의 자기표현과 창의성을 발달시키는 예술 교과이다. 따라서 교사는 음악에 대한 심미감과 유아의 음악적 표현능력을 발달시키기 위해서 노래와 악기연주 기술을 직접적으로 가르치는 교수 · 학습모형이나 교수 · 학습전략보다는 유아의 창의성을 계발하고 자기표현을 강조하는 교수 · 학습전략을 사용하도록 한다. 단 새로운 악기를 다루거나 멜로디가 어려운 노래를 지도할 때 일부 교사의 시범과 설명의 방법을 사용할 수 있다.

교사는 유아의 발달 수준과 사전 경험을 파악하고 음악교육의 내용에 적합하게 음악적 요소 인식과 탐색에서 탐구, 적용의 과정으로 나아갈 수 있도록 교수 · 학습과정을 계획한다.

(1) 인식하기

유아들은 인식하기 단계에서 활동의 소재에 관심을 갖고 관찰하게 될 것이다. 주방음악회 활동을 한다면 유아들은 주방도구에 대해 호기심을 갖고 주방도구에 대한 이전 경험들을 이야기 나눌 수 있다.

(2) 탐색하기

탐색하기는 음악의 요소를 발견하고 감각을 사용하여 체험하는 과정이라고 볼 수 있다. 주방음악회 활동의 경우 유아들은 주방도구를 이용하여 다양한 소리를 만들어 보면서 소리의 특징을 발견하게 된다. 유아들은 큰 소리, 작은 소리, 부드러운 소리, 떨리는 소리 등 다양한 소리의 차이를 감각적으로 발견하고 소리 내기를 즐길 수 있다.

(3) 탐구하기

탐구하기 단계에서 유아는 주방음악회를 하기 위해서 주방도구를 선택하여 나누어 갖고 어떤 순서로 어떻게 연주할지를 결정한다. 이때 유아들이 탐색하기 단계에서 주방도구의 특성에 맞게 소리를 만들었던 경험을 회상하여 각각의 도구 특성에 맞는 소리를 창작한다. 유아들은 충동적으로 소리를 내는 것이 아니라 합의한 대로 소리를 내어 연주를 한다.

(4) 활용하기

활용하기 단계에서 유아들은 오늘의 활동을 통해 발견한 음악 개념이나 표현 방법으로 다른 음악활동이나 다른 영역의 활동에 적용할 수 있는 방법들을 고민해 볼 수 있다. 예를 들어, 주방음악회를 위한 기호 만들기, 주방음악회의 악기를 바꿔서 할 수 있는 방법, 음악의 분위기를 바꿔서 연주할 수 있는 방법들을 생각해 볼 수 있다.

4 음악교육의 실제

동물 노래 만들기

목표	누리과정 관련내용
• 동물의 특성을 회상하여 낱말과 문장으로 표현할 수 있다. • 동물의 특성을 노랫말로 만들어 부를 수 있다.	• 의사소통 〉 책과 이야기 즐기기 〉 동화, 동시에서 말의 재미를 느낀다. • 예술경험 〉 창의적으로 표현하기 〉 노래를 즐겨 부른다.

(1) 활동자료

작은동물원(김성균 작사/작곡) 노랫말, 음원(CD), 동물 그림(병아리, 송아지, 오리, 개구리, 가재, 소라)

(2) 활동방법

| 인식하기 |

① 작은 동물원 노래를 부른다.

② 동물들의 특성을 회상하여 말한다.

- 병아리(송아지)는 어떤 소리를 냈을까?
- 가재는 어떻게 움직였을까?

| 탐색하기 |

③ 동물들의 행동을 생각하며 노래를 부른다.

- 사냥꾼의 모습을 상상하면서 노래를 부른다면 어떻게 부를 수 있을까?
- 물풀이 움직이는 모습을 생각하다면 노래를 어떤 속도로 부르면 좋을까?

| 탐구하기 |

④ 좋아하는 동물들의 소리와 움직임을 생각하며 노랫말을 만든다.

- 동물들 세상이란 노래를 만들어 볼까?
- 동물들 세상에는 어떤 동물들이 나오면 좋겠니?
- 삐약 삐약 병아리 대신 어떤 동물을 표현해 볼까?
- 어떤 소리를 낼까?
- 물풀이 움직이는 모습을 다른 말로 표현할 수 있을까?

⑤ 노랫말을 다 함께 읽어 본다.

⑥ 노랫말을 바꾸고 싶은 부분이 있는지 평가해 본다.

⑦ 작은 동물원이라는 노래의 음에 맞춰서 동물들 세상이란 노래를 부른다.

- 개구리가 팔짝팔짝 뛰는 모습을 상상하며 노래를 부른다면 어떻게 부를까?
- 동물들의 행동을 잘 생각하면서 노래를 불러보자.

| 활용하기 |

⑧ 작은동물원 노래를 불러본 경험을 이야기한다.

- 노래를 바꿔 불러보니 어떠니?
- 가장 재미있는 부분은 어디니?

⑨ 음률 영역에서 동물들의 행동에 어울리는 악기연주를 해본다.

(3) 활동 평가

- 노래 부르기를 즐겁게 하는가?
- 노랫말을 만들기 위해 다양한 문장으로 표현할 수 있는가?

(4) 확장활동

- 작은 동물원이라는 동화를 창작한다.
- 동물의 특징과 움직임을 상상하여 동시를 짓는다.
- 동물의 특징과 노랫말에 어울리는 악기를 정하여 악기연주한다.

chapter 7

동작교육

영아는 자신의 신체를 가지고 노는 행동을 보이다가 자신의 신체를 사용하여 주변의 사물을 탐색하고 주변의 사람들과 관계를 형성한다. 영아는 신체를 활용한 놀이를 통해 주변의 사물, 사람들과 상호작용하면서 탐색과 발견을 한다고 볼 수 있다.
유아 역시 자신의 신체를 인식하고 자신의 신체 각 부분이 움직일 수 있는 다양한 방법을 탐색하며 신체를 더 잘 움직일 수 있는 방법을 시도한다.
유아에게 신체활동과 춤은 의사표현의 수단이자, 자신의 정서를 표현하는 통로가 된다.
발달적으로 유아는 움직임에 대한 요구가 강하며 자신의 정서를 언어로도 표현하지만 몸의 움직임과 춤으로 자연스럽게 희로애락 등의 정서를 표현하고 인식하게 된다.
유아동작교육은 유아가 자신의 신체에 대한 인식과 조절력을 발달시키고 신체활동에 대한 긍정적인 태도를 형성하며 동작의 기본 요소 인식을 토대로 춤과 움직임을 표현하는 과정이다.
이 장에서는 유아동작교육의 목표와 교육내용, 교수 · 학습방법을 제시하고자 한다.

유아는 감각과 신체의 움직임을 통해 주변의 감각 자극을 받아들이면서 주변 환경에 대한 탐색을 시작한다. 유아들의 신체운동은 단순한 움직임 이상의 의미를 갖는데 유아는 신체 움직임을 통해 자신의 신체 인식과 신체 움직임에 대한 욕구를 충족하고 이러한 과정에서 자신의 몸과 신체적 능력에 대한 긍정적인 느낌을 발달시키게 된다. 이러한 관점에서 볼 때 유아기는 신체적 정서역량을 발달시킬 수 있는 중요한 시기라고 볼 수 있다.

동작교육은 동작을 위한 교육 즉, 동작을 가르치는 기존의 체육교육 방법과 유아의 과정을 중시하는 동작을 통한 교육을 의미한다(김은심, 2010). 이는 효과적인 동작교육을 위해서 신체적 움직임에 대한 동작적 지식의 탐색과 자신의 생각이나 느낌을 창의적으로 표현하고 확장하기 위한 표현의 영역이 통합되어야 한다는 것을 의미한다. 이렇게 볼 때 동작교육은 유아가 자신의 느낌과 생각을 창의적으로 표현하며 다양한 동작의 요소를 인식하고 동작의 기술을 발달시키기 위한 교육이라고 볼 수 있다(김은심, 2010).

유아의 신체적 움직임은 개인의 정서를 구현하는 통로로 정서표현과 정서조절 등에 영향을 미친다(서동미, 2013). 싼스트럼(Sonstroem, 1978)은 지속적이고 반복적인 신체활동은 개인의 객관적인 신체능력을 높임으로써 신체능력에 대한 긍정적인 자기개념의 변화를 일으킨다고 하였다(김경원, 2003 재인용). 이런 맥락에서 볼 때 유아의 동작교육은 유아의 전인발달에 긍정적인 영향을 미친다. 발달이란 개별적이면서도 상호적으로 일어나기 때문에 유아의 몸에 대한 인식과 신체의 움직임은 유아의 정서발달뿐 아니라 인지, 사회발달 등 다른 발달 영역과 통합적으로 발달하기 때문이다.

따라서 교사들은 동작교육의 내용과 인지적, 정서적, 신체적 발달을 통합적으로 지원할 수 있는 교수방법을 개발함으로써 유아기 동작능력의 발달을 도모할 수 있어야 한다.

1 동작교육의 목표

초창기 유아동작교육은 음악에 맞춰 춤을 추거나 교사의 지시에 의해 체육활동을 잘 하는 것을 목표로 하였다. 이러한 획일적인 동작교육에 반대하여 1990년대 중반에는 유아의 창의적 신체표현 신장을 목표로 하였다. 그러나 유아기 동작의 요소 인식과 기초운동능력의 발달에 대한 관심이 높아지면서 최근에는 유아가 동작의 기본 개념을 탐색하고 기초적인 운동능력과 표현능력을 동시에 발달시키는 것을 동작교육의 목표로 제시하고 있다.

동작교육과 관련된 2019 개정 누리과정의 영역은 신체운동 · 건강 영역과 예술경험 영역이다. 신체운동 · 건강 영역은 유아가 자신의 몸에 관심을 가지고 신체활동에 즐겁게 참여하며, 건강하고 안전한 생활을 해 나가는 다양한 경험을 제공한다. 신체운동 · 건강 영역의 목표는 '실내외에서 신체활동을 즐기고, 건강하고 안전한 생활을 한다.'이다(교육부, 보건복지부, 2019).

실내외에서 신체활동을 즐기고, 건강하고 안전한 생활을 한다.

① 신체활동에 즐겁게 참여한다.
② 건강한 생활습관을 기른다.
③ 안전한 생활습관을 기른다.

예술경험 영역은 유아가 자연, 생활, 예술에서 아름다움을 찾아보고 느끼며, 다채롭고 창의적인 방법으로 자신의 경험, 생각, 느낌을 표현해 보고, 다양한 예술표현을 존중하는 경험을 제공하는 영역이다. 예술경험 영역의 목표는 '아름다움과 예술에 관심을 가지고 창의적 표현을 즐긴다.'이다(교육부, 보건복지부, 2019).

아름다움과 예술에 관심을 가지고 창의적 표현을 즐긴다.

① 자연과 생활 및 예술에서 아름다움을 느낀다.
② 예술을 통해 창의적으로 표현하는 과정을 즐긴다.
③ 다양한 예술 표현을 존중한다.

누리과정의 신체운동 · 건강 영역과 예술경험 영역을 통합하여 본 책에서는 유아동작교육의 목표를 다음과 같이 기술하고자 한다.

첫째, 신체 인식과 조절력을 기른다.

둘째, 기본 운동능력을 기른다.

셋째, 동작의 기본 요소를 탐색한다.

넷째, 자신의 생각과 느낌을 춤과 움직임으로 표현한다.

2 동작교육의 내용

동작교육은 단순히 운동 기술이나 율동을 가르치는 것 이상으로 유아가 자신의 신체에 대해 긍정적인 인식을 하고 조절력을 기르며, 동작의 기본 요소를 인식하고 기본 운동능력을 발달시키는 것이다. 또한 유아는 동작을 통해 자신의 생각과 느낌을 표현하기를 즐기고 창의적인 방법으로 자신의 감정으로 표현할 수 있다.

2019 개정 누리과정의 신체운동 · 건강 영역에서 유아동작교육과 관련된 내용을 살펴보면 표 2-7 과 같다.

표 2-7 2019 개정 누리과정 신체운동 · 건강 영역의 유아동작교육 관련내용

내용범주	내용
신체활동 즐기기	• 신체를 인식하고 움직인다. • 신체 움직임을 조절한다. • 기초적인 이동운동, 제자리 운동, 도구를 이용한 운동을 한다. • 실내외 신체활동에 자발적으로 참여한다.

2019 개정 누리과정 예술경험 영역에서 유아동작교육과 관련된 내용을 제시하면 표 2-8 과 같다.

표 2-8 2019 개정 누리과정 예술경험 영역의 유아동작교육 관련내용

내용 범주	내용
아름다움 찾아보기	• 자연과 생활에서 아름다움을 느끼고 즐긴다. • 예술적 요소에 관심을 갖고 찾아본다.
창의적으로 표현하기	• 신체나 도구를 활용하여 움직임과 춤으로 자유롭게 표현한다.
예술 감상하기	• 다양한 예술을 감상하며 상상하기를 즐긴다. • 서로 다른 예술 표현을 존중한다. • 우리나라 전통 예술에 관심을 갖고 친숙해진다.

이에 따라 본 책에서는 동작교육의 내용을 '신체 인식과 조절하기, 동작의 기본요소 인식하기, 기본동작하기, 춤과 움직임으로 표현하기, 동작감상하기'의 다섯 가지로 나누어 제시하고자 한다.

1) 신체 인식과 조절

신체 인식과 조절의 세부내용
• 신체 인식과 움직임
• 신체 조절

신체 인식과 조절하기는 유아가 자신의 신체에 관심을 갖고 탐색하여 몸의 각 부분의 특성을 이해하고 몸을 움직이는 것과 몸의 협응력과 균형 등의 조절력을 발달시키는 내용을 포함한다.

내용	세부내용
신체 인식과 조절	• 신체 인식과 움직임 • 신체 조절

(1) 신체 인식과 움직임

유아는 자신의 신체의 부분 명칭을 알고 몸의 각 부분을 돌릴 수 있고, 굽힐 수 있는 등 몸의 특성에 맞게 움직일 수 있다. 유아가 자신의 신체를 인식하여 다양한 방법으로 움직이는 경험을 통해 신체에 대한 긍정적인 인식과 신체 움직임의

즐거움을 느낄 수 있다. 또한 자신의 신체를 다양한 방법으로 움직일 수 있다는 이해는 이후 동작의 기본 요소 인식과 기본 운동하기, 춤과 움직임으로 동작표현하기의 기초가 된다.

신체 인식과 움직임 관련활동

- '내 몸은 잘도 움직입니다.' 노래 부르며 신체의 각 부분 움직이기
- 우리 몸 중에서 구부릴 수 있는 곳을 찾아보자.
- 빨래가 되어요(몸을 꼬아 보아요.).
- 친구와 귀와 귀, 어깨와 어깨가 닿도록 몸을 움직여 보자.
- '여기저기' 노래 부르며 신체의 각 부분 짚어보기

(2) 신체 조절

신체 조절은 유아가 정지해 있을 때 또는 몸을 움직일 때 몸의 균형과 협응력을 기르는 것이다. 다양한 방법으로 걷기, 서 있는 자세에서 균형 유지하기, 이동하면서 균형 유지하기 등을 해 볼 수 있다.

신체조절 관련활동

- 평균대 위를 천천히 걸어보기
- 달리다가 멈추기
- 걷다가 북소리가 들리면 방향을 바꾸어 걷기
  "북소리가 한 번 들리면 걷던 방향에서 방향을 바꾸어 계속 걸어보자.
  다른 유아들과 부딪치지 않도록 걸어보자."
  "북소리가 두 번 들리면 제자리에 멈춰 서보자."
- 바닥에 그어진 선을 두 발 뛰기하여 넘기

2) 동작의 기본 요소 인식

동작의 기본요소 인식의 세부내용
- 힘(노력)
- 공간
- 시간
- 관계

동작의 기본 요소 인식이란 동작을 하기 위해 필요한 '신체', 몸을 움직이려는 '힘(노력)', 몸이 움직일 수 있는 '공간', 몸을 움직이는 속도와 관련된 '시간', 몸이 움직이면서 이루는 '관계'에 대한 이해를 의미한다(김은심, 2010).

내용	세부내용
동작의 기본 요소 인식	• 힘(노력) • 공간 • 시간 • 관계

(1) 힘(노력)

유아가 커다란 곰이 되어 걷는다면 가볍게 걷기보다는 몸에 힘을 많이 주고 걸을 것이다. 이와 같이 유아는 힘의 강약에 대한 인식을 토대로 동작활동을 할 때 몸에 힘을 어느 정도 줄 것인가를 결정하게 된다. 유아가 큰소리의 음악에 대해서는 힘차게 움직일 수 있을 것이고, 작은 소리와 부드러운 소리에 대해서는 상대적으로 힘을 덜 들여서 움직일 것이다. 따라서 음악의 강약과 신체의 힘에 대한 요소 인식은 서로 연관성이 있다. 힘에 대한 이해는 이후 창의적인 표현의 기틀이 된다.

힘 관련활동

- 북소리의 크기에 맞춰 걷기
- 상상하여 걷기(네가 만약 구름 위를 걷는다면, 커다란 물건을 들고 걷는다면)
- 소나기와 이슬비 내리는 모습 표현하기
- 춤 감상하기
  "몸에 힘을 많이 주고 있는 사람은 누구 같니?"
  "음악소리가 커지니까 춤추는 사람들은 어떻게 변했니?"

(2) 공간

개구리처럼 뜀뛰기 동작을 하는 유아는 어느 공간에서 어느 정도 높이로 움직일지를 결정해야 한다. 이와 같이 공간에 대한 인식은 유아가 동작활동을 할 때 개인적으로 사용할 수 있는 공간과 다른 사람과 공유해야 하는 공간에 대한 이해를 발달시키게 된다. 유아는 음악의 높고 낮은 음을 듣고 자신의 몸을 높은 곳을 향하게 또는 낮은 곳을 향하도록 할 수 있으므로 동작과 음악의 요소는 서로 관련성이 높다. 힘에 대한 이해와 마찬가지로 공간에 대한 인식도 창의적 신체표현을 위해 중요하다.

공간 관련활동

- 연못 안의 개구리 표현
  "개구리가 살고 있는 연못은 어디라고 할까?"
  "개구리 뜀뛰기는 어디에서만 해야 할까?"
- 나비가 되어 날아다녀요.
  "나비는 한 곳에서만 날아다닐까? 이 꽃, 저 꽃을 날아다니는 나비처럼 움직여 보자."
- 점점 점점 아래로
  "음악을 듣고 소리가 낮아지면 몸을 점점 아래로 움직여 보자."

(3) 시간

시간에 대한 인식은 음악과도 연계가 된다. 음악의 길고 짧음처럼 유아가 하나의 동작을 길고 부드럽게 연결할 것인지, 음악의 스타카토처럼 짧게 분절적으로 표현할지를 결정하기 위해서는 시간에 대한 이해가 있어야 한다. 쇼팽의 '빗방울 전주곡'에 맞춰 몸을 움직인다면 짧게 빠르게 움직일 것이고, 엘가의 '사랑의 인사'에 맞춰 움직일 때는 느리게 천천히 움직일 것이다.

시간 관련활동

- 애벌레가 되어 움직여 보자.
  "애벌레는 어떤 속도로 움직일까?"
- 나비가 되어 보세요
  "피곤한 나비는 어떻게 움직일까?"
  "비를 피하기 위해 빨리 움직여야 한다면 어떻게 움직일까?"
- 풍선이 되어 보세요
  "풍선이 바람에 빠르게 날아가는 모습을 표현해 보자."

(4) 관계

유아는 몸을 움직일 때 혼자 움직이기도 하지만 다른 도구를 사용하여 움직이기도 한다. 또는 다른 친구와 짝이 되어 춤을 추기도 하고, 집단의 친구들이 원을 만들어서 춤을 출 수도 있을 것이다. 이와 같이 관계란 유아가 동작활동을 하면서 다른 사람, 도구와 형성되는 관계를 이해하는 것이다.

관계 관련활동

- 짝 체조
  "친구와 마주보고 손과 손을 마주 잡아보자."
- 훌라후프 통과하기
- 리본테이프를 돌려보기
- 둥글게 둥글게
  "모두 다 같이 옆에 사람의 손을 잡고 돌아보자."

3) 기본 동작

기본 동작이란 기본이 되는 신체적 움직임으로 장소를 이동하면서 움직이는 '이동 동작', 장소를 이동하지 않고 한 자리에서 몸을 움직이는 '비이동 동작', 다른 도구를 사용하여 움직이는 '조작적 동작'이 포함된다(김은심, 2010). 기본동작은 유아기에 경험해야 할 중요한 운동 기술로 이후의 운동 기술이나 춤과 움직임 표현하기의 기초가 된다.

기본 동작의 세부내용

- 이동 동작
- 비이동 동작
- 조작적 동작

내용	세부내용
기본 동작	• 이동 동작 • 비이동 동작 • 조작적 동작

(1) 이동 동작

이동 동작은 신체를 한 공간에서 다른 곳으로 옮기면서 움직이는 것으로 걷기, 달리기, 뛰기, 호핑(hopping), 말뛰기, 미끄러지기, 스키핑(skipping), 뛰어넘기 등이 있다.

이동 동작 관련활동

- 스케이트 타기(미끄러지기)
- 개구리처럼 움직이기(뛰기)
- 한 발 뛰기(호핑)
- 고무줄 뛰어넘기(뛰어넘기)
- 꼬리 잡기(달리기)

사진 2-12 달리기

사진 2-13 한 발, 두 발 뛰기

(2) 비이동 동작

비이동 동작은 장소를 옮기지 않고 자신의 몸을 축으로 하여 움직이는 것이다. 유아가 서 있는 상태나 앉은 상태, 누워 있는 상태에서 몸의 균형을 유지하면서 움직이는 것이다. 비이동 동작은 이후 창의적인 신체표현의 기초가 된다. 비이동 동작에는 서기, 앉기, 구르기, 멈추기, 재빨리 피하기, 착지하기, 한 발로 균형 잡기, 평균대 걷기, 뻗기, 구부리기, 밀기, 당기기, 회전하기, 흔들기, 비틀기 혹은 꼬기 등을 포함한다.

비이동 동작 관련활동

- 시계추가 움직이는 모습 표현하기(흔들기)
- 꽈배기가 되어 봐요(꼬기)
- '벽이 나에게 점점 다가온다면' 상상하기(밀기)
- 팽이가 되어 봐요(회전하기)
- 높은 곳의 물건을 꺼내요(뻗기)

(3) 조작적 동작

조작적 동작은 유아가 공이나 줄처럼 도구를 사용하며 움직이는 것으로 물체에 힘을 주고 물체로부터 힘을 받게 되는 것을 말한다(박화윤 외, 2010). 조작적 동작에는 공굴리기, 차기, 공 되받아 치기, 던지기, 치기 등의 추진적 동작과 공 잡기와 같은 흡수적 동작이 있다.

조작적 동작활동

- 공 던지고 받기(던지기, 잡기, 되받아 치기)
- 투호 던지기(던지기)
- 리본테이프 흔들기(치기)
- 풍선 치기(치기)

사진 2-14 공 옮기기

4) 춤과 움직임 표현

춤과 움직임 표현의 세부내용
- 구조적 리듬 동작
- 리듬 동작
- 창의적 리듬 동작

춤과 움직임으로 표현하기는 신체적 기술 교육만을 의미하는 것이 아니라 유아가 표현하고자 하는 내적 정서를 신체를 통해 나타내는 것이다. 유아들은 춤과 움직임에 영향을 주는 동작의 기본 요소를 인식하고 이를 응용하여 자신만의 생각과 느낌을 창의적으로 표현하게 된다. 춤과 움직임으로 표현하기의 세부내용에는 창의적 리듬 동작과 음악에 맞춰 자유롭게 춤추는 리듬 동작, 노랫말이나 교사에 의해 움직임의 내용과 방법이 정해져 있는 구조적인 리듬 동작이 포함된다.

내용	세부내용
춤과 움직임 표현	• 구조적 리듬 동작 • 리듬 동작 • 창의적 리듬 동작

(1) 구조적 리듬 동작

구조적 리듬 동작은 교사가 춤의 표현방법을 미리 정하여 유아들에게 알려주고 유아들이 따라하게 하거나 노랫말에 이미 동작 방법이 제시되어 있는 경우이다. 우리나라 전통 춤인 탈춤이나 다른 나라의 폴카 춤도 구조적 리듬 동작의 예가 된다. 구조적 리듬 동작은 유아들의 자유로운 표현이 제한될 수 있기 때문에 활동 과정에서 유아들의 의견을 충분히 반영하여 융통성을 가져야 한다.

구조적 리듬 동작 관련활동
- 노랫말을 듣고 춤추기
- 노랫말에 따라 친구와 함께 춤추기
- 탈춤을 배워요
- 강강수월래를 배워요

(2) 리듬 동작

리듬 동작은 유아들이 음악에 맞추어 자유롭게 움직임을 탐색하고 표현하는 것이다. 음악은 유아들의 신체 움직임을 자극하며, 음악의 리듬은 움직임 속도와 흐름을 주도하고 춤의 형태에 영향을 준다. 음악은 동작활동의 동기를 부여할 뿐 아니라 도구로 사용되는 각종 악기를 자연스럽게 탐색하게 하고 음악과 관련된 동작활동을 통합하여, 경험할 수 있는 기회를 제공한다.

리듬 동작 관련활동

- 노래를 듣고 가사에 적합한 동작을 창작하여 표현하기
- 음악을 듣고 셈여림, 고저, 강약과 같은 음악적 요소를 표현하기
- 음악의 줄거리나 특정 부분의 내용을 상상하여 표현하기
- 리듬막대나 악기의 소리를 듣고 걷기, 뛰기, 점프하기 등 이동 동작하기

(3) 창의적 리듬 동작

창의적 리듬 동작은 유아에게 생각과 상상을 할 수 있는 기회를 제공해 주며, 자신의 생각과 느낌을 자유롭게 표현할 수 있는 기회를 제공한다. 유아가 동작의 요소를 기초로 나름대로의 독특한 표현을 나타낼 수 있다. 상상력을 이용하는 창의적 리듬 동작은 유아 자신의 주관적 표현을 강조할 수 있고 자신감을 길러줄 수 있으며, 사물의 느낌을 정해진 형태로만 표현할 수 있다는 고정된 관념에서 벗어날 수 있다.

창의적 리듬 동작 관련활동

- 비가 내리는 모습 표현하기
- 우주 여행하는 모습 표현하기
- 바람 부는 들판의 꽃들을 표현해요

5) 동작 감상

동작 감상하기의 세부내용

다양한 춤과 움직임 감상하기

동작 감상하기는 유아가 자신과 타인의 춤과 예술가의 작품을 감상하는 경험을 통해 춤의 아름다움을 발견하고 서로의 표현을 존중하는 것을 배우는 것이다. 유아는 다른 사람의 표현을 감상하면서 움직임에 대한 심미감뿐 아니라 동작의 요소에 대한 인식을 하게 된다. 이는 다시 새로운 표현에 반영될 수 있다.

내용	세부내용
동작 감상하기	• 다양한 춤과 움직임 감상하기

(1) 다양한 춤과 움직임 감상하기

유아들이 감상하는 춤은 탈춤이나 강강수월래와 같은 우리나라의 전통 춤도 있지만 세계 여러 나라의 민속춤도 포함된다. 이러한 춤은 영상을 통해서도 감상할 수 있고, 가정과 연계하여 공연을 관람할 수도 있을 것이다.

무용가의 춤 외에도 유아들의 구조적 리듬동작이나 창의적 춤 표현도 감상할 수 있다.

교사는 유아들이 다양한 장르의 신체 움직임과 동작적 표현을 감상할 수 있는 기회를 제공하고 유아들이 감상한 내용을 서로 평가해 볼 수 있도록 한다.

춤 추는 사람은 무엇을 표현하고 있는가? 춤 추는 사람의 기분을 어떠한가?에 대해서 이야기나눌 수 있으며, 몸의 어느 부분을 움직이는가? 움직임이 속도는 어떠한가와 같이 움직임의 요소를 탐색하는 대화도 나눌 수 있다.

동작 감상 관련활동

- 명화의 춤추는 사람을 흉내 내요
- 세계 여러 나라의 춤을 감상해요
- 우리나라 전통 춤을 감상해요
- 전래놀이를 해요

3 동작교육의 교수 · 학습방법

동작교육은 음악교육이나 미술교육처럼 유아의 자발적인 탐색과 창의적인 표현을 강조하고 있다. 교수 · 학습방법도 유아의 창의적인 표현과 자발적 참여를 격려하기 위한 방법이 되어야 한다. 이 장에서는 동작 활동과 놀이를 지원할 때의 기본원리와 이를 토대로 한 교수 · 학습과정에 대해 살펴보고자 한다.

1) 동작교육의 활동원리

- 유아의 발달수준이나 유아의 개별적 차이를 고려하여 신체활동을 계획한다.
  이동 동작이나 비이동 동작, 조작적 동작 능력에 있어서 동일한 연령일지라도 유아마다 수행하는 운동능력의 차이가 있을 것이다. 교사는 유아의 운동능력을 고려하여 신체활동을 안내한다.

- 신체에 대한 인식과 동작의 기본 요소 탐색을 충분히 하도록 한다.
  유아가 창의적인 춤과 움직임을 표현하기 위해서는 자신의 신체 각 부분을 어떻게 움직일 수 있는지에 대한 신체 인식과 조절능력 그리고 동작의 요소에 대한 인식이 있어야 한다. 교사는 유아들이 동작의 기본적인 요소를 인식할 수 있는 다양한 탐색 기회를 제공한다.

- 주제와 통합된 동작활동을 계획한다.
  유아의 흥미와 관심, 계절적 특성, 진행되는 주제를 반영한 동작활동을 계획한다. 진행되는 주제가 '봄'이라면 나비와 개구리의 움직임을 관찰하고 창의적으로 표현해보도록 격려할 수 있으며, '여름'이라면 수영하는 모습, 바닷속의 물고기 모습, 뜨거운 모래 사장을 걷는 모습 등 유아가 흥미를 보이는 움직임을 관찰하고 이를 활동으로 연계할 수 있다.

● 다른 영역과 통합된 동작활동을 계획한다.

동작활동은 음악, 미술, 수학, 과학, 문학경험과 통합할 수 있다. 유아들은 공간 안에서 몸을 움직이면서 수학의 공간에 대한 기초적인 경험을 한다. 또한 음악의 요소를 탐색하고 빠르거나 느리게, 높거나 낮게, 몸을 크게 혹은 작게 움직일 수 있다. 때로 유아들은 미술작품을 감상하고 그림 속의 사람들의 모습을 모방하기도 한다. 바람과 물, 식물과 동물을 관찰하고 이를 창의적인 동작활동으로 표현하는 과정은 과학경험과의 통합이라고 할 수 있다. 문학작품을 감상하고 유아들은 등장인물의 행동을 몸으로 표현하기도 한다.

통합적 접근 방법

1) 극적인 접근법

- 극적인 접근은 유아가 자신의 생각이나 상상을 동작으로 표현해 보는 활동으로 리듬 동작활동이나 창의적 동작활동에 유용한 접근법이다.
- 교사는 유아가 "'만약 ~라면"이라는 상상으로 출발하여 그 대상에 대하여 충분하게 생각하는 과정을 거쳐 자신의 생각을 신체를 이용해서 표현한다.
- 주제가 있는 음악이나 그림책, 사진, 이야기, 소품 등의 다양한 매체는 유아의 상상을 돕는다.
- 극적인 접근을 위해서 유아는 먼저 표현하고자 하는 대상에 대한 충분한 탐색이나 관련된 경험에 대해 회상하고 다른 친구들과 공유하면서 다양한 이미지를 연상한다.
- 상상한 이미지를 효과적으로 표현할 수 있는 신체적 동작이나 방법에 대해서 생각할 수 있는 시간을 갖는다.
- 자신의 생각을 표현하고 친구들의 표현을 감상하면서 서로의 표현과정이나 방법에 대해서 평가하고 재표상할 수 있는 기회를 가진다.

2) 통합적 접근법

교사는 주제에 따라 동작활동을 계획하고 이러한 동작교육의 내용과 영역을 다양한 교과활동에서 유기적으로 통합될 수 있도록 계획한다.

● 유아들의 동작활동을 위해서 유아가 자유롭게 공간을 탐색하고 몸을 움직일 수 있는 충분한 공간을 제공한다.

유아들의 걷기, 뛰기, 달리기 동작은 유아에게 힘, 공간, 속도 등의 움직임의 요소를 인식할 수 있는 기회를 제공한다. 유아가 스스로 움직임의 요소를 탐색하기 위해서는 충분한 공간이 제공되어야 한다. 유아는 이러한 경험을 하면서 개인이 마음대로 움직일 수 있는 개인공간과 친구와 충돌 없이 놀이할 수 있는 공유공간에 대해서도 이해하게 된다.

- 유아들이 활동하다가 일어날 수 있는 안전사고를 예방하기 위하여 교실의 바닥재는 탄성이 좋고 부드러운 소재를 사용한다.
  쿠션감이 있는 매트나 카펫을 깔면 유아들이 동작활동을 하다가 넘어졌을 때에도 다치는 것을 예방할 수 있다. 교사는 동작활동 전에 매트가 바닥에 고정이 잘 되어 있는지 확인해야 한다. 또한 교실이나 체육실의 기둥도 쿠션 있는 소재로 감아둔다.

2) 동작교육의 교수 · 학습과정

교사는 동작교육의 내용과 유아의 발달수준을 고려하여 교수 · 학습 모형과 전략을 선택한다. 만약 구조적 리듬 동작(예: 체조, 폴카 등)을 활동하는 것이라면 교사의 시범과 설명에 위한 직접 교수 모형을 사용하게 될 것이다. 그러나 창의적 리듬 동작일 경우는 유아의 탐구하기와 자기표현을 강조하는 교수 · 학습전략을 사용하는 창의성을 계발하는 수업 모형이 더 적합할 것이다. 기구를 사용하는 체육활동일 경우 교사는 기구 사용방법 등의 시범을 보이는 방법을 사용할 수 있으나 투호 놀이나 공 던지기와 같은 활동은 유아가 직접 경험을 통해 더 잘 던질 수 있는 방법을 발견하도록 하는 교수 · 학습전략을 사용할 수 있다. 교사는 동작교육을 할 때 활동원리와 다양한 교수 · 학습전략을 고려하여 교수 · 학습과정을 계획한다.

(1) 인식하기

유아들은 인식하기 단계에서 오늘 활동하게 될 움직임의 소재나 주제에 대해 호기심을 갖게 된다. 인디언 춤추기 활동을 할 예정이라면 인디언에 대한 자신의 경험을 회상하고 인디언들의 움직임과 의상 등에 대한 자신들의 경험을 기억해 낼 것이다.

(2) 탐색하기

탐색하기 단계에서 유아들은 인디언들의 춤추는 동영상이나 사진을 보고 몸의 어느 부분을 사용하고 있는가? 몸을 어느 방향으로 움직이고 있는가? 움직이는 속도는 어떠한가? 를 관찰하고 탐색한다. 유아들은 인디언의 의상과 음악, 음악의 속도, 박자, 분위기도 탐색한다.

(3) 탐구하기

탐구하기 단계에서 유아는 자신의 신체를 이용하여 인디언처럼 춤을 추기 위해서는 몸의 어느 부분을 어떻게 움직일 것인지 생각하고 음악의 강약과 속도, 고저 등의 변화에 맞춰 인디언 춤을 춘다.

(4) 활용하기

활용하기 단계에서 유아들은 인디언 춤추기에서 인상적인 부분을 평가하고, 인디언 부족의 음악과 유사한 음악이나 동작에 대해 평가해 본다.

4 동작교육의 실제

춤추는 빗방울(창의적 신체표현)

목표	누리과정 관련내용
• 봄 날씨의 특징에 관심을 갖는다. • 봄비가 내리는 모습을 관찰하고 이를 신체로 표현한다.	• 자연탐구 〉 자연과 더불어 살기 〉 날씨와 계절의 변화를 생활과 관련짓는다. • 예술경험 〉 창의적으로 표현하기 〉 신체나 도구를 활용하며 움직임과 춤으로 자유롭게 표현한다.

(1) 활동자료

음악(쇼팽-빗방울 전주곡), 비가 내리는 사진(그림), 스카프

(2) 활동방법

| 인식하기 |

① 비가 내리는 모습을 연상하여 말한다.

- 비가 오는 모습을 본 적이 있니?

② 봄비 노래를 부른다.

- 비가 어디에 오고 있니?
- 비가 내리는 모습을 어떻게 표현했니?

| 탐색하기 |

③ 유리창에 비가 내리는 모습을 말로 표현해 본다.

- 유리창에 비가 내리는 것을 본 적이 있니?
- 어떤 생각이 드니?
- 유리창에 비가 내리는 사진을 보자. 비가 어떻게 내리는 것 같니?
- 비가 내리는 모습을 말로 표현해 볼 수 있니?(주룩주룩 / 톡톡톡 / 졸졸)

④ '빗방울 전주곡' 음악을 듣고 음악의 느낌을 이야기한다.

- 이 음악은 비 내리는 모습을 생각하며 만든 '빗방울 전주곡'이라는 음악인데 잘 들어보자.
- 음악을 들어보니 어떤 생각이 드니?
- 이 음악에 맞춰 비가 내린다면 어떻게 내릴까?
- 음악의 속도는 어떠니?

| 탐구하기 |

⑤ 우리 몸의 일부분을 사용하여 비가 내리는 모습을 표현한다.

- 손으로 비가 내리는 모습을 표현해 보자.
- 빗방울이 '톡톡톡(주룩주룩)' 떨어지는 모습을 표현한다면 어떻게 몸을 움직일 수 있을까?
- 우리 몸 전체가 빗방울이라면 어떻게 움직일 수 있을까?
- 비가 빠르게 내리는 모습을 표현할 수 있니?

⑥ 스카프를 이용하여 빗방울이 떨어지는 모습을 표현해 본다.

- 스카프를 어떻게 움직이면 비가 내리는 모습과 비슷할까?
- 봄비가 아주 많이 내리는 모습을 스카프로 표현할 수 있니?

⑦ 스카프 춤을 출 때 지켜야 할 일을 이야기한다.

- 스카프로 빗방울이 내리는 모습을 표현해 볼 텐데 우리가 지켜야 할 일이 있니?

⑧ 음악에 맞춰 스카프 춤을 춘다.

- 음악을 듣고 스카프로 비를 표현해 보자. 음악의 속도는 어떠니?
- 음악이 느려지고 있어. 스카프를 어떻게 움직일까?

| 활용하기 |

⑨ 춤추는 빗방울을 스카프로 표현해 본 경험을 회상하여 말한다.

- 빗방울 춤을 춰 보니 기분이 어떠니?
- 가장 표현이 잘된 부분은 무엇이니?

⑩ 빗방울이 내리는 모습을 다른 방법으로 표현해 본다.

- 비가 내리는 모습을 또 어떻게 표현해 볼 수 있을까?

(3) 활동 평가

- 유아들이 음악의 속도와 멜로디 등에 관심을 갖고 듣는가?
- 빗방울이 내리는 모습을 언어와 신체로 창의적으로 표현할 수 있는가?

(4) 확장활동

- 빗방울 내리는 모습을 그림으로 그린다.
- 스카프를 활용하여 봄바람 또는 봄 꽃잎이 바람에 흩날리는 모습 등을 표현해 본다.
- 노랫말의 의성어, 의태어를 바꿔서 불러 본다.

연습문제

1. 2019 개정 누리과정의 영역별 교육내용을 쓰시오.

영역	(　　　)	의사소통	사회관계	(　　　)	자연탐구
내용 범주	신체활동 즐기기	듣기와 말하기	나를 알고 존중하기	아름다움 찾아보기	탐구과정 즐기기
	건강하게 생활하기	(　　　)	(　　　)	창의적으로 표현하기	(　　　)
	안전하게 생활하기	(　　　)	(　　　)	예술감상하기	(　　　)

2. 다음은 각 유아교육 교과의 교육목표와 내용에 대한 내용이다. 맞으면 0, 틀리면 × 표시를 하시오.

1) 수학교육의 목표는 수 셈하기와 숫자 상징을 익히는 것이어야 한다. (　)
2) 과학교육의 목표는 일상생활에서 과학의 유용성을 알고 과학자와 같은 호기심과 탐구능력을 발달시키는 것이다. (　)
3) 언어교육은 듣기 다음에 말하기, 읽기, 쓰기의 순서에 의해 단계적으로 지도해야 한다.(　)
4) 음악교육의 내용은 음악요소 인식과 음악적 표현, 감상이다. (　)
5) 각 교과의 내용은 서로 통합적이다. (　)

3. 다음은 유아미술교육의 교수 · 학습과정을 제시한 것이다. 수업의 과정이 적절하게 연결된 것은 무엇인가?

1) 인식: 철사를 이용하여 표현할 수 있는 다양한 형태를 탐색한다.
2) 탐색: 유아들이 만든 종이컵 모빌은 어디에 장식할지를 의논한다.
3) 탐구: 한지 위에 먹물과 색 물감으로 자신의 생각을 표현할 수 있는 다양한 기법을 알아본다.
4) 활용: 미술재료를 오감을 사용하여 탐색하고 색과 모양을 발견한다.

정답 : 1. ① 신체운동 · 건강, ② 예술경험, ③ 읽기와 쓰기에 관심 가지기, ④ 책과 이야기 즐기기, ⑤ 더불어 생활하기, ⑥ 사회에 관심 가지기, ⑦ 생활 속에서 탐구하기, ⑧ 자연과 더불어 살기

2. 1) X, 2) ○, 3) X, 4) ○, 5) ○ 　 3. 3)

4. 교수 · 학습전략에 대한 설명이다. 다음의 (　　)에 알맞은 말을 넣으시오.

자기표현, 토의, 문제해결하기, 시범과 모델링, 설명하기

1) (　　　　)는 교사가 유아들의 개념 획득을 위하여 사용하는 방법으로 사회적 약속과 기본 개념을 안내할 때 한다.
2) (　　　　)는 유아가 문제 상황에 대해 원인과 해결책을 모색하여 문제해결을 시도하는 것이다.
3) (　　　　)는 유아가 자신의 생각과 느낌, 경험을 말과 행동, 그림으로 표현하는 것이다.
4) (　　　　)는 사회적으로 가치 있는 행동을 유아에게 제시하고 학습하도록 돕는 방법이다.
5) (　　　　)는 유아들이 어떤 주제 또는 사회적 갈등 상황에 대해 서로의 의견을 표현하면서 생각의 유사점과 차이점을 비교하는 것이다.

정답 : 4. 1) 설명하기, 2) 문제해결하기 3) 자기표현, 4) 시범, 5) 토의

참고문헌

교육과학기술부(2012). **3-5세 연령별 누리과정 운영을 위한 교사연수자료집**. 교육과학기술부, 보건복지부, 육아정책연구소.

____________(2013). **3-5세 연령별 누리과정: 교사용 지침서**. 교육과학기술부, 보건복지부.

교육부, 보건복지부(2019). 2019 개정 누리과정 해설서. 교육부.

교육인적자원부(2008). **유치원 교육과정 해설 Ⅰ, Ⅱ, Ⅲ**. 교육과학기술부.

권기욱(2001). 그래프 구성 활동 프로그램 적용이 수학적 힘의 육성에 미치는 영향. 대구교육대학교 대학원 석사학위논문.

권영례(1998). **아동 중심 유아 수학 활동**. 양서원.

김경원(2003). 신체접촉 중심의 집단 놀이를 통해 발달지체 유아의 부적응행동 감소에 관한 사례연구. 대구대학교 재활과학대학원 석사학위논문.

김숙령(2000). **제6차 유치원교육과정에 기초한 유아수학교육**. 창지사.

김신영, 배인자, 유혜숙(2007). **유아교사를 위한 조형활동의 이론과 실제**. 양서원.

김은심(2010). **영유아를 위한 동작교육**. 도서출판 파란마음.

김혜경(1996). **유치원 음악교육의 이론과 실제**. 창지사.

류지후, 유혜숙, 양경희, 박정선(2001). **유아를 위한 조형활동의 통합적 접근**. 창지사.

류혜숙(2003). 전통놀이를 활용한 수학활동이 유아의 수학적 문제해결력에 미치는 영향. 중앙대학교 대학원 석사학위논문.

박찬옥(2001). **유아사회교육**. 정민사.

박찬옥, 서동미, 엄은나(2020). **유아사회교육**. 양성원.

박화윤, 김영애, 마지순, 안라리, 이선원, 이희자, 조진희, 허은주(2010). **유아를 위한 교과교육학**. 공동체.

방인옥, 박찬옥, 이기현, 김은희(2013). **유아교육과정**. 정민사.

배종수(2002). **생명을 살리는 수학**. 김영사.

서동미(2013). **영유아의 신체적 정서역량 증진을 위한 교육방향과 과제**. 한국영유아교원교육학회.

서동미, 김명애, 이광자(2006). 자연체험활동에 참여한 부모들의 경험이 갖는 의미. **열린유아교원교육연구**, 11(3), 327-355.

서동미, 엄은나, 이혜경, 박성희(2013). **유아교과교육론**. 공동체.

윤애희, 김온기, 이혜경(2002). **사고를 중심으로 한 유아 수 · 과학교육**. 창지사.

이경우, 홍혜경, 신은수, 진명희(1997). **유아수학교육의 이론과 실제**. 창지사.

이영자, 이정욱(1997). 유치원 교실에서 관찰된 만 3, 4, 5세 유아를 위한 언어 및 수학활동의 분석. **교육학연구**, 35(4), 195-227.

이은화, 김영옥(2000). **유아사회교육**. 양서원.

이정욱, 임수민(2010). **탐색, 표현, 감상의 통합적 미술교육**. 정민사.

이차숙(2006). **유아언어교육의 이론과 실제**. 학지사.

조형숙, 김선월, 김지혜, 김민정, 김남연(2010). **유아과학교육**. 학지사.

주영희(2001). **유아언어 발달과 교육**. 교문사.

홍혜경(1999). 유아의 수 표상능력 발달에 대한 분석과 교육적 활용. **유아교육연구**, 19(2), 95-118.

황의명, 조형숙(2001). **탐구능력 증진을 위한 유아과학교육**. 정민사.

황의명, 조형숙, 서동미(2020). **유아수학교육**. 정민사.

Althouse, R. (1994). *Investigating mathematics with young children*. New York: Teachers College Press.

Charlesworth, R. (2000). Experience in math for young children(4th Edition). Albany, NY: Delmar.

Clement, D. H., & Stephan, M. (2004). Measurement in Pre-K to grade 2 mathematics. In D. H. Clement, J. Saarama, & A. DiBase(eds.), *Engaging young children in mathematics*. Mahwah, NJ: Lawrence Erlbalum Asso.

Copley, J. (2000). *The young children and mathematics*. Washington, D.C.: NAEYC.

Fosnot, C. T. (1996). Constructvism: A psychological theory of learning. In C. T. Fosnot(ed.), *Constructivism: Theory, perspectives, and practice*. New York: Teachers College Press.

Martin, D. J. (1997). *Elementary science methods: A constructivist approach*. Albany, NY: Delmar.

NAEYC & NATM (2002). *Early childhood mathematics: Promoting good beginnings*. Washington, D.C.: NAEYC.

NCTM (1989). *Curriculum and evaluation standards for school mathematics*. Reston, VA: NCTM.

NCTM (2000). *Principles and standard for school mathematics*. Reston, VA: Aythor.

Richardson, K., & Salkeld, L. (1995). Transforming mathematics curriculum. In S. Bredekamp & T. Rosegrant(eds.), *Reaching potentials: Transforming early childhood curriculum and assessment,* Vol. 2. Washington, D.C.: NAEYC.

Spodek, B. (1985). *Teaching in the early years*. Englewood Cliffs, NJ: Prentice-Hall.

PART III

유아교과교육의 통합적 접근

PART Ⅲ에서는 주제중심의 교과 통합과 활동중심의 교과 통합에 대해 살펴보고자 한다. 주제중심으로 교과별 활동을 통합적으로 계획·운영하는 방법을 알아보며, 또한 예비유아교사, 초임과 저경력 교사들이 활동을 진행하는 데 어려움을 호소하는 이야기 나누기, 게임, 노래, 동극, 창의적 신체표현, 요리활동 등 활동의 구체적인 진행방법에 대해서도 상세히 다루고자 한다.

chapter 1
주 제 중 심 의 교 과 통 합

유아교육 현장에서는 유아들의 흥미에 따라 유연성있게 주제가 선정이 되며, 교과가 통합적으로 다루어진다. 그러므로 예비유아교사와 현직교사들은 주제를 중심으로 교과를 통합적으로 계획하고 운영할 수 있는 능력을 갖춰야 한다.

1장에서는 각각의 교육계획안 작성 예시를 통하여 주제를 중심으로 교과별 어떻게 연계 · 통합되는지 살펴보고, 이와 더불어 교육계획 시 교사가 유의해야 할 사항에 대해서도 알아보고자 한다.

유아교육 현장에서는 실질적으로 각 교과가 단절되어 다뤄질 수 없고 통합적으로 다루어지기 마련이다. 예비유아교사들은 학부에서 교과목별로 수강하게 되나, 교과들을 주제에 따라 통합적으로 계획하고 운영하는 능력을 길러야 한다.

교사는 주제 안에서 유아들에게 발달적으로 의미 있고 흥미로운 교육을 실행하기 위하여 교과목들을 통합적으로 재조직해서 전체 경험 속에서 학습하도록 도와주어야 한다(교육과학기술부, 2009). 교과 간 통합(한 주제 및 소주제 또는 주요 내용을 중심으로 수, 과학, 언어, 미술, 음률 등의 교과 영역들을 통합하는 것)과 교과 내 통합(한 주제 또는 한 활동을 중심으로 하나의 교과 영역 내의 여러 영역을 통합하는 것)이 이루어져야 한다. 2019 개정 누리과정에서는 교육과정 운영 전반에서 유아를 최우선으로 존중하며 놀이가 중심이 되는 교육과정을 만들어갈 것을 강조한다는 사실을 염두에 두어야 할 것이다. 놀이중심 교육과정에서는 미리 모든 것을 계획하여 그대로 실행하는 것을 지양하고, 유아들의 놀이를 바라보면서 계속해서 지원하는, 즉 유아와 교사가 만들어가는 교육과정을 지향한다.

이에, 2019 개정 누리과정에서는 교육과정 운영에 있어서 교사의 자율성을 보장하기 위하여, 월간, 주간, 일일 교육계획안을 통합하여 하나의 문서로 작성하거나 선택하여 작성하고, 작성 양식, 내용, 주기 등을 모두 자율화할 것을 권고하고 있다(교육부, 보건복지부, 2019).

그러므로 교육계획을 미리 잘 짜여진 모습으로 인식하기보다는 통합성과 연계성을 가지고 유연하게 구성되어가는 역동적인 실체로 여겨야 할 것이다. 누리과정 5개 영역을 통합하는 방식은 반드시 생활주제를 중심으로 이루어질 필요가 없고, 유아의 놀이 주제에 따라 융통성 있게 바뀔 수 있다는 여지를 두어야 할 것이다.

그간 연간 교육계획안은 월별 생활주제, 주제, 활동내용 등을 미리 계획하고, 교육과정을 운영하는 과정에서 유아들의 흥미에 따라 수정 · 보완해 나아가기 위한 틀로써 기능해왔다. 그러나 2019 개정 누리과정의 놀이중심 교육과정에서는 유아들의 흥미에 따라 주제가 정해지기 때문에 월별 주제를 미리 정해 놓을 수 없다. 매년 초에 교사들은 각 반의 연간교육계획안을 일차적으로 예상하여 작성한 후, 모든 교사가 모여 '주제와 하위의 주제들'을 검토한다. 각 연령별 주제 선정이 적합한지, 그 하위의 주제가 적합하게 계획되었는지, 3~5세반의 세 연령 간 연계가 잘 되는지, 계절이나 국가적 행사 등을 고려할 때 포함되어야 할 주제가 있는지 등을 토의하며 조율한다.

2019 개정 누리과정에서는 월별 주요행사와 학사일정을 중심으로 연간 계획을 수립하고, 연간 교육계획안과 마찬가지로 월별 또는 주별로 이루어질 주제를 미리 계획하는 것이 아니라 유아들의 놀이를 관찰하며 유아들의 흥미에 따라 주제를 유연성 있게 선정하도록 한다.

교사가 월간 · 주간 교육계획안의 작성 양식, 내용, 주기 등은 자율적으로 정하여 작성할 수 있다. 작성 시, 몇 가지 사항은 고려하도록 한다.

월간 · 주간 교육계획안은 유아의 놀이를 충분히 관찰하고, 이야기나누기나 브레인스토밍 등을 하여 유아의 흥미와 욕구 또는 제안이 반영되도록 작성한다. 주제가 정해지면 교사는 주제와 관련된 다양한 자료를 참고하여 주제가 확장될 수 있도록 계획하고 놀이와 활동을 지원하도록 한다. 유아들의 흥미를 토대로 활동을 선정할 때에는 유아의 연령별 발달 수준과 흥미에 적합한지, 다양한 활동유형으로 전개되는지, 각 활동들이 교과 영역 간 또는 교과 영역 내에서 통합을 이루는지 등을 함께 고려한다.

월간 · 주간 교육계획안 작성 시 고려사항

- 충분한 놀이 관찰
- 흥미, 욕구, 제안 반영
- 유아의 연령별 발달수준
- 다양한 활동유형
- 교과영역간/교과영역 내 통합

표 3-1 은 월간 · 주간 교육계획안의 예이다. 교사는 '봄'을 주제로 선정하였으나 유아들이 우연히 반짝이 끈에 관심을 가지게 되면서 교사가 계획했던 활동들이 축소된 모습을 볼 수 있다. 반짝이 끈과 관련된 다양한 놀이가 이루어졌으며, 교사는 유아들이 실행한 경험을 중심으로 반짝이 끈과 관련된 활동을 지원하였음을 알 수 있다.

표 3-1 월간 · 주간 교육계획안 예

<table>
<tr><th colspan="2">주</th><th>5월 1주</th><th>5월 2주</th><th>5월 3주</th><th>5월 4주</th><th></th></tr>
<tr><td rowspan="4">놀이
(바깥
놀이
포함)</td><td rowspan="3">봄</td><td>봄꽃 만들기</td><td>• 꽃가게 꾸미기
• 꽃가게 놀이</td><td></td><td></td><td rowspan="3">기존의 계획을 변경하여 교사가 계획한 놀이 대신 유아의 놀이를 지원</td></tr>
<tr><td>모형 꽃, 화분으로 놀기</td><td>꽃씨
마라카스</td><td></td><td>티슈로
나비 만들기</td></tr>
<tr><td>산책사진으로
만든 책</td><td>씨앗
그림책</td><td>꽃모양
막대인형</td><td>봄의 곤충
그림책</td></tr>
<tr><td>반짝
이끈</td><td colspan="4">• 반짝이 끈 가지고 바깥놀이터에서 놀기
• 반짝이 끈을 나뭇가지에 묶기, 반짝이 끈으로 만든 도구로 운동하기</td><td>유아의 흥미에 따라 새로운 주제 '반짝이 끈'시작</td></tr>
</table>

주	5월 1주	5월 2주	5월 3주	5월 4주
활동	• 우리 교실에는 어떤 장난감이 있으면 좋을까? • 상자와 반짝이 끈으로 어떻게 놀이할 수 있을까? • 놀이의 진행 과정에 따라 문제해결 의견 나누기			
	• 동화 '우리 가족', 동화 '봄 소풍'			
	• 노래 '봄이 왔어요'	• 게임 '봄꽃 찾아오기' • 반짝이 끈으로 신체표현하기	• 노래 '씨앗이 자라서' • 반짝이 끈으로 게임하기	• 노래 '개미' • 애벌레 신체표현하기
행사일정	4일–교통안전교육 5일–원내 어린이날 행사/ 8일–원내 어버이날 행사 22일–원내 손 씻기 교육/ 31일–5월 생일파티			

필요한 경우 활동을 통해 유아의 놀이를 지원

출처: 박찬옥 외(2020). 유아교육과정.

새로운 주제를 시작하기 전 또는 중간에 교사들이 함께 모여 협의를 한다. 연령별 연계가 잘 이루어지는지, 유아들의 흥미가 제대로 반영되어 교사의 계획이 수정 · 보완이 되었는지, 놀이를 지원하기 위한 활동의 선정이 적합했는지, 유아의 수준에 적합한 활동을 선정했는지, 교과별 활동이 균형 있게 선정되었는지를 토의하며 활동을 추가 또는 삭제한다. 그리고 보다 적합한 현장학습을 제안하는 등 각 반의 주제 진행에 대한 조언을 서로 제공한다.

하루일과 구성

- 바깥놀이와 실내자유놀이를 포함하는 2시간 이상의 자유놀이시간
- 활동
- 일상생활

일일 교육계획안은 하루 동안 이루어지는 모든 놀이와 활동, 일상생활이 작성되며 실제적인 학급 운영과 관련된 시간과 공간 구성, 일과의 전개 과정을 구체적으로 기록한다. 2019 개정 누리과정에서는 유아들의 놀이 관찰과 그에 따른 교사의 계획 및 지원이 역동적으로 오고간 내용, 즉 실제로 전개된 일과를 기록하도록 안내하고 있다(교육부, 보건복지부, 2019). 또한 매일 4~5시간의 기본교육과정에 2시간 이상의 자유놀이 시간이 포함되도록 강조하고 있다. 그리고 등원, 하원, 화장실 가기, 낮잠, 간식 · 점심 등 일상생활을 고려할 때 하루 일과에서 실행하게 되는 활동의 수는 그리 많지 않을 것이다. 그러므로 시간을 세분하여 활동 수가 너무 많

이 계획되지 않도록 유의한다. 일일교육계획안을 예시하면 표 3-2 와 같다.

표 3-2 일일교육계획안의 예

반이름	믿음반	일시	2019년 11월 19일 목요일	
주제	무지개			유아들에 의해 발현된 주제
활동명/시간	관찰된 모습		교사의 계획과 지원	
등원 및 실내 자유놀이 (09:00~)	• 한 유아가 집에서 가져 온 비눗방울을 불며 "내 비눗방울에 무지개가 있어."라고 말하자 유아들이 우르르 몰려들어 비눗방울 속의 여러 가지 색깔을 찾으며 관심을 보였다.		• 여러 명의 유아가 비눗방울을 직접 불어볼 수 있도록 가져다 줌 • 교실 안팎에서 볼 수 있는 무지개 빛을 더 찾아보자고 제안함	등원 후 자유놀이 모습을 관찰하여 유아들의 흥미를 발견함
자유놀이 및 간식 (~11:00)	• 유아들은 옷, 스팽글, CD, 크레파스와 색연필, 프리즘, 돋보기 등 다양한 곳에서 무지개 색을 발견하였다.		• 간식은 놀이하는 중간에 자유롭게 먹을 수 있도록 준비해 둠 • 무지개 색을 발견한 물건들을 모아둘 수 있도록 바구니를 마련해줌	원래는 이야기나누기가 계획되어 있었으나, 무지개 색을 찾아보도록 놀이시간을 확장하여 지원함
이야기나누기 활동 (11:00~11:30)	• 유아들은 서로가 발견한 무지개 색 물건들을 보며 '무지개 색'과 '무지개 빛'으로 나누기 시작했다.		• 바구니를 하나 더 준비하여 '무지개 색'과 '무지개 빛'을 내는 물건을 분류하도록 함 • '무지개 색'과 '무지개 빛'은 어떤 차이가 있는지 이야기 나눠봄 • 점심을 먹은 유아들이 읽을 수 있도록 무지개와 관련된 지식 그림책을 마련해줌	비눗방울 놀이 맥락에서 이야기나누기 활동을 계획하여 지원함
손 씻기 및 점심 (11:30~12:30)	• 점심을 다 먹고 책을 읽던 유아들이 책에서 무지개를 만드는 방법을 발견하고, 직접 해보자고 제안하였다.		• 유아들이 제안한 실험을 할 수 있도록 분무기를 내어줌 • 점심을 다 먹은 유아들이 모여앉아, 실험방법과 예상되는 결과를 적어 봄	유아들의 관심을 확장할 수 있는 그림책을 놀이자료로 지원함

과학활동 (12:30~13:00)	• 바깥놀이터에 나가 햇빛이 잘 드는 곳에서 분무기로 물을 분사해 보았으나, 무지개가 만들어지지 않아 실망하였다. • 분무기로 마른 바닥에 그림을 그리는 것에 흥미를 갖기 시작했다.	• 그늘진 곳에 앉아, 왜 무지개가 만들어지지 않았는지 이야기 나눔 • 분무기 그림을 사진으로 찍어 둠	유아들의 관심에 따라 과학활동을 지원함
바깥놀이 (13:00~13:40)	• 분무기로 물을 계속 분사하는 것이 손이 아프다고 하였다. 물로 그림을 그릴 수 있는 다른 도구를 찾았다.	• 수돗가에 호스를 연결해 주고, 다양한 크기의 컵과 주전자, 빨대를 마련해줌	놀이자료를 지원함
귀가 (13:40~14:00)	• 동화감상 후 하루 평가 시간에 물 그림을 그리는 것은 재미있었으나, 무지개가 만들어지지 않아 실망했다고 입을 모아 말하였다.	• 무지개가 잘 만들어지는 날씨에 다시 활동해보기로 함	유아들과 함께 하루 일과를 평가함
경험의 의미 (누리과정 관련내용)	• 무지개가 생기는 이유에 대해 관심을 갖는다. (자연탐구 〉 탐구과정 즐기기 〉 궁금한 것을 탐구하는 과정에 즐겁게 참여한다) • 무지개 색과 빛의 차이를 비교하며 말해본다. (의사소통 〉 듣기와 말하기 〉 상황에 적절한 단어를 사용하여 말한다) • 친구와 협력하여 물 그림을 그릴 수 있다. (예술경험 〉 창의적으로 표현하기 〉 다양한 미술재료와 도구로 자신의 생각과 느낌을 표현한다)		하루일과를 통해 경험된 의미를 기술함
다음계획에 반영 사항	• 바깥놀이에서 촬영한 물 그림 사진을 감상하고, 제목 지어보기 • 스포이드, 약병 등 더 가는 선을 그릴 수 있는 물 그림 도구 제공하기 • 무지개가 만들어지는 모습이 담긴 동영상 감상하기		내일 일과에 반영할 사항을 정리함

출처: 박찬옥 외(2020). 유아교육과정.

단위활동계획안은 교사가 활동목표, 활동유형, 교육과정 관련 내용, 활동자료, 활동방법, 활동의 유의점, 활동평가 등을 미리 계획한 문서로 인식되었다.

그러나 2019 개정 누리과정에서 활동은 유아가 놀이를 통한 배움을 확장해갈 수 있도록 돕는 교사의 지원이다. 교사는 유아가 주도하는 놀이를 지원하기 위해 필요에 따라 활동을 계획하여 운영할 수 있다. 이때 교사는 미리 계획한 활동을 모두 해야 한다거나 정해진 순서대로 일과를 운영해야 한다는 부담을 내려놓고 유아가 주도하는 놀이의 흐름에 따라 융통성 있게 계획 · 운영하도록 한다.

교사는 놀이뿐만 아니라 활동에도 유아의 흥미와 관심을 반영하여 유아가 즐겁게 경험하며 배우도록 지원할 수 있다. 이때 교사가 활동을 운영할 때 유아가 주도하는 놀이의 내용과 연계하여 유아가 즐겁게 배울 수 있도록 지원하는 것이 중요하다.

예를 들어, 현재 유아가 하고 있는 놀이에 부합하면서 유아의 흥미나 관심과 관련된 동화 듣기, 노래 부르기, 요리하기, 게임 등을 제안하여 즐겁게 놀이하는 방식으로 활동을 할 수 있다. 또한 유아가 자신이 하고 있는 놀이를 친구들에게 소개하기, 놀이 규칙 정하기, 특정 관심사에 대해 함께 알아보기 등 상황에 따라 이야기를 나누는 것도 가능하다. 만일 교사가 유아의 놀이를 지원하기 위해 다양한 활동을 계획했더라도 이는 유아의 관심과 흥미에 따라 얼마든지 수정할 수 있다. 유아의 흥미나 관심 등을 고려하지 않고 미리 정해진 주제에 따라 활동을 진행하기보다는 유아가 주도해 가는 놀이와 연계하여 활동을 진행하는 것이 바람직하다(교육부, 보건복지부, 2019).

교사는 먼저 유아들의 놀이를 잘 관찰하고, 놀이를 확장하고 개념을 발전시키며 풍부한 경험을 이끌기 위해 일과 운영 중에, 혹은 일과가 끝난 후 놀이와 연계된 활동을 계획한다. 누리과정 5개 영역의 목표와 내용을 잘 이해하고, 이들 영역 간의 통합성을 염두에 두고 활동을 계획한다. 교사가 활동을 제안할 때 유아들이 놀이와 연계된 느낌을 가질 수 있도록 이전의 놀이 경험을 회상해보며 흥미를 불러일으키는 도입 과정을 계획한다. 활동의 교과 특성을 고려하여, 관련된 개념과 발문을 계획한다. 예를 들어, 음악 교과의 경우는 유아들이 음악적 요소를 경험하며 창의적 표현을 이끄는 발문을, 수학 교과의 경우는 관련된 수학개념이 수준에 적합하게 다뤄질 수 있도록 발문을 예상하여 정리해본다. 활동의 마무리에서는 활동을 짧게 되돌아보며 유아들에게 만족감 및 성취감, 또 다른 기대감을 심어줄 수 있도록 상호작용하고, 다음에 진행될 놀이와 연결해보도록 안내한다. 활동 진행 과정에서 교사 주도적인 상호작용을 지양하고, 유아들이 활동을 경험하는 가운데 보이는 관심과 흥미에 따라 활동내용이 유연하게 수정될 수 있음을 유의한다(박찬옥 외, 2020).

chapter 2 활동중심의 교과 통합

주제를 중심으로 교과가 통합될 수도 있고, 활동을 중심으로 다른 교과 간 또는 교과 내 교육내용이 통합되어 다루어질 수 있다. 2장에서는 예비유아교사와 현직교사들이 수업 진행하기가 어렵다고 말하는 6가지 활동유형을 중심으로 수업 운영방법을 상세히 알아보고, 단위활동계획안 예시를 통하여 '인식하기→탐색하기→탐구하기→활용하기'의 4단계에 따라 활동을 중심으로 교과가 통합된 실제를 살펴보고자 한다.

활동중심의 교과통합

- 교과 간 교육내용
- 교과 내 교육내용

주제중심뿐만 아니라 활동을 중심으로 교과 통합이 이루어질 수 있다. 서로 다른 교과 간 또는 교과 내 교육내용이 연계되거나 통합되어 진행될 수 있다. 예를 들어 이야기 나누기 시간이라면 말로만 이야기하는 것이 아니라, 이야기 주제와 관련된 퀴즈나 게임하기, 신체로 표현하기, 노랫말을 지어 부르기, 과학실험 등 서로 다른 교과 간 통합이 되어 이루어질 수 있다. '이야기 나누기' 활동에서 이야기 나누기와 게임의 다른 교과 간 통합이 이루어진 예를 제시하면 다음의 표 3-3 과 같다.

표 3-3 교과 간 통합의 예

활 동 명	세계 여러 나라의 전통가옥
활동유형	이야기 나누기
활동목표	1. 주어진 문장을 잘 듣고 이해하여 퀴즈를 맞힐 수 있다. 2. 우리나라와 세계 여러 나라의 다양한 가옥에 대해 관심을 갖는다. 3. 서로 다른 집 형태의 차이점을 안다.
누리과정 관련내용	• 의사소통〉듣기와 말하기〉상대방이 하는 이야기를 듣고 관련해서 말한다 • 사회관계〉사회에 관심 가지기〉다양한 문화에 관심을 가진다
활동자료	세계 여러 나라 전통가옥 사진(아프리카, 칠레, 필리핀, 그리스, 몽골 등), PPT 자료, 마스킹 테이프, O/X 카드
활동방법	1. 우리나라의 전통가옥과 세계 여러 나라의 전통가옥 사진을 보며 이야기 나눈다. – 지난 시간에 우리나라와 세계 여러 나라 집에 대해서 알아보았지? – 지금 너희들이 살고 있는 집은 어떻게 생겼니? – (우리나라 전통가옥 사진을 보며) 우리나라의 전통 집에는 어떤 것들이 있을까? – (세계 여러 나라 전통가옥 사진들을 보며) 이 사진에 있는 집은 어느 나라의 집인 것 같니? 여기는 날씨가 어떤 것 같니? – 이 집들은 어떻게 생겼어? 무엇으로 만든 것 같니? 왜 이런 재료로 집을 지은 걸까? – 왜 이런 곳에 집을 짓고 살았을까? 2. 게임방법과 규칙에 대해 이야기 나눈다. – 방금 이야기 나누었던 여러 가지 집에 관한 O, X 퀴즈 맞히기 게임을 해보자. – 바닥에 O와 X가 크게 표시되어 있지? 어떻게 움직이는 것일까? – 정답을 맞힌 사람들은 다음 문제를 이어서 맞힐 수 있어. 틀린 사람들은 어떻게 하기로 할까? – 그런데 만약 정답을 아는 사람이 큰 소리로 정답을 말하거나, 게임에 방해되는 행동을 하게 되면 어떻게 될까? 어떻게 해야 재밌게 게임을 할 수 있을까? 3. O, X 로 퀴즈를 맞혀본다. – 문제를 잘 듣고 선생님이 셋을 셀 동안 O나 X 둘 중에 한 곳으로 가보자. 숫자를 다 세면 옮길 수 없으니까 잘 생각해서 움직이자.

교과 간 통합

- 이야기 나누기 – 게임
- 동화 – 미술
- 노래 – 게임
- 동화 – 요리
- 과학 – 미술 등

활동방법	1. 이글루는 얼음으로 만든 집이다. (O) 2. 기와집의 지붕은 볏짚으로 만들어진 집이다. (X) 3. 수상가옥은 산 위에 만들어진 집이다. (X) 4. 인디언은 돌로 만든 집에서 산다. (X) 5. 일본의 집은 다다미라는 마룻바닥이다. (O) 6. 터키는 돌로 만든 집이 많다. (O) 7. 성은 대부분 낮고 가볍게 지어진다. (X) 8. 몽골의 파오는 가볍고 이동하기 쉽게 지어진 집이다. (O) 9. 아프리카는 지붕까지 흙으로 지은 집에서 산다. (X) 10. 초가집은 지붕이 볏짚이나 풀로 되어 있는 집이다. (O) 4. 게임이 끝난 후 재미있었던 점과 아쉬웠던 부분에 대해 회상한다. – 오늘 우리나라와 세계 여러 나라 전통 집들에 대해 이야기 나눈 후, O, X 퀴즈 게임을 해 보았는데 어떤 점이 가장 기억에 남았니? – 이런 다른 방법으로도 게임을 해보고 싶어요! 라는 것이 있니? – 오늘 맞혀본 퀴즈는 어느 영역에 둘까? 너희들이 자유놀이 시간에 한 번 더 맞혀 보자.

한 교과 내에서 교육내용 간 통합이 이루어질 수도 있다. 예를 들어, 새노래 부르기 활동에서 노래를 부르는 것뿐만 아니라 그것과 어울리는 율동을 만들어 표현해 보거나 악기연주로 연계하여 음악교과 내 통합도 꾀할 수 있다. 또한 동화를 듣고 동화의 앞부분이나 뒷부분을 재구성하거나 또는 동화내용을 대본화하여 동극활동으로 연계하여 언어교과 내 통합이 되도록 할 수 있다. 표 3-4 는 '동화' 활동에서 동화를 감상한 후, 등장인물을 바꿔 동화 전체를 재구성함으로써 언어교과 내 통합이 이루어진 활동의 예이다.

교과 내 통합

- 노래 – 율동
- 동화 – 동시짓기
- 동시 – 동극
- 음악감상 – 악기연주 등

표 3-4 교과 내 통합의 예

활 동 명	비가 오는 날에
활동 유형	동화
활동목표	1. 비오는 날에 있었던 경험을 바탕으로, 동화를 재구성해 본다. 2. 자신의 생각과 느낌을 말로 표현할 수 있다. 3. 동화의 내용을 이해하고, 즐거운 마음으로 감상한다.

누리과정 관련내용	• 의사소통〉듣기와 말하기〉상황에 적절한 단어를 사용하여 말한다 〉책과 이야기 즐기기〉책에 관심을 가지고 상상하기를 즐긴다
활동자료	'비가 오는 날에' 동화책 (이혜리 지음/ 정병규 꾸밈/보림출판사) 마카, 동화 재구성판, 사자 손가락 인형
활동방법	1. 손가락 인형을 보며 사자의 이야기를 듣는다. – 얘들아~ 오늘 날씨가 어떠니? 어떤 소리가 들렸니? – (사자 인형을 보며) "어, 비가 오네! 너희들은 비가 오는 날에 무엇을 하니?" – "우와, 너희들은 비가 오는 날에 많은 것들을 하는구나. 켁켁. 말을 많이 했더니 목이 말라. 마침 비가 오니까 빗물 좀 마셔야겠다." 2. '비가 오는 날에' 동화를 감상한다. – 사자가 비가 와서 빗물을 마시러 간대. 다른 동물들은 비오는 날 무엇을 할까? **비가 오는 날에** 이렇게 비가 오는 날, 치타는 무얼 할까? 우산이 날아 갈까 봐 꽉 붙잡고 있지. 이렇게 비가 오는 날, 사자는 무얼 할까? 목이 말랐는데 잘됐구나 하고 실컷 물을 먹어. 3. 동화에 나온 동물들이 무엇을 했는지 회상한다. – 동화 속에 어떤 동물이 나왔니? – 그 동물이 비가 오는 날에 무슨 일을 했어? 또? 4. 다른 동물들은 비가 오는 날 무엇을 할지 이야기해 보고, 동화를 재구성해 본다. – 이 동화에서는 사자만 나왔지만, 비가 오는 날에 다른 동물들은 무엇을 하는지 동화를 만들어 볼까? – 어떤 동물이 등장하는 걸로 할까? – 이렇게 비가 오는 날에는 어떤 동물이 밖으로 나올까? – ○○는 비 오는 날 무엇을 할까? – ◎◎가 무슨 소리를 내면 동화가 더 재미있을까? – 동화의 끝을 뭐라고 쓸까? 5. 바꾸고 싶은 부분을 고친다. – 너희가 지은 동화를 선생님이 한 번 읽어줄게~ 들으면서 '이 부분은 이렇게 고쳐요.' 하는 사람 있으면 얘기해 줘~ – 들어보니까 바꾸고 싶은 부분이 있니? 그 부분을 뭐라고 바꾸는 것이 좋을까? – ◇◇가 어떤 소리를 내면서 이런 행동을 했다고 쓸까? 6. 내용에 맞는 제목을 정한다. – 동화의 제목을 뭐라고 지을까? 지은 사람은 누구라고 쓸까? 7. 완성된 동화를 감상한다. – 우리가 함께 지은 동화가 어떤 이야기인지 처음부터 읽어볼까?

활동방법	
	비오는 날 무얼 하고 있을까? 지은이: 소망반 아이들 이렇게 비오는 날, 지렁이는 무얼 할까? 무얼 하긴… 물위에서 쏴아 슬라이딩 하고 있지 이렇게 비오는 날, 개미는 무얼 할까? 무얼 하긴… 툭탁툭탁 집을 수리하고 있지 이렇게 비오는 날, 기린은 무얼 할까? 무얼 하긴… 친구들한테 슝 물 미끄럼틀 태워주고 있지. 8. 동화를 재구성해 본 생각과 느낌을 이야기한다. – 오늘 동화를 지어 보았는데, 느낌이 어땠니? 어떤 점이 재미있었어? – 너희들이 만든 동화의 그림을 그려 줄 사람 있니? ~부분을 맡아서 그리고 싶은 사람? ~부분은 누가 할래? 종이는 미술영역에 놓아둘게. – 그림이 완성되면 너희들이 지은 동화와 함께 언어영역에 놓아줄게. '노란 우산' 음악과 함께 감상해 보자.

활동중심으로 교과 간 또는 교과 내 통합은 하나의 단위활동으로 일회로 진행될 수도 있고, 또는 하루일과 내에서 자유놀이와 활동이 연계하여 이루어지기도 하며, 며칠에 걸쳐서 연계 · 통합될 수도 있다.

교육과학기술부(2012)에서 제시한 활동으로는 이야기 나누기, 동화 · 동시 · 동극, 음악, 신체, 게임, 요리, 미술, 현장체험 등이 있고, 자유놀이로는 쌓기놀이, 역할놀이, 언어, 수 • 조작, 과학, 미술, 음률 등이 있다. 이 중에서 특히 예비유아교사나 초임 또는 저경력 교사들이 수업을 진행하는 데 어려움을 호소하는 이야기 나누기, 게임, 노래, 동극, 창의적 신체표현, 요리활동 등 6가지 활동의 구체적인 진행방법에 대해 기술하고자 한다.

활동의 4단계

- 인식하기
- 탐색하기
- 탐구하기
- 활용하기

앞서 2부에서 언급한 바와 같이 활동은 '인식하기 → 탐색하기 → 탐구하기 → 활용하기'의 4단계로 진행된다. 이 장에서는 4단계가 잘 드러나면서도 활동중심의 교과 통합이 효과적으로 이루어지는 활동의 예를 제시하기로 한다.

교사 위주로 생각할 때 편의상 교과별로 다루는데, 실제 유아들은 자신을 둘러싼 세상에 대해 배워 나갈 때 분절된 교과로 배우는 것이 아니라 통합된 전체 경험으로 배운다. 통합은 부분들을 전체에 관련시켜 결합해 가는 과정이며 유아는 자신의 경험들을 통합하여 전인적으로 성장 · 발달한다. 그러므로 교사들은 각 교과별 내용과 교수 · 학습방법을 충분히 숙지한 후 하루일과 내에서 주제를 중심으로 또는 활동을 중심으로 교과가 통합적으로 운영되도록 해야 할 것이다.

집단으로 활동할 때 유아의 연령과 시기, 개별 유아의 특성을 고려하여 개별 또는 소집단, 대집단 등으로 집단 형태를 다양하게 구성한다. 3세 유아는 발달특성상 대집단보다는 혼자서 하는 개별활동과 소집단활동에 좀 더 비중을 두고, 학기 초에도 대집단보다는 개별이나 소집단의 활동 기회를 충분히 제공하여 유아가 정서적으로 안정감을 가지고 새로운 환경에 적응하고 적극적으로 활동에 참여할 수 있도록 도와야 한다. 반면 5세 유아는 대집단에서 자신의 욕구를 조절하고 지연시키기도 하며 절제력을 키우는 기회를 갖는 것이 필요하다는 데서 연령별 차이가 있음을 고려한다.

또한 같은 연령의 유아라 할지라도 각자 경험의 내용과 범위, 관심사, 학습능력, 발달수준 등 많은 부분에서 서로 차이가 있다. 그러므로 교사는 유아의 연령만을 기준으로 교육활동을 계획하는 것이 아니라 개별 유아의 특성을 함께 고려해야 한다. 모든 유아가 동시에 같은 것을 하도록 기대하지 말고, 난이도가 다른 다양한 활동을 제공하는 배려도 요구된다.

1 이야기 나누기

이야기 나누기는 유아교육 활동의 꽃이라고들 말한다. 이야기 나누기는 주말 지낸 이야기나 새로운 소식과 같은 경험 나누기, 새로운 놀이자료를 소개하고, 주제에 대한 이해와 토의 등을 하는 활동을 말한다.

이야기 나누기는 즐겁게 배우고 기꺼이 나누는 과정을 통해 사고하기 · 의사소통하기 · 공유하기 · 관계 맺기 등을 배움으로써 유아의 삶이 변화되는 것에 중점을 두며, 잘 듣고, 잘 생각하고, 잘 말하는 의사소통 기술을 배움으로써 궁극적으로는 유아의 사고력이 향상될 수 있도록 도울 뿐 아니라, 유아로 하여금 앎(지식) 자체가 아니라 무언가를 알아가는 기쁨과 즐거움을 누적적으로 경험하게 하는 데 목표가 있다.

이야기 나누기 목표

- 사고하기
- 의사소통하기
- 공유하기
- 관계 맺기
- 알아가는 기쁨 경험하기

이야기 나누기를 통해 유아들은 지식을 확장시킬 수 있을 뿐만 아니라 타인의 의견을 듣는 태도, 자신의 의견을 말하고 효과적으로 전달하는 능력, 여러 사람의 의견을 종합하여 공동의 의미를 구성해 나가는 능력 등을 기를 수 있다. 유아들은 이야기 나누기를 통하여 자신이 아는 것과 잘 모르는 것, 자신이 잘못 알고 있었던 것과 다른 사람이 잘못 알고 있는 것, 자신이 아는 것과 다른 사람이 아는 것에 대해 끊임없이 생각하며 말하고, 들으며 생각하고, 생각하며 질문하는 것을 통하여 공유된 지식과 경험을 자기 내면에서 통합하게 된다.

바람직한 이야기 나누기 활동이 이루어지기 위한 대전제는 '이야기 나누기(공유하는 과정)를 즐기는 교사와 유아', '귀 기울여 들을 줄 아는 교사와 유아', '생각하기를 좋아하는 교사와 유아'가 있어야 한다. 이야기 나누기에 관한 실천적 지식을 형성하기 위해서는 유아교사가 개인적 교수 경험에 대한 끊임없는 자기반성의 기회를 가져야 한다. 유치원 교사로서의 삶을 보여줄 수 있는 통로는 교사의 언어이며 유아교육기관에서의 이야기 나누기 시간은 교사의 언어가 가장 적나라하게 드러나는 시간이다. 교사는 자신의 언어를 통하여 자신의 생각을 드러내고 자신의 행위를 통하여 자신이 한 말의 진정한 가치와 의미와 감동을 유아에게 전달하게 된다.

한편 '이야기 나누기'가 아닌 '이야기하기'로 이루어지는 경우가 있다. 여러 측면에서 이야기 나누기가 이야기하기와 어떻게 다른지 비교해 보면 표 3-5 와 같다. 이러한 비교를 통하여 이야기 나누기 시간의 진정한 의미와 교사의 역할에 대해 자세히 알 수 있을 것이다.

표 3-5 이야기 나누기와 이야기하기의 차이점

이야기 나누기		이야기하기
유아들이 자신의 경험, 생각, 느낌을 이야기하는 동안 올바른 의사소통 기술을 배우고, 언어표현력과 관계를 증진하며, 지식과 정보 및 사물을 공유하는 태도를 기르고 궁극적으로는 개개 유아의 사고능력이 향상되도록 돕는 것이 주목적임	**활동목표**	지식과 정보의 전달 및 습득이 주목적임
특정 시기에 관계없이, 교사-유아 간의 합의에 따라 주제나 상황이 선정되어지며, 활동 중에라도 당사자들의 관심이 바뀌거나 특별한 상황이 발생한 경우에는 진행 중이던 주제가 유보, 전이, 심화될 수 있는 융통성 있음	**활동주제**	교사에 의해 일방적으로 주제나 상황이 선정되고, 정해진 주제는 특정 시기에 고정되어 획일적으로 실행함
쌍방적 대인 간 커뮤니케이션	**의사소통 형태**	일방적 대인 간 커뮤니케이션
교사와 유아	**활동주체**	교사
평등관계 – 가르치는 사람과 배우는 사람의 경계가 없이 상호 가르치고 배움	**교사 – 유아 관계**	불평등관계 – 가르치는 사람과 배우는 사람을 엄밀하게 구분함
말하는 사람과 듣는 사람의 역할이 고정되어 있지 않음 – 교사와 유아 모두 : 말하거나 듣는 사람	**역할**	많은 사람과 듣는 사람의 역할이 고정되어 있음 – 교사 : 말하는 사람 유아 : 듣는 사람
교사와 유아 : 잘 말하고, 잘 듣는 기술과 맥락을 이해하고 적절하게 질문하는 기술	**관련기술 및 태도**	교사 : 잘 말하는 기술 유아 : 잘 듣는 태도
역동적인 분위기 – 적극적 경청과 상호 토론 및 논쟁이 허용되는 개방적 대화 분위기 – 교사는 질문을 한 다음 유아가 생각할 시간을 충분히 제공하며 기다려 줌 – 개방적/확산적 질문이 많음	**활동 분위기**	정적인 분위기 – 유아가 수동적으로 조용히 경청하는 것을 선호하는 폐쇄적인 분위기 – 교사는 질문을 한 다음 유아에게 생각할 시간을 충분하게 제공하지 않음 – 폐쇄적/수렴적 질문이 많음
활동과정을 중시함	**평가**	활동결과를 중시함
계획은 있으나, 유아의 마음과 생각의 흐름을 읽으면서 즉흥적으로 재구성하며 유아의 생각이 열리고 공유되도록 격려함	**교사의 역할**	교사가 계획한 대로 지식과 경험을 효과적으로 전달함

출처: 허미애(2007). 유아교사의 이야기 나누기에 대한 실천적 지식탐구.

이야기 나누기 시간의 주제는 교사가 제안할 수도 있으나, 유아들이 주변 환경이나 문제상황을 인식함으로써 제안할 수도 있고, 예상하지 못했던 상황이 발생하여 그와 관련된 주제가 선정될 수도 있다. 수렴적 질문과 확산적 질문을 적절히 활용하여 대화를 촉진하고, 유아들이 생각하여 볼 수 있는 충분한 시간적 여유를 준다.

교사는 이야기 나누기를 통하여 유아들이 지금 당장 무엇인가에 대해 확실하게 알게 하려 하기보다는 유아들이 새로운 지식을 발견해 나가는 과정 속에서 '무엇을 알아가는 과정은 참 재미있고 즐거운 일이다'라는 것을 느낄 수 있도록 도와야 한다.

주제에 따른 이야기 나누기

교사와 유아가 자신의 이야기거리를 보여주며 소개한 후 자유롭게 질의응답한다.

주제에 따른 이야기 나누기가 가장 많이 이루어지고 있다. 진행되는 주제에 관련하여 교사가 주제와 관련된 지식과 정보를 주기도 하며 유아들과 함께 지식과 경험을 나누기도 한다. 이야기 나누기 시간의 가장 중요한 자료는 교사와 유아의 이야기거리라고 할 수 있다(곽현주, 2004). 교사도 이야기 나누기 자료를 준비하고, 유아도 주제와 관련된 이야기거리를 집에서 가져와 보여주며 이야기한다. 이야기거리가 될 수 있는 것들로 정보를 전달하는 사진, 신문, 여행이나 특별한 경험이 담긴 사진, 유아가 그린 그림, 팜플렛, 장난감, 키우고 있는 동식물, 수집한 자연물, 생활도구, 그림책, 영상, 음원, 가정연계활동지 등을 들 수 있다. 유아들이 집에서 이야기거리를 찾아서 유아교육기관에 가지고 왔을 때 비슷한 것끼리 분류해 놓아 순서를 정하여 소개하도록 하면 진행이 수월하게 이루어진다. 유아들이 찾아오는 이야기거리가 비슷한 것들이 반복될 때 주제가 확장되게 하기 위해서는 교사가 유아들과 겹치지 않는 이야기거리를 준비해 오는 것이 좋다.

유아가 이야기거리를 보여주며 소개할 때 우선은 이야기거리를 소개하는 친구의 이야기를 잘 듣고, 그 물건을 탐색한 후 유아와 유아, 유아와 교사 간 질의응답을 하게 된다. 이때 교사는 "친구들아, 나는....", "내 이야기거리는...", "내가 이걸 왜 갖고 왔냐면...", "내 이야기는 이걸로 끝났어. 물어볼 게 있으면 물어봐" 등 모델링할 수 있는 언어적 패턴을 제시하면 다른 사람 앞에서 이야기하는 것을 부끄러워하는 유아들이 이야기를 더욱 풍부하게 할 수 있도록 촉진해 줄 수 있다. 간혹 친구들의 질문에 대답을 못하여 당황할 것이 두려워서 이야기거리를 가져오지 않는 유아도 있다. 이처럼 유아가 친구들의 질문에 대답하기 어려워할 경우엔 교사가 소개한 유아에게 질문을 던져 대답하는 것을 조금 도와주거나 "이 질문에 대해 말해줄 수 있는 사람 있니? 또? 다른 생각이 있는 사람 있니?"라며 앉아 있는 친구들에게 말해보도록 기회를 돌릴 수도 있다.

이야기거리 전시

집에서 가져온 이야기거리를 한쪽 코너에 전시해 준다.

흥미를 많이 보이는 이야기거리라면 한 명씩 돌아가면서 직접 만져볼 수 있게 할 수 있다. 유아들이 가져온 이야기거리를 교실의 한 쪽에 전시해 주면 주제에 대한 관심을 확장시키고 다른 유아들도 이야기거리를 가져오도록 유도할 수 있다.

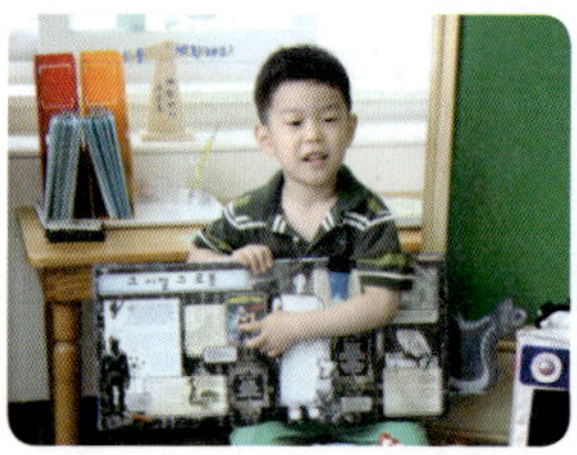

마찬가지로 교사가 가져온 이야기거리를 소개할 때도 교사가 소개하는 이야기거리를 우선 살펴보며 충분히 탐색한다. 교사의 이야기거리에 대해 궁금한 점이 있는지, 알게 된 것이 있는지, 함께 탐색하면서 더 궁금해진 것이 있는지 등 이야기를 하며 마무리짓는다. 교사와 유아가 모두 주제와 관련된 이야기거리를 준비해 와서 보여주며 소개하고 질의응답을 할 때 유아가 보다 주도적으로 활동할 수 있다. 유아가 가정에서 주제와 관련된 이야기거리를 잘 준비해 와서 적극적으로 참여하도록 돕기 위해서는 학부모의 협조가 필요하다. 새로운 주제로 확장되기 전에 주제와 관련하여 진행될 다양한 활동들에 대해 홈페이지나 매주 발송되는 가정통신문을 통하여 "요즘 어떤 주제에 대해 알아보고 있니? 무엇을 이야기거리로 가지고 가고 싶어? 친구들에게 뭐라고 소개할 거니?"라는 구체적인 상호작용 예시도 제시하며 부모가 주제와 관련된 이야기거리를 자녀와 함께 찾아달라는 협조를 구하면 효과적이다.

이야기 나누기 시간은 교사가 일방적으로 이야기거리를 준비하여 많은 유아가 똑바로 앉아 듣기만 하는 시간이 아니다. 교사와 유아가 모두 주체가 되어 주제와 관련된 이야기거리도 함께 찾고 서로 공유하며 만들어 가는 시간인 것이다. 이야기 나누기는 주제에 관련하여 토의, 과학실험, 요리, 노래, 이야기 짓기 등 다양한 접근방법으로 진행되기도 한다.

이야기거리 준비

- 가정통신문을 통하여 학부모의 협조 요청
- 교사와 유아가 모두 찾아옴

토의: 친구의 화를 풀어주는 방법('친구' 주제)

친구가 화가 났을 때 모른 척하는 게 좋을까? 아니면 친구의 화를 풀어주는 게 좋을까?

- 내가 모르고 했을 때 '미안해'라고 말해요.
- 친구가 속상해할 때 '괜찮아?'라고 물어봐요.
- 친구를 웃게 해줘요(웃긴 몸짓, 표정, 말, 간지럼)
- 처음부터 친구를 화나게 하지 말아요.
  - 짜증내는 말투, 화내는 말투가 아닌 부드러운 말투로 말해요.
  - 놀리지 않아요.
  - 친구의 말과 행동을 따라하지 않아요.
  - 친구가 '하지 마'라고 말할 때에는 멈춰요.

과학실험

이야기 나누기 운영 시 고려사항

- 집단 크기
- 연령에 따른 소요시간
- 장소와 대형

이야기 나누기 시간의 효율적인 운영을 위해 고려해야 할 몇 가지 사항이 있다.

첫째, 집단 크기를 고려한다.

일반적으로 이야기 나누기 시간은 집단으로 진행되기 때문에 교사는 많은 수의 유아들을 주의 집중시키며 활동을 진행해 나가야 하는 어려움을 겪으며, 유아들 입장에서도 자신의 생각도 말하지만 다른 사람의 이야기를 듣고 기다려야 하는 어려움이 있다. 이러한 단점을 보완하기 위하여 이야기 나누기 활동은 집단을 둘로 나누어 각 집단 유아들의 흥미 중심으로 운영할 수 있다. 이때 교사가 이야기 나누기 활동을 두 번 하면 된다.

둘째, 대상연령에 따른 소요시간을 고려한다.

연령별 그리고 학기별로 유아들의 주의집중 시간을 고려하여 소요시간을 융통성 있게 계획할 수 있다. 1학기의 경우 3세는 10~15분, 4세는 15~20분, 5세는 20~25분으로 추정하나, 2학기가 되면 조금 더 시간을 연장하여 운영할 수 있다.

셋째, 장소와 대형을 고려한다.

유아의 수를 고려하여 교실의 넓은 공간에서 이야기 나누기를 한다. 이때 이야기를 나누는 장소 옆에 장난감 또는 미술재료가 있는 곳이거나 부착된 게시물이 많은 벽 등은 집중을 방해한다. 그러므로 교실 전체의 영역 중 이야기 나누기에 몰입하기 좋은 장소로 정하는 것이 좋다. 그리고 '이야기 나누기하는 카펫'처럼 한 곳을 정하여 이야기 나누기하는 것이 안정적이긴 하나 때에 따라서는 교실에서 다른 장소로 이동하거나 실외놀이터의 조용한 곳으로 옮겨가서 진행할 수도 있다. 또한 활동 중 OHP, 컴퓨터와 텔레비전 등 필요한 교수매체를 사용하기 용이한 곳으로 이동할 수도 있다. 이처럼 가끔 장소를 이동하여 이야기 나누기 활동을 할 경우 유아들이 의외로 몰입을 잘 하는 모습을 관찰할 수 있다.

주의집중에 긍정적 영향을 주는 대형

- 반원형
- 원형
- V자형
- ㄷ자형 (의자+교실 바닥)

여러 명의 유아와 이야기 나누기할 때 대형도 주의집중에 영향을 주는 중요 요인이 된다. 반원형, 원형, V자형으로 서로 잘 보이게 앉힌다. 유아들의 수가 많을 때는 교실 바닥과 의자에 유아들을 반으로 나누어 앉도록 한다.

이야기 나누기 시간의 교사 역할로는, 수업 준비를 철저히 할 뿐만 아니라 진행되고 있는 주제에 관련된 활동내용에 대해 정확한 사전 지식을 갖추고 있어야 한다. 교사도 처음 접해 보는 활동이라 이에 대한 지식이 거의 없는 경우, 주변 사람들에게 도움을 요청해 보거나 책이나 인터넷 검색을 미리 해봄으로써 확실하게 사전 지식을 갖추려고 노력해야 한다. 또한 질문의 종류가 다르면 사고의 종류도 다르다. 주제에 대해 심도 있게 이야기 나눌 때 무엇보다도 교사의 발문이 유아들로 하여금 사려 깊게 생각하고 말하는 데 중요한 영향을 미친다. 그러므로 교사는 주제와 관련된 개념을 습득하도록 질문의 유형을 알고 적절히 발문해야 한다. 이전 경험의 회상을 돕는 기억 재생적 질문, 제공된 자료나 활동의 과정을 직접 보며 추론해 보게 하는 질문, 조사하기를 격려하는 질문, 비교를 통해 차이점을 분석하도록 하는 질문, 문제해결을 요구하는 질문, 알고 있는 것과 새롭게 알게 된 것들과의 관계를 평가하는 질문, 의문을 갖도록 격려하는 질문 등 어떠한 질문을 던질 것인가에 대해서도 미리 생각하여 개념과 상황에 알맞게 다양한 질문을 사용해야 한다.

마지막으로 유아들은 이야기 나누기 시간을 통하여 잘 듣고, 잘 생각하고, 잘 말하는 태도를 배워야 할 필요가 있다. 또한 자신과 다른 의견을 말한 친구를 존중하고, 유아들이 나와서 발표할 때 특히 소극적인 유아나 목소리가 작은 유아들이 무시당하지 않고 끝까지 말을 할 수 있도록 서로 존중해 주는 분위기를 조성해 주어야 한다. 이를 위해 교사가 개개 유아를 격려하고 배려해 주는 본보기를 먼저 보여주는 것이 바람직하다. 이와 같이 교사의 끊임없는 언어적 중재를 통하여 상호

이야기 나누기 시간 교사 역할

- 이야깃거리 준비
- 주제관련 사전 지식 갖춤
- 교사 발문
- 서로의 말과 생각을 존중해 주는 분위기 조성

존중해 주고 기다려 주는 태도, 인내심이 길러지도록 해야 하며, 또한 즐겁게 생각하고 서로에게 기여하는 사고의 공동체가 형성될 수 있도록 도와야 한다.

"누구나 모르는 것이 있어. 선생님도 모르는 것이 많이 있는걸!"
"○○야, 그렇게 화난 사람처럼 말하지 말고, 이건 이런 거야~ 하고 친절하게 이야기해 주겠니?"
"○○야. 조금만 더 큰 소리로 이야기해 주겠니? 라고 부탁해 봐."
"○○는 생각 할 시간이 조금 더 필요한가 보다. 우리가 조금만 더 기다려 줄까?"
"너는 이야기할 때 다른 친구들이 잘 들어주지 않는다면 기분이 어떨 것 같니?"
"친구야, 안보여, 좀 앉아주겠니~ 하고 말해 볼까?"
"너랑 나랑 생각이 같구나. 우리 하이파이브 해볼까?"
"친구 이야기를 끝까지 들어보자. 다 듣고 나서 궁금한 것이 있으면 물어보렴."
"○○야, 다른 친구들이 너무 많이 기다리니까 조금만 짧게 이야기해 주겠니?"

이야기 나누기 활동 예시 ❶

소리 장난감

| 활동목표 |

- 소리가 나는 물건에 관심을 가지고 탐색해 본다.
- 친구에게 바른 태도로 이야기거리를 소개한다.
- 궁금한 것에 대해 질문해 본다.
- 다른 사람의 생각을 존중한다.

| 누리과정 관련내용 |

- 의사소통〉듣기와 말하기〉말이나 이야기를 관심 있게 듣는다.
  〉자신의 경험, 느낌, 생각을 말한다.
- 신체운동 · 건강〉신체활동 즐기기〉신체를 인식하고 움직인다.
- 사회관계〉더불어 생활하기〉약속과 규칙의 필요성을 알고 지킨다.
- 자연탐구〉탐구과정 즐기기〉궁금한 것을 탐구하는 과정에 즐겁게 참여한다.
  〉생활 속에서 탐구하기〉도구와 기계에 대해 관심을 가진다.

| 활동자료 | 유아가 가져온 이야기거리(소리 장난감)

| 활동방법 |

① 유아가 가져온 이야기거리를 살펴보며 소개한다. 인식

- 오늘은 친구가 가져온 소리 이야기거리를 소개해 볼 거란다.
  얘들아, ○○가 가져온 이야기거리가 무엇인지 함께 물어볼까?
- 가방에서 이야기거리를 꺼내 볼까?
- (보여주며) 친구들아, 나는~

- 이것은 무엇이니?
- 이 장난감으로 어떻게 놀이를 할 수 있니?
- 또 다른 소리를 낼 수 있니?
- 친구들에게 더 소개해 주고 싶은 것이 있니?

② 소리 장난감을 탐색해 본다. 탐색

- 이 장난감은 움직이면서 여러 가지 소리를 내는구나. 만질 때 어떤 소리가 나니?
- 톡톡 건드릴 땐 다른 소리가 날까?
- 만약 ○○가 소리 나는 인형이 된다면 어떤 소리를 내고 싶니? ○○가 소리 나는 인형이 되어 소리 내볼래?
- 흔들면 어떤 소리를 낼까? 누가 앞에 나와서 ○○를 흔들어 볼까?
- 또 소리 나는 장난감엔 어떤 것이 있을까?

③ 각 유아의 소개가 끝나면, 궁금한 점에 대해 유아와 유아, 유아와 교사 간에 자유롭게 질의 응답한다. 탐구

- ○○의 이야기거리에 대해 궁금한 것이 있니? 궁금한 것이 있으면 물어봐.
- 왜 그것을 가지고 왔니?
- 너희 집에 소리 나는 다른 장난감도 있어?
- 어디서 샀어?
- 유치원에 몇 밤 놔두고 봐도 돼?
- 그것은 누가 사주셨어?

④ 다음 차례의 유아가 앞에 나와서 준비한 이야기거리를 소개한다. 활용

⑤ 이야기거리를 소개한 친구들을 칭찬해 준다.

- 소리 이야기거리를 가져와서 소개한 ○○를 칭찬해 주자.

이야기 나누기 활동 예시 ❷

친구와 함께 놀이하기

| 활동목표 |

- 얼굴 표정을 보고 감정 상태를 적절히 인식한다.
- 상황에 따라 유발되는 감정을 추론한다.
- 친구와의 갈등상황을 긍정적으로 해결해 본다.

| 누리과정 관련내용 |

- 의사소통〉듣기와 말하기〉상대방이 하는 이야기를 듣고 관련해서 말한다.
- 사회관계〉더불어 생활하기〉서로 다른 감정, 생각, 행동을 존중한다.

| 활동자료 |

기본 감정(행복함, 슬픔, 화남, 놀람) 얼굴표정 4장, 친구가 놀이에 끼워주지 않아 외로운 아이 상황 그림

| 활동방법 |

① 네 가지 얼굴표정 사진을 한 장씩 보며 감정과 그 감정이 유발된 이유를 추론해 본다.

- (각각의 얼굴표정 사진을 보며) 이 아이는 어떤 기분인 것 같니?

- 왜 그렇게 생각했니? 무엇을 보고 이 아이의 마음을 알 수 있었니?
- 또 어디를 보고 알 수 있니?
- 어떤 일이 있어서 행복한/슬픈/화난/놀란 기분이 든 걸까?

② 친구랑 어울리지 않아 외로운 아이의 상황 그림을 살펴보며 마음을 헤아려 본다.

- 그림에서 아이들은 무엇을 하고 있는 것 같니?
- (슬픈 아이를 보며) 이 아이는 마음이 어떨까? 어디를 보고 알 수 있었니? 왜 그런 걸까?
- 얼굴표정과 어떤 일이 벌어졌는지 상황을 보면 마음을 알 수 있구나!

③ 유치원에서 친구와 함께 놀이하기 위한 방법에 대해 이야기 나눈다.

- 그런데 이렇게 울고만 있으면 될까?
- 어떻게 해야 친구들과 같이 놀 수 있을까? 이 아이에게 어떻게 말을 해보라고 알려주겠니?
- 만약 그 친구들이 '너랑 놀기 싫어'라고 말하면 어떻게 하지?
- 너희들도 유치원에서 친구가 놀이에 끼워주지 않아 속상한 적이 있었니?
- 그럴 때 어떻게 했었니? 또?

④ 활동 후 평가한다.

- 친구들과 함께 놀이를 잘 할 수 있는 방법에 대해 이야기 나누었는데, 어떤 느낌이 들었니?
- 어떤 점을 새롭게 알게 되었니?
- 오늘 이야기 나눈 것을 직접 실천해 보고 어떠했는지 또 이야기해 보자.

| 활동의 유의점 |

① 유아들 간 자주 일어나는 갈등상황을 그림 자료로 제작해 두어 해결방법에 대해 이야기 나누기할 때 자료로 활용하면 좋다.

출처: 황의명, 박찬옥(1997). 유아를 위한 감성교육프로그램.

2 동극

동극은 교사가 동화를 들려주고 나서 유아들이 그 동화의 내용과 대사를 중심으로 극화해 보는 활동을 말한다.

동극활동 목표

- 표현력과 상상력 향상
- 탈중심화
- 협동심

동극활동의 목표는 동화내용을 동극으로 표현해 보는 과정을 통하여 표현력과 상상력을 기르고, 극화활동에 참여한 유아 모두는 연기자, 관객, 연출자 중 어느 한 가지 역할을 맡아 수행하는 과정을 통하여 다양한 학습을 하며, 유아 자신이 극중 인물이 되어 연기하는 과정을 통해 탈중심화를 도우며 여러 유아가 함께 동화의 내용을 구성하고 표현해 보는 과정을 통해 협동심을 배우는 데 있다.

유아들은 자신이 알고 있는 동화의 내용과 대사를 중심으로 극화해 보는 활동을 즐긴다.

동극 공연에 알맞은 동화책

- 유아들에게 친숙한 내용
- 단순한 줄거리
- 너무 길지 않음
- 등장인물의 수가 많은 것
- 장면 변화가 많지 않은 것
- 반복되는 대사
- 클라이맥스가 있는 것

동극을 하기 전 몇몇 준비사항이 있다. 교사는 동극에 적합한 동화를 선정하고 필요한 경우 각색하고, 공연에 필요한 소도구를 미리 준비해 놓고, 동극을 위한 대강의 무대장치 윤곽을 구상해 놓는다. 공연에 필요한 소도구를 미리 준비하여 놓는다.

동극공연에 알맞은 동화책을 선정하는 일이 중요하다. 동화의 내용이 유아들에게 친숙한 내용이어야 한다. 동화의 줄거리가 단순하면서도 길이가 너무 길지 않는 것이 좋다. 등장인물의 수가 많은 것이 좋다. 장면의 변화가 많지 않으며 대사 및 장면이 반복되는 것이 좋다(예; 누가 내 머리에 똥 쌌어?, 쥐의 결혼식, 커다란 순무, 주머니 없는 캥거루, 검피 아저씨의 뱃놀이). 클라이맥스가 있는 동화를 선정한다(예; 커다란 무에서 무가 빠지는 장면, 모자장수에서 원숭이가 모자를 바닥에 던지는 장면).

동극에 알맞은 동화 각색

- 등장인물 7~8명
- 대화체로 바꿈
- 짧은 이야기로 바꿈
- 세밀한 묘사를 생략
- 활동적인 언어로 수정

선정된 동화는 유아들이 동극하기에 쉽도록 내용을 각색한 후 들려준다. 등장인물은 7~8명 정도가 적당하다. 그러므로 동화를 교사가 각색해서 인물을 추가하여 만들 수도 있다. 설명체를 대화체로 바꾸어 리듬감을 살린다(예; 버섯 속으로 들어가게 해 달라고 부탁했습니다. → "나도 버섯 속으로 들어가게 해 줄래?", 염소 세 마리 → 아기 염소 콩콩, 엄마 염소 쿵쿵, 아빠 염소 쾅쾅). 동화의 내용이 긴 이야기는 짧은 이야기로 바꾸고 세밀한 묘사는 생략하고 쉬운 말과 활동적인 언어로 수정한다(예; 아름다운 꿈나라로 달음질쳤어요. → 잠이 들었어요).

동화 선정과 동극을 위한 대본은 교사가 미리 만들어 놓을 수 있다. 교사는 동화를 미리 선정한 후 동화를 들려줄 때 동극을 위해 각색된 내용으로 들려줄 수 있다. 그러나 5세의 경우 함께 대본을 만들어 동극 공연을 할 수도 있다.

동화 감상에서부터 공연 후 평가에 이르기까지 동극활동의 순서와 교사의 역할 및 유의점을 기술하면 다음과 같다.

동극활동 순서

- 동화 감상
- 동화 회상
- 무대 구성 및 소품 준비
- 배역 선정
- 약속 협의하기
- 동극 공연
- 평가
- 재공연
- 마무리 및 총평가

1) 동화 감상

교사는 동화의 내용이나 형식에 따라 융판, 막대, 테이블 등 다양하고 적절한 전달매체를 사용하여 들려줄 수 있다. 동극을 위해 동화를 듣는 것이기 때문에 동화 매체는 동화내용 회상에 도움이 되는 것으로 선정하면 좋다. 그중 융판동화는 유아가 단지 동화내용만을 듣는 것이 아니라 어디서 누가 나오는지에 대해 더 잘 기억할 수 있게 하는 이점이 있다.

융판동화를 사용할 경우 모든 유아들이 볼 수 있게 큰 융판을 준비하거나 원에 비치되어 있는 것을 사용한다. 융판 자료 뒷면에 등장하는 순서대로 번호를 적어둔다. 막대인형을 이용할 경우 아크릴 막대를 이용해서 막대인형을 만들고 반탁 위에서 움직일 수 있게 한다. 막대 뒤에 벨크로를 붙이면 탈부착이 수월하다.

동극을 하기 위한 동화는 구연으로 하는 것이 좋으며 매체를 사용할 경우에는 유아의 상상력을 살릴 수 있도록 가능하면 너무 세밀하게 묘사하지 않는 것이 좋다. 동화를 들려줄 때 좀 더 실감나게 구연하는 것이 중요하며, 이를 위해서는 사전에 각 등장인물에 맞게 제각기 소리를 다르게 연습을 많이 해본다.

동화를 대본화하여 들려줄 수도 있다. 대본으로 구성할 때 반복되는 말을 사용하거나 의성어, 의태어 등을 사용하는 것이 좋다. 동화를 들려줄 때 동화의 내용 중 반복되는 대사는 유아들과 함께 말해본다. 예를 들면, "영차, 영차"(커다란 무), "나도 버섯 속으로 들아가게 해 줄래", "그래 좁긴 하지만 빨리 들어와"(빗속에서 생긴 일)

2) 동화 회상

동화 회상

- 등장인물 순서
- 이야기
- 대사
- 표정이나 행동

동화를 읽고 나서 동화내용을 회상하는 것이 중요하다. 이때 등장인물의 순서, 이야기, 대사, 그때의 표정이나 행동 등에 대해서 이야기 나누면서 동극을 할 때 반복되는 말을 자연스럽게 할 수 있고 그에 맞는 표정이나 행동들을 유아가 함께 자연스럽게 할 수 있도록 한다. 다음의 질문을 던져 유아가 동화에서 인물이 나온 순서와 대사에 맞는 몸짓에 대해 생각해 볼 수 있게 한다.

몸짓 표현이 어려운 인물의 경우, 활동적인 유아에게 시범을 보이게 한다. 시범을 보인 후에는 다른 유아들도 각자 표현을 할 수 있게 한다. 이때 표현하는 것은 역을 맡은 유아의 생각대로, 표현의 자유를 강조해 준다.

"지금 들은 동화로 이제 동극을 할 건데 누가 나와서 어떤 일을 했는지 생각해 볼까?"
"처음엔 누가 나왔니? 그 다음엔 누가 나왔니?"
"어떤 말을 했지? 목소리는 어땠을까?"
"어떤 몸짓을 하고 있었니? 어떤 행동이 더 어울릴까? 어떤 표정이었을까? 앉은 자리에서 다같이 몸(표정)으로 직접 해볼까?"
"너희가 생각하는 어울리는 몸짓으로 해보자~, 앞에 나와서 공연할 때, 어떻게 표현할지는 그 역을 맡은 사람 마음이란다~"

3) 무대 구성 및 소품 준비

동극에 필요한 소품을 유아들이 직접 제작하거나 교실에 있는 물건 중에서 선택하여 무대를 꾸민다. 무엇이 필요하며 어디에 있어야 할 것인지를 유아들과 의논하여 무대를 구성한다. 블록, 의자, 역할놀이 영역의 여러 가지 기구들, 의상 등 교실에 있는 모든 자료를 이용한다. 필요한 소품은 자유놀이 시간이나 미술활동을 통해서 유아들이 직접 제작 또는 수집한다. 일반적으로 펠트지나 마닐라지로 등장인물을 나타내는 머리띠를 만들거나 목걸이로 제작한다. 이때 스테이플러 사용 시 유아들의 피부에 상처를 줄 수도 있으므로 안쪽에 테이프를 꼭 붙인다. 머리띠 형식으로 제작할 경우 백업을 이용하는 것이 유아가 긁히거나 다칠 위험이 덜하다. 등장인물을 표시하는 소품으로 머리띠 형식만이 아닌 동물 특징에 따라 발, 손목, 허리, 등, 가슴, 엉덩이 등에 부착하도록 만들어 보아도 좋다(예; 돼지는 코, 거북이는 등, 고양이는 허리). 펠트지로 얼굴이 나오게 오려서 각 동물의 윤곽을 살려 가면으로 활용해도 좋다. 펠트지에 솜을 조금 넣어서 입체감을 살려 제작할 수 있다.

이밖에도 실내화 털신을 이용한 곰발, 빨간 시트지로 마귀 손톱, 스펀지 돼지코, 토끼 머리띠, 똑딱 머리핀 위에 덧댄 토끼 귀, 우드락과 계란판 윗부분을 이용한 거북 등, 허리벨트로 꼬리, 백업 위에 단 귀, 손에 낀 발바닥 장갑, 머리띠와 고무장갑/목장갑으로 만든 닭 벼슬 등 다양한 재료로 만들 수 있다. 실습생은 미리 제작하여 유아들에게 제공하나, 담임교사일 경우 자유놀이 시간에 미술 영역에서 유아들이 직접 소품을 만들게 해도 좋다.

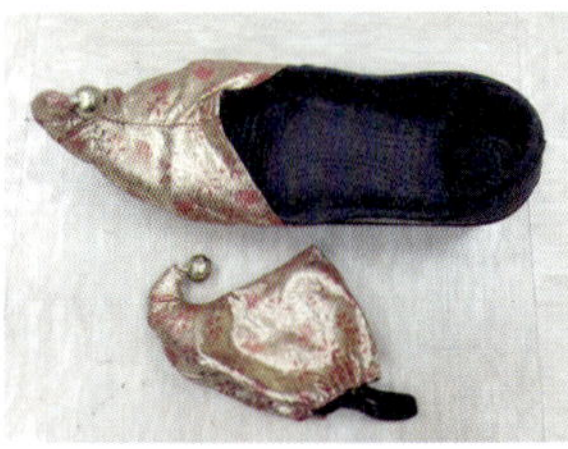

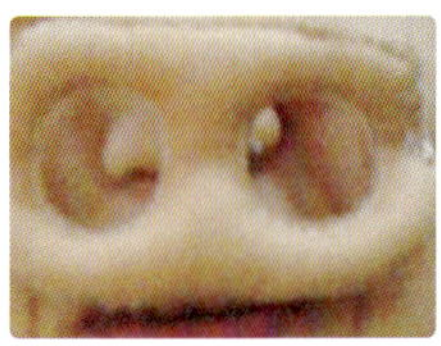
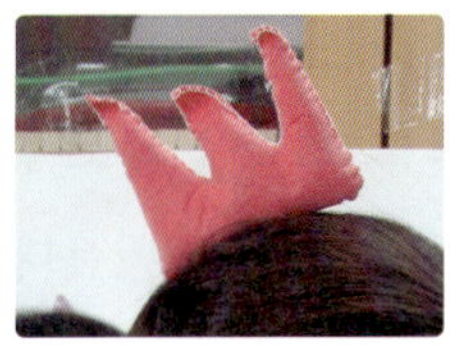

동극을 진행할 때 컴퓨터를 이용하여 배경을 비춰 주거나 효과음악을 넣어 주는 것도 좋다. 동물 배경은 거의 숲속이 많이 나오므로 광목을 배경 크기로 제작하여 붙여도 좋다. 배경은 광목에 아크릴 물감으로 그려 만들거나 소포지에 파스텔로 그림을 그리고 픽서티브를 뿌려서 파스텔 가루가 날리지 않도록 만드는 방법도 있다. 그러나 전지로 배경을 만들면 쉽게 찢어지는 단점이 있다.

4) 배역 선정

배역을 정할 때는 '누가 어떤 역을 맡으면 좋을지 정해 볼까?' 하여 유아들이 손을 들어 정하게 된다. 처음엔 주인공 역할에 동극 분위기를 고조시킬 수 있는 유아가 선정되도록 하는 것이 좋다. 활발한 유아가 주인공을 맡게 되면 생동감 있는 공연으로 다른 유아들도 활발하게 할 수 있는 분위기가 만들어 질 수 있다. 배역을 정할 때 유아 스스로 선택하게 한다. 유아들에게 흥미 있는 인물이거나 주인공은 마지막에 선정하는 것이 좋다. 어느 한 배역에 원하는 유아가 많은 경우 2~3명의 유아가 함께 그 역할을 해도 좋다. 3~4세 유아나 수줍어하는 유아는 원하지 않는 경우 역할을 강요하지 않는다. 수줍어하는 유아는 본인이 원하는 경우 나무와 돌처럼 무대 배경으로 참여할 수도 있다.

그러나 역할을 정할 때 갈등이 생겼을 경우 유아들에게 의견을 물어보고, 갈등 당사자에게도 물어본다. '얘들아, 서로 ○○역할을 하겠다고 하는데, 이럴 땐 어떻게 하면 좋을까?' 서로 규칙을 정한다(예; 가위바위보, 둘이서 같은 역할 맡기 등). 가위바위보에 져서 원하는 배역을 맡지 못한 유아에게 '만약 안 되면 두 번째 동극에서 하는 건 어때?' 하고 물어본다. 그렇게 하겠다고 한다면 '○○가 두 번째에 ~ 역을 맡아도 괜찮겠니?'라고 여러 유아에게 물어봐서 동의를 구하는 것이 중요하다. 동극활동이 끝나도 곧장 치우지 않으며, 자유놀이 영역에 놓아둘테니 이번 시간 끝난 후에도 계속할 수 있다는 것을 말한다.

약속 협의하기
- 동극을 하는 유아
- 관람하는 유아 태도

5) 약속 협의하기

동극을 하는 유아와 관람하는 유아의 태도 등에 대해서도 이야기해 보고 어떤 약속이 필요할지 말해본다. 등장은 어디서 하며, 퇴장은 어디서 하는지 협의한다.

연기자의 태도	관람자의 태도
• 크고 분명한 목소리로 말하기 • 앞에 나와서 장난치지 않기 • 관객의 시야를 가리지 않도록 구경하는 친구들을 보며 동극하기 • 모든 친구들이 보고 들을 수 있도록 무대 가운데서 대사를 말하기 • 동극이 끝난 후 인사하기	• 옆 친구와 떠들지 않기 • 미리 내용을 다 말하지 않기 • 의자 소리 내지 않기 • 보는 도중 일어나거나 돌아다니지 않기 • 동극이 끝난 후 동극을 한 친구들에게 박수쳐 주기

배역을 맡은 유아는 자신 역할에 어울리는 소품을 착용하고 차례로 나와서 "나는 ○○을 맡은 ○○○입니다"라고 자기소개를 한다. 소개가 끝나면 각 유아는 등장 순서에 맞춰 등장 입구에 앉는다. 배역을 맡은 유아들이 자리를 잡으면 교사도 무대의 옆쪽에 가서 앉는다.

6) 동극 공연

교사는 해설을 맡아 "지금부터 ㅇㅇ반 친구들의 ㅇㅇ동극을 시작하겠습니다. 옛날에 검둥이 삼보가……"로 공연의 시작을 알린다.

동극을 할 때 교사는 공연하는 유아와 관람하는 유아 모두를 지원해야 한다. 교사는 관람하는 유아와 공연하는 유아 모두를 지도하기 용이한 장소에 위치한다. 무대 가까이에 낮은 자세로 앉아 해설을 담당하며 역할을 맡은 유아들이 등장 순서에 맞게 무대로 나갈 수 있도록 돕는다. 혼자 할 수 있는 유아는 그냥 놔두되 떨려서 못하는 유아들에게 눈빛과 손짓으로 도움을 제공한다. 연기 도중 대사를 잊어 당황해하는 유아에게 대사를 귀띔해 주고 유아의 행동을 해설로 말해준다. 교사는 유아들의 행동 하나 하나를 일일이 지시하지 않도록 한다. 유아가 대사를 동화내용과 똑같이 하지 않아도, 극이 진행되는 동안 '교사가 들려준 것과 똑같은 대사를 하지 않더라도 괜찮다. 약간 대사를 다르게 해도 괜찮다'며 창의적으로 표현할 수 있도록 격려한다. 목소리는 모든 유아들이 들을 수 있게 조절하도록 한

동극 공연 시 교사 역할

- 해설
- 공연 유아와 관람 유아 모두 지도
- 눈빛과 손짓으로 도움 제공
- 대사 알려줌
- 유아의 행동을 말로 해줌

다. 자신의 위치에서 벗어나 다른 사람에게 방해되는 행동을 하는 유아로 하여금 조절하도록 한다.

공연이 끝나면 연기자는 모두 앞에 나와 서서 "나는 ○○를 맡았던 ○○○입니다."라고 각각 자기소개를 하고 관람한 유아들은 박수를 쳐준다. 교사는 바구니를 옆에 두어 동극을 끝내고 들어갈 때 유아 스스로 바구니에 소품을 정리하도록 한다.

7) 평가

첫 번째 동극을 마친 후 무엇이 가장 재미있었는가? 어떤 점이 가장 어려웠는가? 바꾸고 싶은 것이 있다면 어떤 점을 어떻게 바꾸었으면 좋을까? 등 짧게 평가하고 두 번째 공연팀은 바로 전의 평가내용을 잘 생각하며 공연을 하도록 한다. 그러나 소요시간을 고려할 때 중간 평가는 삭제할 수도 있다.

8) 재공연

두 번째로 동극을 할 때는 곧바로 역할을 정한 후 소품을 나눠 갖는다. 자기소개를 한 다음 등장 대기 자리에 앉아 동극을 시작한다. 동극은 적어도 2번을 해야 비교적 많은 유아들이 해 볼 수 있기 때문에 주어진 활동시간을 염두에 두고 진행한다. 그러나 실습생이 아닌 담임교사의 경우, 재공연은 다음날 할 수도 있으며, 다른 반의 친구나 동생들을 초대하여 공연을 할 수도 있다.

9) 마무리 및 총평가

동극활동에서 사용했던 소품을 정리한 후 모두 모여 앉는다. 맡았던 역할을 해본 기분은 어떤가? 어떤 소품이 더 있으면 좋은가? 동극을 다시 한다면 이번에는 어떤 역할을 맡고 싶은가? 등으로 총평을 한다. 시간 제한으로 동극을 하지 못한 유아, 수줍음이 많아서 하지 못한 유아, 더 해보고 싶은 유아가 있을 수 있다. 역할놀이 영역에 놓아 자유놀이 시간에 선생님, 친구들과 함께 더 해볼 수 있다.

동극 활동 예시 ❶

장갑

| 활동목표 |

- 동화를 듣고 내용을 이해할 수 있다.
- 각자 역할을 맡아 극으로 표현한다.
- 바른 자세로 앉아 동화와 동극을 감상한다.

| 누리과정 내용 |

- 의사소통〉듣기와 말하기〉말이나 이야기를 관심 있게 듣는다.
- 예술경험〉창의적으로 표현하기〉극놀이로 경험이나 이야기를 표현한다.
  〉예술 감상하기〉다양한 예술을 감상하며 상상하기를 즐긴다.

| 활동자료 |

'장화' 종이컵 동화자료, 등장인물 자료(쥐, 개구리, 토끼, 여우, 돼지, 곰), 배경(아세테이트지와 전지를 이용한 손모아장갑)

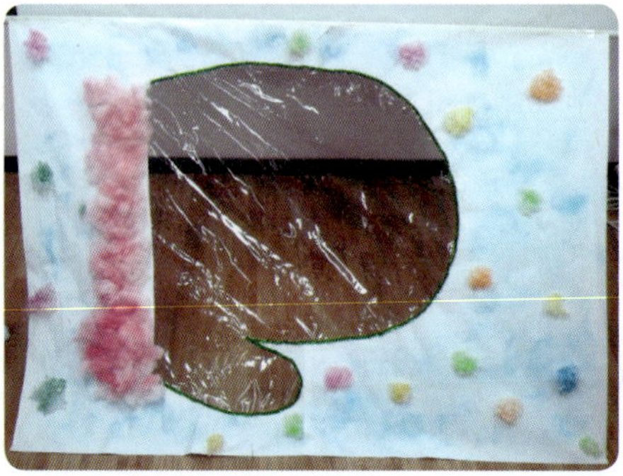

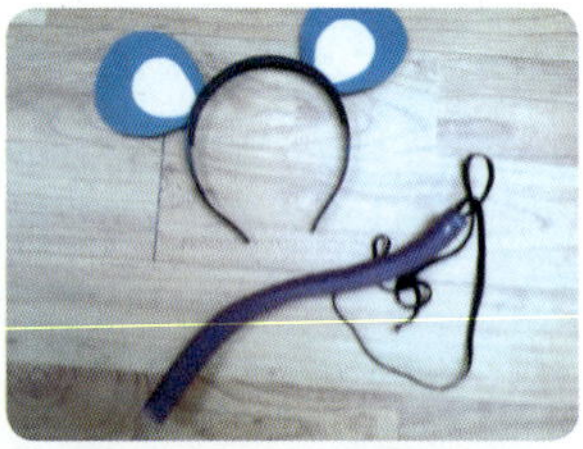

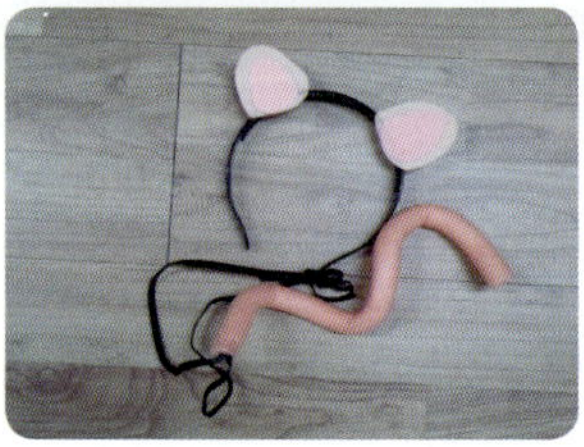

| 활동방법 |

① 동극 공연을 위해 동화 '장갑'을 감상한다. 인식

- 오늘은 장갑 속의 동물들이 되어서 동극을 해보자.
- 동화를 들으면서 어느 동물이 나오는지, 무슨 말을 하고, 그때 어떻게 행동하는지 잘 생각하며 들어봐.

해설: 어느 추운 겨울 커다랗고 따뜻한 손모아장갑 한 짝이 떨어져 있었어요.
그때 어디선가 쥐가 나타나 장갑 앞으로 쪼로로 달려갔어요.
쥐 : 어휴 추워.. 어라 저기 따뜻해 보이는 장갑이 있네?
해설: 쥐는 장갑 안으로 쪼로로 들어갔어요. 그때 개구리가 폴딱폴딱 뛰어왔어요.
개구리 : 똑똑똑
쥐 : 저는 먹보 쥐예요. 누구세요?
개구리 : 나는 폴딱폴딱 개구리야. 나도 장갑에 들어가게 해줘.
쥐 : 들어오세요.
해설: 이번에는 토끼가 깡충깡충 달려왔어요.
토끼 : 똑똑똑
개구리 : 저는 폴딱폴딱 개구리예요. 누구세요?
토끼 : 나는 빠른 발 토끼야. 나도 장갑에 들어가게 해줘.
해설: 여우가 살금살금 다가왔어요.
여우 : 똑똑똑
토끼 : 저는 빠른 발 토끼예요. 누구세요?
여우 : 나는 멋쟁이 여우야. 나도 장갑에 들어가게 해줘.
해설: 돼지가 쿵쿵 다가왔어요.
돼지 : 똑똑똑
여우 : 나는 멋쟁이 여우야. 누구세요?
돼지 : 나는 납작한 코를 가진 돼지다. 나도 장갑에 들어가게 해줘.
해설: 이제 장갑이 꽉꽉 들어찼어요. 그때, 천천히 쿵쾅쿵쾅하며 곰이 걸어왔어요.
곰 : 똑똑똑
돼지 : 나는 납작한 코를 가진 돼지다. 누구세요?
곰 : 나는 느릿느릿 곰이야. 나도 장갑에 들어가게 해줘.
해설: 동물들은 비좁은 장갑에서 즐거웠어요. 추운 겨울 장갑에 들어간 동물들은
따뜻하게 지낼 수 있었답니다.

② 등장인물의 대사를 회상해 보며 알맞은 목소리와 몸짓 표현을 생각해 본다.

- 동화를 잘 들어보았니? 이 동화에 어떤 동물들이 나왔지? 탐구 탐색
- 처음에는 누가 나왔니?
- 쥐가 어떤 모습으로 걸어왔을까? 우리 모두 앉은 자리에서 함께 몸짓을 표현해 볼까?

• 쥐가 나타나 뭐라고 했지? 어떤 목소리로 말했을까? 같이 말해볼까?
• 쥐가 들어가자 누가 나타났니?
• 그래, 개구리가 장갑 앞으로 와서 두들기면서 뭐라고 말했니?
• 그랬더니 쥐가 뭐라고 말했지?
• 이번에는 누가 나왔니? 어떤 몸짓으로 토끼가 나왔을까?
• 토끼가 장갑 안으로 들어가자 누가 나타났니?
• 그래서 토끼보다 큰 여우는 토끼한테 뭐라고 했어?
• 여우가 들어가자 여우보다 큰 누가 나왔어?
• 돼지는 어떤 몸짓으로 왔을까? 여우한테 뭐라고 했어? 어떤 행동을 하며 말했을까?
• 가장 마지막에는 누가 나타났지? 곰은 어떤 몸짓을 하며 나타났을까? 뭐라고 말했니?
• 그래서 장갑 안은 어땠을까? 모두 어떤 몸짓으로 장갑 안에 있었을까? 쥐는? 토끼는?......

③ 동극의 배역을 정한다.
• 저 쥐 하고 싶어요! 하는 사람 있니?
• 개구리(여우, 돼지, 곰, 토끼) 하고 싶어요! 하는 사람 있니?

④ 무대 앞에 나와서 각자 자기가 맡은 역할을 소개한다.
• 자기가 맡은 역할이 무엇인지 친구들 앞에서 "○○를 맡은 △△입니다"라고 친구들에게 소개해 보자.

⑤ 연기자와 관객의 태도에 대해 이야기해 본다.
• 앞에 나와서 동극을 하는 친구들이 지켜야 할 약속은 어떤 것이 있을까?
• 동극을 하는 친구들이 나오는 곳은 어디로 정할까?
• 그럼 들어가는 곳은 어디로 정할까?
• 동극을 앉아서 보는 친구들이 지켜야 할 약속은 어떤 것이 있을까?
• 우리가 정한 약속을 잘 생각하면서 동극을 해보자.

⑥ 동극을 시작한다. 활용

⑦ 동극을 본 후 평가를 한다.

- 동극을 보니 어떤 생각이 들었어?
- 이것은 이렇게 바꾸었으면 좋겠어요! 하는 것이 있니?

⑧ 역할을 바꾸어 동극을 다시 한다.

- 그럼 또 다른 사람들이 나와서 한 번 더 해볼까?
- 이번엔 제가 토끼 되고 싶어요! 하는 사람 있니?
- 쥐는 제가 하고 싶어요! 하는 사람 있니?

⑨ 활동을 마친 후 전체적인 평가를 한다.

- 이번에 다른 친구들이 한 동극을 보니 어땠어?
- 동극을 직접 해본 사람들은 어땠니?
- 역할놀이 영역에 놓아둘 테니까 자유놀이 시간에 친구들과 함께 해보자.

| 활동의 유의점 |

① 작게 제작한 인형극놀이 소품을 언어 영역에 제공하여 개별 또는 소집단으로 활동하도록 할 수 있다.

② 동극 공연 장면을 동영상으로 촬영한 후 편집하여 컴퓨터 바탕화면에 저장해 두어 자유놀이 시간에 감상하도록 한다.

동극 활동 예시 ❷

집 나가자 꿀꿀꿀

| 활동목표 |

- 각자 역할을 맡아 함께 동극으로 표현한다.
- 동극 대사를 창의적으로 지어 본다.
- 반복되는 대사에 멜로디를 붙여 노래로 부른다.

| 누리과정 관련내용 |

- 예술경험〉창의적으로 표현하기〉극놀이로 경험이나 이야기를 표현한다.
  〉노래를 즐겨 부른다.
- 의사소통〉듣기와 말하기〉상황에 적절한 단어를 사용하여 말한다.
- 사회관계〉더불어 생활하기〉약속과 규칙의 필요성을 알고 지킨다.

| 활동자료 |

'집 나가자 꿀꿀꿀'(야규 마치코 글/그림, 고향옥 옮김, 웅진닷컴), 융판 자료, 역할머리띠(돼지 · 토끼 · 악어 · 까마귀 머리띠), 문, 엄마 돼지 앞치마, 큰 수건, 대형 박스지, 리듬악기

| 활동방법 |

① 동극 공연을 위해 동화를 감상한다.

해설: 어느 마을에 아기 돼지 세 마리가 살고 있었어요. 아기 돼지들은 늘 엄마에게 혼이 났지요. 그날도 아침부터 수건 때문에 싸움이 벌어졌어요.
돼지들: (모두 큰 수건 모서리를 잡아당기며) 내 수건이야. 내 거라고. 내놔!
엄마: 얘들아, 같이 쓰면 되잖니.
돼지들: (잡아당기며) 내 수건이라고요. 내 거야.

해설: 돼지들이 엄마 말을 전혀 듣지 않자 엄마는 너무 속이 상해서 이렇게 외쳤어요.

엄마: 너희들, 이렇게 말을 안 들으면 우리 집 아이가 아니야. 당장 나가!

돼지1: 엄마가 우리 집 아이 아니래...

돼지2: 칫! 좋아. 다른 집을 찾아보자.

돼지3: 그래그래.

돼지들: ♬집 나가자 꿀꿀꿀 꿀꿀꿀 꿀꿀꿀, 편한 집을 찾아서 꿀꿀꿀꿀

해설: 돼지들이 제일 먼저 찾아간 집은 토끼네 집이었어요.

돼지들: 안녕하세요? 우리가 이 집 아이가 돼도 될까요?

토끼: 좋지. 그런데 우린 매일 당근을 먹는데 괜찮겠니?

돼지들: 당근? 그건 안 되겠다. ♬집 나가자 꿀꿀꿀 꿀꿀꿀 꿀꿀꿀, 편한 집을 찾아서 꿀꿀꿀꿀

해설: 다음으로 찾아간 집은 악어네 집이었어요.

돼지들: 안녕하세요? 우리가 이 집 아이가 돼도 될까요?

악어: 좋지. 그런데 난 어린 아가가 좋아. 우유병으로 우유 먹고 낮잠도 자야 해

돼지들: 네? 우린 아가가 아닌데! 그건 안 되겠다. ♬집 나가자 꿀꿀꿀 꿀꿀꿀, 편한 집을 찾아서 꿀꿀꿀꿀

해설: 다음으로 찾아간 집은 까마귀네 집이었지요.

돼지들: 안녕하세요? 우리가 이 집 아이가 돼도 될까요?

까마귀: 좋지. 그런데 우리 아기 기저귀 갈고 청소하고 빨래도 해줄 수 있어야 해.

돼지들: 네? 그건 너무 힘들겠다. 안 되겠다. ♬집 나가자 꿀꿀꿀 꿀꿀꿀 꿀꿀꿀, 편한 집을 찾아서 꿀꿀꿀꿀

해설: 마침내 돼지들은 가지고 온 수건과 물건들로 집을 만들기로 했어요. 맘대로 놀이하며 만드는 거라 신이 났지요.

돼지들: 와! 신난다. 재미있다.

해설: 하지만 금방 싫증이 나고 배도 고파졌어요

돼지들: 배고프다. 엄마 보고 싶어~~ 엄마~ 엄마~

해설: 그때였어요. 멀리서 엄마가 부르는 소리가 들려왔어요.

엄마: 얘들아~ 밥 먹자~

해설: 돼지들은 모두들 뛰어갔어요. 산을 넘어 강을 건너.. 마침내 집에 도착했어요. 돼지들은 모두 이렇게 외쳤어요.

돼지들: 역시 우리 집이 최고야!

해설: ♫집 나가자 꿀꿀꿀 꿀꿀꿀 꿀꿀꿀, 토끼집은 어떨까?
다같이: ♫싫어 싫어
해설: ♫집 나가자 꿀꿀꿀 꿀꿀꿀 꿀꿀꿀, 악어집은 어떨까?
다같이: ♫싫어 싫어
해설: ♫집 나가자 꿀꿀꿀 꿀꿀꿀 꿀꿀꿀, 까마귀집은 어떨까?
다같이: ♫싫어 싫어
해설: ♫집 나가자 꿀꿀꿀 꿀꿀꿀 꿀꿀꿀, 편한 집은 어디일까?
다같이: ♫바로 우리 집

출처: 이송은, 이선영(2005). 유아문학교육의 이론과 실제

② 동화내용을 회상하며 등장인물에 알맞은 대사와 행동을 생각해 본다.

- 너희들도 엄마한테 야단맞아 본 적 있니? 어떤 때야? 그럴 때 기분은 어땠니? 야단맞았을 때 표정은 어떻게 되니? 몸짓은?
- 책 속의 돼지들처럼 집을 나가고 싶다는 생각이 든 적 있니?
- 돼지들은 엄마 돼지한테 혼이 나서 집을 나서기로 했어! 맨 처음 누구네 집으로 갔었니?
- 아기 돼지들이 집을 옮겨 다닐 때마다 부를 노래를 만들어 보면 어때?
- 어떤 말로 지을까? (받아 적으며) '집 나가자 꿀꿀꿀 꿀꿀꿀, 편한 집을 찾아서 꿀꿀꿀꿀'? 어떤 노래의 음에 맞춰 부를까?
- 돼지들이 새로운 집에 도착할 때마다 어떤 말을 했니?
- "안녕하세요? 우리가 이 집 아이가 돼도 될까요?" 다 같이 말해보자.
- 마음에 들지 않아서 그 다음은 누구네 집으로 갔을까?
- 그래, 악어네 집에 도착했어! 뭐라고 말할까? 다같이! "안녕하세요? 우리가 이 집 아이가 돼도 될까요?"
- 그런데 마음에 들었을까? 그래서 누구네 집에도 가니? 까마귀네 집…
- 그 집도 맘에 들지 않아서 자기네들끼리 어떻게 하니?
- 집을 그리워하던 차에 엄마가 부르자 어떻게 말할까? 어떤 몸짓으로 달려갈까?

• 맨 끝에 돼지들이 뭐라고 말했니?

③ 동극의 배역을 정한다.

• 돼지 맡아서 해보고 싶은 사람? 엄마 돼지?…

④ 동극을 진행할 때와 관람할 때 지켜야 할 약속을 정한다.

• 앞에 나와서 동극을 하는 친구들이 지켜야 할 약속은 어떤 것이 있을까?
• 동극을 하는 친구들이 나오는 곳은 어디로 정할까?
• 동극을 앉아서 보는 친구들은 어떤 것들을 지켜야 할까?
• 우리가 정한 약속을 잘 생각하면서 동극을 해보자.

⑤ 동극의 배역을 맡은 유아가 나와서 자기 소개를 한다.

• 자기가 맡은 역할이 무엇인지 친구들 앞에서 "○○을 맡은 ☆☆ 입니다." 라고 소개하자.

⑥ 동극을 진행한다.

⑦ 동극을 본 후 평가를 한다.

• 동화를 동극으로 보니 어땠니? 어떤 점이 재밌었어?
• 이것은 이렇게 바꾸었으면 좋겠어요! 하는 것이 있니?

⑧ 역할을 바꾸어서 동극을 한 번 더 해본다.

• 그럼 또 다른 사람들이 나와서 한 번 더 해볼까?
• 이번엔 누가 어떤 역할을 할까?
• 역할을 맡은 사람들이 앞에 나와서 소개하자.

⑨ 활동을 마친 후 전체적인 평가를 한다.

• 다른 친구들도 동극을 또 보여주었는데 어땠어?
• 동극을 해본 친구들은 어땠니?
• 역할놀이 영역에 놓아둘 테니까 자유놀이 시간에 친구들과 함께 해보자.

동극 활동 예시 ❸

빗속에서 생긴 일

| 활동목표 |

- 빗속에서 생긴 일의 동화내용을 이해할 수 있다.
- 여름철 날씨에 대해 알 수 있다.
- 각자가 맡은 역할을 창의적으로 표현한다.

| 누리과정 관련내용 |

- 의사소통〉듣기와 말하기〉말이나 이야기를 관심 있게 듣는다.
- 예술경험〉창의적으로 표현하기〉극놀이로 경험이나 이야기를 표현한다.
- 자연탐구〉자연과 더불어 살기〉날씨와 계절의 변화를 생활과 관련짓는다.

| 활동자료 |

숲속 배경, 분무기 2, 버섯우산 2, 각 역할의 백업 머리띠(개미, 나비, 생쥐, 참새, 토끼, 여우), 개미다리, 날개(나비, 참새), 꼬리(생쥐, 토끼, 여우), '빗속에서 생긴 일' 동화책, 빗소리 음원, 블루투스 스피커

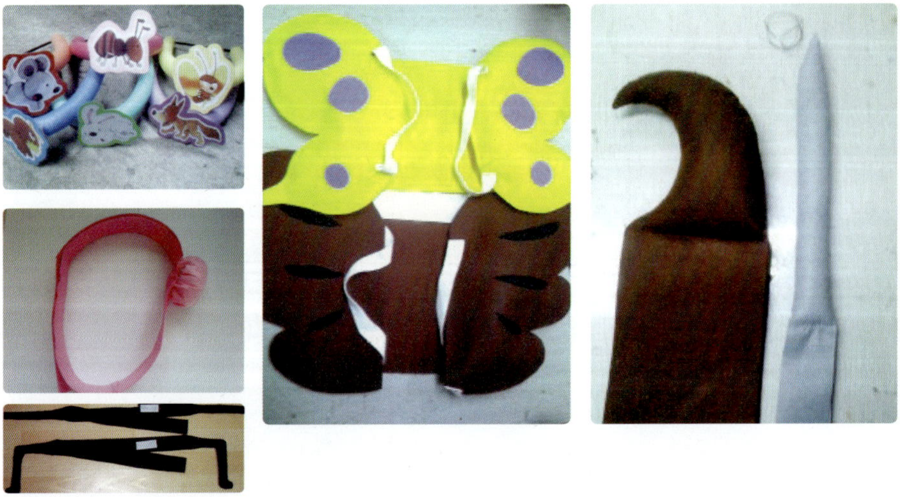

| 활동방법 |

① 여름 날씨에 대해서 이야기 나눈다.

- 여름이 되니까 요즘 날씨가 어때?

② 동극 공연을 위해 동화를 듣는다.

- 지금 숲속에 비가 오고 있대. 숲속 친구들에게 무슨 일이 생겼는지 알아 볼까?

어느 날에 개미가 숲속을 가고 있는데 갑자기 비가 내리기 시작했습니다. 개미는 버섯을 발견하고 그 안에 들어가 비가 그치기를 기다렸습니다. 그때 나비가 버섯 쪽으로 다가와서 말했습니다.

나비: 개미야, 나도 들어가게 해 줄래?

개미: 그래, 좁지만 들어와.

이번에는 생쥐가 뛰어와서 말했습니다.

생쥐: 얘들아, 나도 들어가게 해줄래?

개미, 나비: 그래, 좁지만 들어와.

그때 작은 참새가 버섯으로 날아와서 말했습니다.

참새: 얘들아, 나도 들어가게 해 줄래?

개미, 나비 생쥐: 그래, 좁지만 들어와.

그때 토끼가 깡충깡충 숨을 헐떡이며 말했습니다.

토끼: 얘들아, 나 좀 숨겨줘. 여우가 나를 쫓아오고 있어.

개미, 나비, 생쥐, 참새: 좁지만 빨리 들어와!

토끼를 숨겨주자 마자 여우가 달려와서 말했습니다.

여우: 얘들아, 토끼 봤니?

개미, 나비, 생쥐, 참새: 아~니.

여우: 이상하다. 토끼 냄새가 나는데.....

개미, 나비, 생쥐, 참새: 이렇게 좁은 곳에 어떻게 토끼가 들어올 수 있단 말이야?

여우는 토끼를 찾으려고 다른 곳으로 가버렸습니다.

개미, 나비, 생쥐, 참새, 토끼: 야! 됐다! 여우가 갔어.

여우가 간 후 비가 조금씩 그치기 시작했습니다.

개미가 버섯 밖으로 나왔습니다.

개미: 어서 나와. 비가 그쳤어.

나비가 버섯 밖으로 나왔습니다.

나비: 어서 나와. 비가 그쳤어.

생쥐가 버섯 밖으로 나왔습니다.

생쥐: 어서 나와. 비가 그쳤어.
참새가 버섯 밖으로 나왔습니다.
참새: 어서 나와. 비가 그쳤어.
토끼가 버섯 밖으로 나왔습니다.
개미와 나비, 생쥐, 참새, 토끼는 함께 소리쳤습니다.
개미, 나비, 생쥐, 참새, 토끼: 야, 신난다! 무지개가 떴어!
개미와 나비, 생쥐, 참새, 토끼는 신나게 놀았습니다.

④ 동화의 내용을 회상하면서 등장인물의 대사와 몸짓을 생각해 보고 표현한다.
- 숲 속에 무슨 일이 생겼지?
- 동화 처음 어떤 동물이 나왔었어?
- 동물들의 어떤 순서로 들어왔니?
- 동물들이 들어오면서 어떤 이야기를 했니? 같이 말해볼까?
- 여우에게 쫓기고 있던 동물은 누구였니? 쫓길 때 몸 움직임은 어떨까? 우리도 해볼까?
- 결국 여우는 토끼를 찾으러 왔다가 어떻게 됐지?
- 동물들이 버섯에서 나오면서 어떤 이야기를 했지? 우리도 말해보자.

⑤ 배역을 정하기 전에 동극할 때 지켜야 할 사항에 대해 이야기를 나눈다.
- 동극을 할 때 앞에 나온 친구들이 어떻게 하면 더 재미있게 볼 수 있을까?
- 앞에 나온 사람의 목소리는 어떻게 해야 할까?
- 앞에 나온 사람이 친구들에게 엉덩이를 보이면 어떨까?
- 친구들이 나오는 곳을 어디로 정할까?
- 동극을 보는 사람들은 어떻게 해야 할까?
- 역할이 다 끝난 사람은 어디로 나가면 좋을까?

⑥ 역할을 정한 후 앞에 나와서 각자 맡은 역할을 소개한다.
- 이 동화로 우리가 동극을 해보면 어떨까?
- '나는 개미가 하고 싶어요.' 하는 사람?

- 어떤 역할을 하고 싶니?
- 동극을 보는 친구들에게 '나는 ~을 맡은 ~입니다' 하고 소개해 보자.

⑦ 동극을 진행한다.

⑧ 동극을 본 후 평가를 한다.

- 친구들의 동극 공연을 보니 어떤 점이 좋았니?
- 바로 이어서 한 번 더 동극을 할 때 어떤 점을 바꾸었으면 좋겠니?

⑨ 역할을 바꾸어 다시 한 번 동극을 한다.

⑩ 동극을 마친 후 전체 평가를 한다.

- '빗속에서 생긴 일' 동극을 해 봤는데 어땠니?
- 어떤 것이 가장 기억에 남니?
- 다음엔 이렇게도 했으면 좋겠어요~ 하는 것이 있니?
- 이 자료들은 어느 영역에 두면 너희들이 더 해볼 수 있을까?

동극 활동 예시 ❹

도깨비를 빨아버린 우리 엄마

| 활동목표 |

- 각자 역할을 맡아 창의적으로 표현해 본다.
- 즐거운 마음으로 동극을 감상한다.
- 청결을 위해 빨래를 해야 한다는 필요성을 안다.

| 누리과정 관련내용 |

- 의사소통〉듣기와 말하기〉말이나 이야기를 관심 있게 듣는다.

- 예술경험〉창의적으로 표현하기〉극놀이로 경험이나 이야기를 표현한다.
- 신체운동 · 건강〉건강하게 생활하기〉자신의 몸과 주변을 깨끗이 한다.

| 활동자료 |

- '도깨비를 빨아버린 우리 엄마' 동화책,
- 제작자료–도깨비 뿔, 도깨비 옷, 친구 도깨비 뿔, 고양이 머리띠, 고양이 꼬리, 오리 부리, 오리 날개, 천둥
- 실제자료–대야, 빨래판, 앞치마, 거울, 옷(친구 도깨비 옷), 리듬악기
- 배경자료–빨랫줄, 빨래집게, 손수건 (타월, 보자기 등), 옷걸이

| 활동방법 |

① 엄마께서 빨래하는 모습을 본 경험을 이야기한다.
- 너희 엄마께서 빨래하는 모습을 본 적이 있니?
- 손으로 직접 빨래하는 모습을 본 적 있니?
- 빨래를 어떻게 하셨어?
- 빨래를 할 때 어떤 것들을 빨지?

② 동극 공연을 위해 동화를 듣는다.
- 옷만 빠는 것이 아니라 세상에 더러운 것들을 모두 빨아버리는 아주머니가 있대. 동화를 들어볼래?
- 먼저 제목을 읽어보자. 동화 속에 누가 나올 것 같니? 어떤 내용일 것 같아?

해설 : 빨래하는 것을 너무너무 좋아하는 엄마가 있었습니다.

엄마 : (하늘을 보며) 오늘도 날씨가 참 좋구나! 빨래하기 딱 좋은 날씨인 걸?
그래! 오늘은 빨래나 해 볼까? 얘들아 ~ 오늘은 엄마가 빨래를 할 테니 더러운 것이 있으면 모조리 다 가져 오렴!

아이 1, 2 : 더러운 것이요? 알았어요. 엄마 ~

해설 : 아이들은 빨랫감을 찾아 나섰습니다.

아이 1, 2 : 살금살금 ~ 저 더러운 고양이를 잡아라! 우리 엄마 빨랫감이다!

고양이 : 야옹야옹~ 난 깨끗하단 말이야!

여자아이 : 네 꼬리가 더러워!

남자아이 : 우리 엄마가 깨끗이 빨아 주실 거야.

(고양이, 여자아이와 남자아이 뒤로 간다.)

아이 1, 2 : 살금살금 ~ 저 더러운 오리 잡아라! 우리 엄마 빨랫감이다!

오리 : 꽥꽥 ! 난 깨끗하단 말이야!

여자아이 : 네 날개가 더러워!

남자아이 : 우리 엄마가 깨끗이 빨아 주실 거야.

(고양이와 오리를 데리고 온다.)

여자아이 : 엄마 ~ 빨랫감 가지고 왔어요.

엄마 : (팔을 걷으며) 좋아! 이제 빨래를 시작해 볼까?
♬ 빨래를 하자 빨래를 하자 깨끗이 빨래를 하자
빨래를 하자 빨래를 하자 모조리 빨아버리자 ♬
빨래 끝~ 자, 이제 널어볼까?
고양이 한 마리 널고 ~ 오리 한 마리 널고 ~

(고양이와 오리 빨랫줄에 널린 채 서로 마주본다.)

오리 : (고양이 꼬리를 보며) 너 정말 깨끗해졌어!

고양이 : (오리 날개를 보며) 너도 정말 깨끗해졌는데 ?

엄마 : 휴 ~ 속이 다 후련하네.

(번개가 등장한다.)

번개 : 우르르 쾅쾅! 우르르르 쾅쾅!

엄마 : 웬 천둥번개지? 비가 오려나? 어서 빨래를 걷어야겠다!

(토끼와 고양이를 데리고 뛰어간다.)

번개 : 우르르 쾅쾅! 우르르르 쾅쾅!

해설 : 번개가 치자 하늘에서 도깨비가 떨어져 빨랫줄에 걸렸습니다.

도깨비 : 아악! 이게 뭐야! 몸이 움직이지 않잖아? 도대체 여기가 어디야?
마치 거미줄 같은데. 이렇게 줄이 많으니, 천하의 도깨비님이라도 안 걸리고 배기나!

엄마 : 거미줄이라니! 이런 건방진 도깨비를 봤나? 옳지! 너도 빨아버려야겠다!
도깨비 : 뭐? 뭐라고? 나를 빨아버리겠다고? 으아악 !
해설 : 엄마는 도깨비의 목을 잡고 빨래통에 넣어버렸습니다.
엄마 : 아이고 맙소사! 정말 더러운 도깨비네 원.

♬ 빨래를 하자 빨래를 하자 깨끗이 빨래를 하자
빨래를 하자 빨래를 하자 모조리 빨아버리자 ♬
휴~ 이제 좀 깨끗해졌나?

도깨비 : (거울을 보며) 이게 나야? 웬일이지? 아주 예쁜 아이가 되었네?
엄마 : 마음에 들지 않으면 다시 한 번 빨아줄게~
도깨비 : 아니에요. 아니에요. 난 이대로가 좋아요. 정말 고맙습니다.
안녕히 계세요~
엄마, 아이 1, 2 : 그래~ 잘 가~
해설 : 한 달 후, 엄마에게 손님이 찾아왔습니다.
엄마 : 어? 넌 한 달 전에 내가 빨았던 도깨비 아니니?
도깨비 : 네. 맞아요.
엄마 : 그런데 얼굴이 왜 그렇게 됐니?
도깨비 : 한 달을 씻지 못했더니, 다시 더러워졌어요.
엄마 : 그런데 뒤에 있는 애는 누구니?
도깨비 : 제 친구예요.
친구 도깨비 : 저도 빨아주세요! 깨끗하게 만들어 주세요!
엄마 : (주먹을 불끈 쥐며) 좋아, 내게 맡겨!!

③ 동화내용을 회상하며, 등장인물의 대사와 몸짓, 표정을 생각하고 표현한다.

- 지금 들은 동화로 이제 동극을 할 건데 누가 나와서 어떤 일을 했는지 생각해 볼까?
- 처음엔 누가 나왔니? 이때 엄마가 어떤 말을 했지? 목소리는 어땠을까?
- 이 책 속에서 엄마가 무얼 하고 계셨어? 어떻게 빨래를 하셨니?
- 이 엄마처럼 우리도 같이 손으로 빨래하는 몸짓을 해볼까? 어떤 표정을 지으면서 빨래를 하셨을까?
- 그 다음엔 누가 나왔니? 아이들이 빨랫감을 모아왔을 때 어떤 말을 했지?

어떤 몸짓으로 나오는 게 어울릴까?

- 엄마는 고양이와 오리를 어떻게 빨았을까? 같이 해볼까?
- 빨랫줄에 걸린 고양이와 오리는 어떤 모습으로 있을 것 같니? 그때 무슨 말을 했지?
- 아줌마가 빨래를 널었을 때 무슨 일이 일어났지?
- 천둥번개가 치면 어떤 소리가 나? 어떤 몸짓으로 표현할 수 있을까?
- 천둥번개가 칠 때 아줌마는 어떤 행동을 하셨지?
- 천둥번개가 치고 난 후에 어떤 일이 일어났어?
- 아줌마는 빨랫줄에 걸린 도깨비한테 뭐라고 말했어? 어떤 표정을 하면 좋을까?
- 도깨비를 빨 때 어떤 몸짓으로 표현하면 좋겠어?
- '빨래를 하자 빨래를 하자 깨끗이 빨래를 하자'에서 어떤 노래의 음에 맞춰 부르면 좋을까?
- 깨끗해진 도깨비의 기분은 어땠을까? 이때 도깨비의 표정을 어떻게 했으면 좋겠어? 그리고 도깨비는 무슨 말을 했지?
- 예뻐진 도깨비를 본 아줌마의 표정은 어떨까?
- 한 달 후에 아줌마를 찾아온 더러운 도깨비들은 뭐라고 말했니?
- 이때 아줌마는 뭐라고 했지? '좋아, 내게 맡겨' 말할 때 어떤 몸짓이 어울릴까? 우리도 한 번 해보자.
- 여기에 ~~악기들이 있는데, 어느 장면에 악기소리를 넣으면 좋을까? 빨래할 때는? 천둥소리에는?

④ 배역을 정한다.

- 고양이(오리, 여자아이, 남자아이, 엄마) 하고 싶은 사람?

⑤ 배역을 정하고, 무대 앞에 나와서 각자 자기가 맡은 역할을 소개한다.

- 자기가 맡은 역할이 무엇인지 친구들 앞에서 "○○를 맡은 △△입니다"라고 소개하자.

⑥ 연기자와 관객의 태도에 대해 이야기해 본다.
- 앞에 나와서 동극을 하는 사람들이 지켜야 할 약속은 어떤 것이 있을까?
- 동극을 하는 사람들이 나오는 곳은 어디로 정할까?
- 동극을 앉아서 보는 사람들이 지켜야 할 약속은 어떤 것이 있을까?
- 너희들이 정한 약속을 잘 생각하면서 동극을 해보자.

⑦ 동극을 진행한다.

⑧ 동극을 본 후 평가를 해본다.
- 누구의 동극 연기가 가장 생각에 남니?
- OO가 어떤 점을 잘 표현한 것 같니?
- 이것은 ~게 바꾸었으면 좋겠어요! 하는 부분 있니?

⑨ 역할을 바꾸어서 동극을 한 번 더 해본다.
- 그럼 또 다른 사람들이 나와서 한 번 더 해볼까?
- 이번엔 누가 어떤 역할을 할까?
- 역할을 맡은 사람들은 앞에 나와서 소개하자.

⑩ 활동을 마친 후 전체적인 평가를 해본다.
- 이번엔 다른 친구들이 나와서 동극을 해봤는데, 어떤 점이 재미있었어?
- 역할놀이 영역에 놓아둘 테니까 자유놀이시간에 친구들과 함께 해보자.

3 게임

게임종류
- 자유대형게임
- 원게임
- 편게임

게임은 자유대형게임, 원게임, 편게임 등 주로 신체를 이용하여 하는 대 · 소 집단활동이다. 게임을 통하여 신체 협응능력을 기르고, 언어 또는 수와 같은 인지적인 활동도 게임 형식으로 진행하면 조금 더 쉽게 개념을 이해하게 되며, 무엇보다도 친구와 협동하고 게임규칙을 준수하게 되므로 사회성 발달을 도모하는데 목표가 있다. 매일의 대근육 활동은 유아들의 정서가 발산되고 순화되어 신체적 · 정신적으로 건강하게 하는 긍정적 효과가 있다. 게임에서는 문제해결을 하는 과정에서 높은 수준의 정서로 개입하게 된다. 강한 분노, 격분, 좌절, 질투 등의 감정이 게임이라는 안전한 한계 내에서 표출될 수 있고, 유아 자신의 사고나 감정에 대한 통찰을 얻을 수 있는 기회가 된다. "내가 잘못 선택했네. 다음엔 더 신중하게 해야지!", "너무 이기려고만 하는 데 정신을 쏟으니 더 잘 안 돼" 등의 통찰이 게임활동 중에 지속적으로 일어난다.

게임의 교육적 효과

- 신체적, 정신적 건강
- 자기 감정에 대한 통찰
- 인지적 전략이나 문제해결력 향상
- 규칙 준수
- 사회협응능력, 협동심

게임은 개인 간의 규칙이 설정된 맥락 안에서 상호 경쟁적 관계가 형성되는 놀이로써 놀이단계에서 가장 높은 수준의 놀이 형태이다. 단순히 정서를 이완하고 표현 · 해소하는 경험을 하는 활동이 놀이라면, 게임은 단순한 정서의 표출이나 해소가 아니라 인지적 전략이나 문제해결력으로 경쟁에서 이기기 위한 인지적 · 정서적 조절을 필요로 하고, 일반 놀이와 다르게 많은 제약과 제한에 따라야 하며, 목표지향적이라는 점 등에서 놀이와 차이가 있다. 유아가 게임을 성공적으로 수행하기 위해서는 유아는 게임을 수행하기 위해 지켜야 하는 억제와 금지사항을 파악하고, 규칙을 이해하며 놀이에 참가하는 모두에게 상호 규칙이 설정되어 있다는 것을 인식하여야 한다. 게임에 참가하여 놀이하는 유아들이 동등한 위치에서 게임에 적극적으로 참여해야 한다. 유아가 게임에 참여하기 위해서는 높은 수준의 사회적 · 인지적 발달이 필수적이다.

그러므로 게임활동의 효율적인 운영을 위해 우선적으로 계획단계에서 유아의 신체적 조건이나 인지능력과 흥미를 고려해야 한다. 어른이나 다른 사람에 의하여 제시된 이해할 수 없는 규칙을 혼자서 따르게 하는 것은 융통성이 없고, 경쟁적이며, 스트레스를 유발할 수도 있으므로 유아의 연령과 발달수준에 맞는 게임을 선택하는 것이 필요하다. 경쟁과 정신적인 고통을 주기보다는 협력과 즐거움을 증진시키는 게임이어야 한다. 유아들은 사회적 · 인지적으로 미숙한 면이 있기 때문에 게임의 방법과 규칙을 이해하기 어려울 수 있다. 연령이 어린 경우나

게임과 놀이의 차이점

- 인지적, 정서적 조절이 필요함
- 많은 제약과 제한에 따라야 함
- 목표지향적임

학기 초에는 단순한 내용의 게임, 규칙과 지시가 적은 원게임 또는 자유대형게임을 하고, 정해진 사회적 규칙을 이해할 수 있을 무렵에 편게임을 진행한다.

원게임

- 어린 연령 유아나 학기초에 적절함
- 지시가 적음
- 간단한 규칙을 이해하고 지키는 경험 가짐
- 누구나 성취감 가짐
- 집단에 대한 소속감 느낌

원게임이나 자유대형게임은 전이시간 또는 날씨나 상황에 따라 대체활동이 필요한 경우 쉽게 할 수 있는 활동이다. 이에 반해 편게임은 유아들이 편게임의 속성을 이해하는 일이 우선되어야 한다. 유아들이 자기 편에 대한 의식, 즉 소속감을 가져야 편게임이 효율적으로 운영될 수 있다. 또한 게임은 매우 동적인 활동이므로 하루일과를 계획할 때 게임 전후로 동적인 활동이 연이어 이루어지지 않도록 유의한다. 게임은 실내뿐만 아니라 실외에서도 가능하므로, 바깥놀이 시간에 포함시켜 진행할 수도 있다.

게임활동의 유형에 따라 진행시기와 방법에 약간 차이가 있다. 학기 초에는 적은 수의 유아들이 둥글게 앉아서 지시가 적은 원게임을 진행하는 것이 적절하다. 유아들은 원게임을 하면서 집단에 대한 소속감을 느낄 수 있고 간단한 규칙을 이해하고 지키는 경험을 할 수 있다. 원게임의 주된 특징은 이기고 지는 결과가 뚜렷이 구분되지 않고 누구나 성취감을 느끼면서 자신감을 형성하도록 도움을 줄 수 있다는 것이다. 그러므로 처음 집단에 소속되거나 게임의 방법과 규칙을 소개받는 유아들, 연령이 어린 유아들에게는 원게임을 선정하여 지도하는 것이 게임을 이해시키는 데 바람직한 방법이 된다.

그리고 원게임에서 경험하는 규칙은 단순하고 기본적인 개념을 이해하고, 발달 초기 단계부터 형성해야 할 기본 생활습관 형성에 도움을 주는 중요한 수단이 될 수 있다. 원게임의 예를 들면, 가운데 놓여 있는 꽃바구니 꾸며 주기, 오뚝이 맞추기, 의자에 앉아 공을 굴려 안에 있는 사람 맞히기, 고양이 방울 가져오기, 의자 앉기, 4박자에 맞춰 자기 이름 말하기 등이 있다.

원게임 예

- 꽃바구니 꾸며 주기
- 오뚝이 맞추기
- 고양이 방울 가져오기
- 의자에 앉기
- 4박자에 맞춰 자기 이름 말하기

원게임을 위하여 우선 유아들을 둥글게 의자나 바닥에 앉게 한다. 교사는 게임에 대한 동기유발을 여러 가지 자료와 활동(그림 자료, 인형, 노래 부르기, 수수께끼)을 이용하여 유도한다. 게임의 방법과 규칙은 적절한 질문과 게임자료를 통해 협의하여 정한다. 게임 후 자유놀이 영역에 마련해 주어 흥미를 지속시키도록 한다.

자유대형게임은 원게임과 마찬가지로 지시가 적고 이기고 지는 결과가 뚜렷이 구분되지 않는 간단한 형태와 모양, 색깔, 수 등과 관련된 짝짓기 활동이나 음악을 이용하여 움직임과 멈춤을 연속적으로 경험해 보는 다양한 형태의 게임이 제시될 수 있다. 이러한 형태의 게임은 원게임에 비해 유아들이 좀 더 자유롭게 장소를 이동하면서 공간을 탐색하고 자신의 신체를 최대한 활용해 볼 수 있다는 특징이 있다. 반면 많은 유아들이 서서 활동을 하므로 교사는 게임이 시작되기 전에 게임방법과 규칙에 대해 충분히 이야기를 나누어 결정한 후 활동을 진행해야 한다. 자유대형게임의 예를 들면, 북소리(음악소리)가 멈췄을 때 '친구 사귀기', '짝짓기', '신체 마주대기'를 들 수 있다.

자유대형게임

- 이기고 지는 결과가 뚜렷이 구분되지 않음
- 움직임과 멈춤을 연속적으로 경험해 봄
- 자유롭게 장소 이동

편게임은 두 편으로 집단을 나누어 게임을 하는 것으로, 원게임과 자유대형게임에 비해 편에 대한 의식이 있어야 하고, 게임에 필요한 지시와 규칙이 많은 게임 유형이다. 그러므로 원게임과 자유대형게임을 통해 게임에 대한 의미를 이해하고 정해진 규칙을 지켜야 한다는 인식을 충분히 갖도록 한 후에 편게임을 실시하여야 한다. 편게임은 유아 개별적인 성과보다는 자기 편을 위하여 유아 자신이 최대한 노력을 하고 유아들끼리 협력함으로써 성취감을 느낄 수 있다는 것이 특징이다. 또한 다른 친구들의 적극적인 활동과 게임 규칙에 대한 준수는 유아에게 흥미와 동기유발의 훌륭한 자극제가 될 수 있다.

편게임을 시작할 때는 편의식이 생길 수 있는 게임부터 실시하도록 한다. 즉, 자기 자리에서 일어나 자기 편이 앉아 있는 자리를 한 바퀴 돌아온 후 다음 친구에게 연결되는 형태의 게임을 반복적으로 실시하여 편의식이 형성되도록 도와준다. 그리고 난 후 출발선을 정해놓고 출발하여 목표지점을 돌아와서 다음 친구와 연결되어 계속적으로 하는 좀 더 복잡한 릴레이 게임을 할 수 있다. 편게임은 유아들이 게임방법과 규칙을 만들어 보고 결정된 방법대로 게임을 진행해 보고 평가의 기회를 갖는다는 점에서 이점을 갖고 있다.

편게임

- 편에 대한 의식이 있어야 함
- 지시와 규칙이 많은 게임
- 협력하여 성취감 느낌
- 게임유형 중 가장 구조화된 활동

위에서 언급한 세 가지 유형의 게임활동 중 편게임이 가장 구조화된 활동이기 때문에 편게임의 진행순서와 더불어 교사의 역할 및 유의점을 자세히 기술해 보고자 한다.

1) 사전준비

편게임 사전준비

- 발달수준과 주제에 맞는 활동계획
- 놀이자료, 융판, 바구니 등 준비
- 출발선과 반환점 표시
- 두 팀이 앉는 자리 표시

활동을 시작하기 전 게임에 필요한 모든 준비를 한다. 유아의 발달수준과 생활주제와 알맞은 활동을 구상한다. 활동 절차에 대하여 대략적으로 구상하고, 활동 시 필요한 놀이자료, 융판, 바구니를 준비한다. 실물자료가 아닌 직접 제작해야 하는 게임자료일 경우 활동의 목적에 맞으며, 매력적이고 견고하게 제작하도록 한다.

벼가 되기까지

배추와 무를 뽑아요

샌드위치를 만들어요

가마 지기

밤송이 따와요

장금이 상차리기

전을 부쳐요

비커에 담아요

다람쥐 먹이 갖고 오기

게임의 진행 경로를 예상하여 미리 출발선과 도착선에 마스킹테이프를 붙여둔다. 또한 두 팀이 앉는 자리에도 테이프를 붙여둘 수 있다. 출발선에 승부판을 붙일 융판을 놓고, 탬버린이나 소고와 같은 신호악기를 두며, 출발선 및 반환점에 게임자료를 배치한다.

2) 양 팀으로 나누어 앉기

편게임을 하기 위해 두 편으로 나누는데, 남녀, 버스와 도보, 모둠 등 다양한 방법으로 나눌 수 있다. 한 팀씩 출발점으로부터 월령 순서(1~12월), 성별과 몸집 크기를 고려하여 짝지어 마주보게 앉히면 진행하는 데 수월하다. 특히 인지적인 능력을 요구하는 게임이거나 연거푸 게임에 져서 게임을 하기 싫어하는 유아가 있을 경우 양 팀으로 나누어 앉을 때 상대편 유아의 몸집과 성별을 비슷하게 맞추어 주는 것이 좋다. 가운데 카펫을 두고 양 팀으로 나누어 바닥에 앉을 수 있고, 또는 양쪽에 의자를 인원수에 맞춰 세팅해 두어 앉거나 호명하는 순서대로 유아들이 의자를 가져와서 앉을 수도 있다.

편게임 시 팀 나누어 앉기

- 연령, 성별, 몸집 크기 등 고려
- 바닥 또는 의자에 앉기

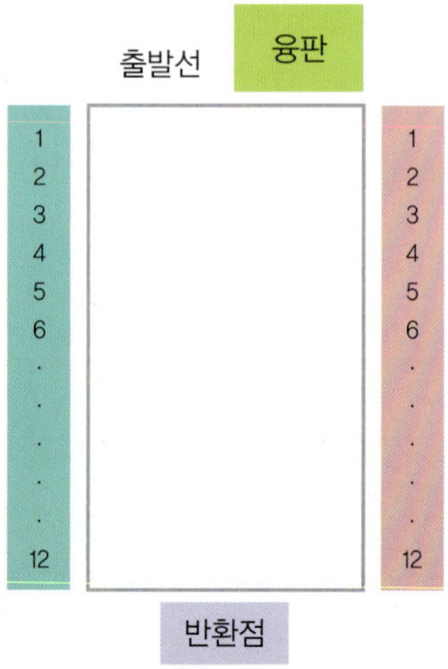

3) 팀별 인원수가 동일한지 세어 보기

양편의 인원수를 유아들과 함께 세어 비교 · 확인해 본다. 마주보고 앉아 있는 친구끼리 악수하기, 하이파이브하기 등으로 1:1 맞춰 보거나 교사가 한 팀씩 차례로 한 명씩 짚으며 '열 꼬마 인디언' 노래를 부르며 몇 명인지 셀 수도 있다. 양편의 수가 같지 않을 때 어떻게 할지 유아들과 함께 의논한다. 예를 들어 한 명이 남을 경우 마지막 유아가 상대 팀에서 자신과 게임할 친구를 선택하거나 교사가 상대가 되어 주어 게임할 수 있다.

4) 팀 이름 정하기

게임의 흥미를 더하기 위하여 양 팀 이름을 정해 본다. 팀 이름은 교사가 정해 주는 것보다 유아들이 정해보게 하는 것이 좋다. 유아들이 이름을 정할 수 있도록 일정 범위를 제시해 줄 수 있다. 예를 들어, 요즘 우리가 몸에 좋은 음식을 알아보고 있는데 그중에서 정해보자. "지금 계절이 여름인데, 여름! 하면 딱 떠오르는 것이 뭐니?", "팀 이름을 정할 건데 지금 계절이 봄이니까 봄에 피는 꽃 이름 중에 해볼까?"라고 발문하여 유아들이 팀 이름을 정할 때 돕는다.

5) 응원해 보기

"이겨라"가 아니라 "잘해라", "개나리~잘 해라" 등 팀 이름을 넣어서 응원하도록 한다. 5세의 경우 각 팀에서 응원단장을 뽑아 응원하는 것도 재미있다.

6) 게임도구를 보며 게임방법 정하기

유아들이 게임에 대해 생각하고 정해볼 수 있는 기회를 많이 제공한다. 즉, 교사는 게임의 방법, 규칙, 승부기준 등에 대하여 유아들의 의견을 적극적으로 수용하고 인정해 준다. 교사가 게임방법을 일방적으로 정하여 설명하고 시범을 보일 것이 아니라 유아들이 제공된 게임자료를 탐색한 후 "이걸 가지고 어떻게 재미있게 게임할 수 있을까?"라며 자신들이 재미있게 할 수 있는 방법을 생각해 보도록 한다. 여러 명의 유아가 게임방법을 제안하여 다수결로 정한다. 소수의 의견이 무시되지 않게 해야 하므로 거수로 정할 때 선택되지 못한 방법은 자유놀이 시간에 해보자고 제안하는 것도 좋다. 여러 가지 제안 중에서 선정된 방법을 제안했던 유아가 직접 나와 시범을 보이게 한다. 시범을 보이지 않고도 게임을 할 수 있지만, 몇몇 유아의 경우 게임방법을 이해하지 못했을 수도 있기 때문이다. 유아가 시범 보일 때는 교사는 그 유아의 행동을 언어적으로 묘사해준다. 양 팀의 승부를 표시할 수 있는 승부판도 정한다. 이 승부판은 이긴 유아가 도착하고 나서 직접 붙여도 되고 교사가 이긴 팀에게 붙여 줄 수 있다.

게임방법 선정

- 게임자료 탐색
- 여러 명의 유아가 3~4까지 정도 게임 방법 제안
- 다수결로 결정
- 채택된 방법을 유아가 시범 보임

7) 게임할 때의 약속 정하기

게임 진행 시 문제가 되거나 위험할 수 있는 상황을 예측하여 이야기 나눈다.

게임 약속의 예

- 차례 지키기
- 반칙의 경우 처음부터 다시 하기
- 졌다고 울지 않기(게임을 즐겁게 하기)
- 응원 열심히 해주기
- 끝까지 게임 열심히 하기

"우리가 게임할 때 이런 약속을 서로 지켰으면 좋겠어요~ 하는 거 있니?"라며 유아들이 게임할 때 필요한 약속들을 생각하고 말해보게 한다. 예를 들면, 차례 지키기, 밀지 않기, 슬라이딩하지 않기, 출발선 안으로 서 있기, 반칙할 때 처음부터 다시 하기, 공이 튕겨져 나오면? 그 자리에서 다시 넣기 등이다. 또한 교사도 게임을 할 때 문제 상황(예: 지나치게 이기려고만 한다, 상대편에게 지나친 적대감을 보인다, 졌다고 운다, 자신의 팀을 지게 한 유아에게 '너 때문이야'라고 소리를 지른다, 질 것 같아서 배 아프다고 하며 게임을 하지 않는다 등)에 대해 이야기한다. "게임은 왜 할까? 재미있으려고! 열심히 하고 재미있으려고 하는 거야, 게임은 이길 때도 있고, 질 수도 있어! 다음에 이기면 되는 거야. 졌다고 울면 재미있을까?"라며 게임은 즐겁기 위해 하는 것이지 이기려고만 하는 활동은 아니라는 것을 반복적으로 강조하여 이야기한다. 유아들이 게임의 결과보다는 게임을 즐기면서 교육적 경험을 충분히 하도록 한다. 유아들이 규칙을 자율적으로 준수함으로써 경쟁적인 태도를 조절하고, 게임을 통하여 올바른 태도, 도덕적 행동, 규칙 준수, 다른 사람과 더불어 살아가는 행동양식 등이 생활화되도록 지원한다.

8) 게임을 시작하기

게임 진행하기

- 양팀에서 한 명씩 나옴
- 다른 유아들은 차례 기다리며 응원
- 이긴 유아가 승부판 붙임
- 진 유아를 격려
- 매우 뒤처진 유아에게 격려 응원
- 지나친 흥분을 보이면 게임을 잠시 중단

양 편에서 한 명씩 나와 게임을 시작한다. 인지적 요소가 많이 포함된 게임을 진행할 경우는 월령이 늦거나 이해가 느린 유아에게는 출발하기 전 게임방법을 다시 한 번 생각해 보고 출발할 수 있게 돕는다. 다른 유아들은 자신의 차례를 기다리며 응원을 한다. 게임에서 이긴 사람에게 승부판을 바구니에서 꺼내 직접 융판에 붙이도록 하거나 교사가 붙여 준다. 이때 "○○야, 울지도 않고, 열심히 잘했어"라며 진 유아를 격려하는 것도 잊지 말아야 한다. 어느 한 편의 유아가 일찍 도착점에 도달했고, 나머지 유아가 뒤처져 늦게 들어올 때 양 팀 모두 '끝까지 잘해라' 격려해 주어 완수하도록 돕는다. 규칙이 잘 지켜지지 않았을 경우에는 승패를 가리지 않거나 진 것으로 평가하여 함께 정한 규칙은 반드시 지켜야 한다는 인식을 하도록 한다.

게임 분위기가 가라앉았다고 생각될 때 양 팀 응원을 하도록 격려한다. 이와 반대로 게임 진행 중 유아들이 상대편에게 지나친 적대감을 보이거나 지나치게 흥분하면 위험하므로 게임을 잠시 중단하여 유아들을 진정시켜 안정감을 유지한다. 친구들을 성실하게 응원을 잘 해주거나 바르게 앉아서 자신의 차례를 잘 기다리는 팀에게는 점수를 줄 수도 있다. 이와 같이 다시 한 번 올바르게 응원하고 게임을 하는 유아들의 태도가 중요함을 이야기 나눈다.

9) 승부 확인하기

점수판으로 승부를 확인할 때는 유아와 다 같이 수를 센다. 교사는 게임 진행 과정에서 일어났던 일을 중심으로 게임을 하면서 규칙을 잘 지켰는지, 응원은 잘 했는지에 대해 평가한다. 승부를 확인한 후 서로 격려를 한다. 이긴 팀에게는 '잘했다', 진 팀에게는 '수고했다'고 격려를 해준다. 이긴 편에게 만세삼창을 하게 한다거나 이긴 편에게만 박수를 치게 하는 것은 바람직하지 않다. 이긴 편을 너무 부추기거나 우월감을 갖도록 하여 지나치게 승부에 집착하지 않게 유의한다.

승부 확인

- 빠르기, 규칙 준수, 응원 등에서 평가
- 이긴 팀에게 잘했다고 박수
- 진 팀에게 수고했다고 박수

"은빈이 때문에 졌어요" 유아들이 '너만 아니었으면 이겼어'라는 반응을 보였을 때 그런 반응을 보인 아이에게 '○○야 친구들이 너에게 "○○만 아니었으면 우린 이겼어"는 이야기를 들으면 기분이 어떨 것 같아?'라고 이야기를 해 줬어야 했는데.. 게임활동을 할 때 아이들의 마음을 읽어주는 것도 중요하다. 게임에서 진 아이들의 마음을 읽어주고 위로해 줄 수 있는 교사가 되어야 한다.

(K유치원 교사 인터뷰)

10) 게임 끝내고 회상하며 평가하기

게임의 결과에만 치우쳐 평가하기보다는 진행과정과 협동했던 과정, 태도 등에 초점을 두어 평가한다. 이기고 지는 것이 중요한 게 아니라, 최선을 다한 것에 더 가치를 두어 이야기한다. 게임을 마친 후의 기분이 어떠한지, 아쉬웠던 점과 반성할 점, 고쳐졌으면 좋을 것에 대해 이야기하고, 게임의 규칙이나 방법을 변경 또는 수정하여 유아에게 더욱 적합하고 흥미로운 게임방법이 있는지에 대해서도 평가를 해본다. 게임을 하고 난 의자와 자료를 함께 정리정돈한다. 끝난 후 다음 활동으로 이어질 때 진 팀부터 먼저 이동하도록 배려한다.

게임활동 예시 ❶

송편 만들어요

| 활동목표 |

- 추석에 먹는 송편 만드는 방법에 대해 안다.
- 반환점을 돌 수 있게 달리는 속도를 조절할 수 있다.
- 친구와 협동하여 게임에 참여할 수 있다.

| 누리과정 관련내용 |

- 사회관계〉더불어 생활하기〉친구와 서로 도우며 사이좋게 지낸다.
  〉사회에 관심 가지기〉우리나라에 대해 자부심을 가진다.
- 신체운동 · 건강〉신체활동 즐기기〉신체 움직임을 조절한다.

| 활동자료 |

- 송편 재료(주머니, 콩), 점수판, 마스킹 테이프, 쟁반

| 활동방법 |

① 양 팀으로 나누어 앉은 후, 팀별 인원수가 동일한지 세어 본다.

- 선생님이 이름 불러주는 친구는 이쪽으로 와서 앉자.
- 두 팀의 인원수가 같은지 세어 볼까?
- 어떻게 세면 좋을까?

② 팀 이름을 정하고, 응원해 본다.

- 팀 이름을 정해 보자. 어떤 팀으로 하고 싶니?
- 팀 이름을 넣어 응원해 볼까? "◎◎팀 잘해라" 하고 외쳐 보자.

③ 추석에는 어떤 음식들을 먹는지 이야기 나눈다. 인식

- 추석에는 어떤 음식을 먹을까?
- 송편을 만들어 본 적이 있니? 어떻게 만들까? 어떤 재료가 들어갈까?
- 반죽에 소를 안에 넣고 마지막으로 어떻게 해야 먹을 수 있을까? 찜통…
- 앞으로 몇 밤 자면 추석인데, 우리가 오늘 '송편'을 만드는 게임해 볼까?

④ 게임 자료를 탐색하며 게임방법을 생각해 본다. 탐색

- (송편 주머니를 보며) 이건 뭘까? (송편 주머니와 소를 자리에 두며) 이 송편 주머니와 속에 들어가는 콩!
- 책상 위에 어떤 것들이 있니?
- 이런 게임 자료를 가지고 어떤 게임을 할 수 있을까? 또?

⑤ 2~3가지 제안된 게임방법 중 다수결로 정한다. 탐구

- ○○는 ~~~ 게임을 하자고 했고, ㅁㅁ는 ~~~~ 했으면 좋겠다는 생각을 내놨어. 그리고 △△는 ~~~~ 게임을 하자는 생각을 했네!
- 이 중에서 한 가지 방법으로 정하려면 어떻게 해야 할까?
- 손을 들어서 많이 손을 들어준 방법대로 게임을 해보자.
- ~~~ 게임을 하자는 ○○의 생각대로 게임을 했으면 좋겠어요! 하는 사람은 손을 들어보겠니? (수를 센다)
- 그 다음 ~~~~ 했으면 좋겠다는 ㅁㅁ의 생각에 찬성해요! 손을 들어

보자. (수를 센다)...

⑥ 결정된 게임방법을 제안했던 유아가 앞에 나와서 시범을 보인다.

- 누구의 생각에 가장 많이 손을 들어주었니?
- 그럼 ○○가 앞에 나와서 직접 게임방법을 몸으로 보여줄래?

⑦ 게임할 때 지켜야 할 약속을 정한다.

- 게임을 하기 전 어떤 약속을 정하면 좋을까?
- 신호보다 일찍 출발하면 어떻게 할까?
- 약속을 잘 지키면서 돌아왔구나.

⑧ 게임을 시작한다. 활용

- 그럼 이제 게임을 시작해 보자.
- 앞에 앉은 사람부터 한 명씩 나와서 출발선에 서 보자. 시~ 작!
- 자기 팀에게 응원해 주자.
- (한 팀의 유아가 너무 뒤처졌을 때) 얘들아, ○○에게 끝까지 잘 하라고 응원해 줄까? 끝까지 잘해라!...

⑨ 점수판을 보며 승부를 확인한다.

- 우리 점수를 함께 세어 볼까?
- 어떤 팀의 점수가 높니?
- 우리 ○○팀에게 열심히 했다고 '수고했다'라고 박수를 쳐주자. 그리고 □□팀에게도 '잘했다'고 박수쳐 주자.

⑩ 활동을 회상해 보고 평가한다.

- 오늘은 송편을 만들어 보는 게임을 하였는데 어떤 점이 즐거웠니?
- 어렵거나 아쉬운 점이 있었니?
- 그럼 다음에는 그 부분을 더 넣어서 해보자.

게임활동 예시 ❷

밤감 따오기

| 활동목표 |

- 편게임을 통해 협동심을 가진다.
- 스스로 게임방법과 규칙을 정하고 지킨다.
- 카드의 수만큼 열매를 딸 수 있다.

| 누리과정 관련내용 |

- 사회관계〉더불어 생활하기〉약속과 규칙의 필요성을 알고 지킨다.
- 자연탐구〉생활 속에서 탐구하기〉물체를 세어 수량을 알아본다.

| 활동자료 |

나무, 밤 · 감 카드, 카드 담는 통, 소쿠리 2개

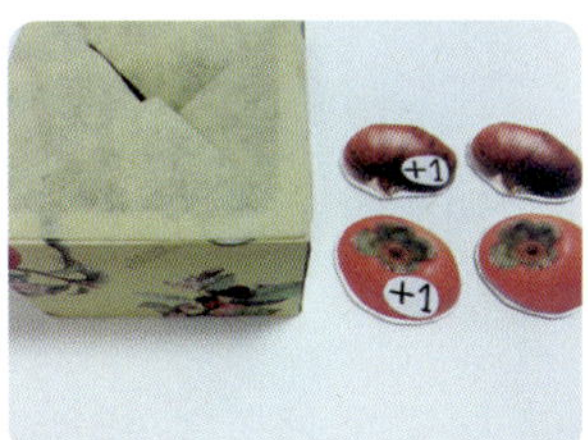

| 활동방법 |

① 게임을 하기 위해 두 팀으로 나누어 앉는다.

- 얘들아, 우리 오늘 뭘 하기로 했는지 생각나니?
- 오늘은 이 밤이랑 감으로 게임을 해보자.
- 먼저 두 팀으로 나누어서 앉아 볼까?

- 선생님이 이름 부르는 사람은 이쪽에 와서 앉자.

② 양 팀의 수가 맞는지 확인한다.

- 편 게임을 하려면 상대편과 사람 수가 어때야 할까?
- 그럼, 우리 다함께 양 팀 숫자가 맞는지 세어 볼까?
- 어떤 방법으로 세어 보면 좋을 것 같아?
- 우리 ○○가 말한 것처럼 한 번 세어 볼까?
- (인원수가 맞지 않을 경우) 그런데 이쪽 팀에는 한 명이 더 있는데, 어떻게 하면 좋을까?
- 그래, 그러면 ○○생각대로 ~하기로 하자.

③ 팀 이름을 정하고 응원을 해본다.

- 지금 계절이 가을이니까 '가을' 하면 떠오르는 것으로 팀 이름을 정해 볼까?
- 우리 편이 힘을 낼 수 있게 응원을 한 번 해보자.

④ 게임 자료를 탐색하며 게임방법을 생각해 보고 정한다.

- 얘들아, 여기에 여러 게임도구가 있는데 이걸로 어떻게 재미난 게임을 할 수 있을까?
- (게임 자료를 보며) 여기에 아무것도 적혀 있지 않은 감과 밤이 있고 숫자가 적힌 것도 있어.
- 숫자 옆에 이 표시가 무엇인지 아니?
- 이 표시는 더하기라는 표시야.
- 여기 있는 게임자료들로 어떻게 게임을 할 수 있을까?
- (여러 제안 중) 누구의 생각에 찬성하는지 손을 들어 결정할까?
- "○○가 말한 방법으로 게임해 보고 싶어요" 하는 사람 손들어 볼래?
- 이번에는 "저는 △△가 말한 방법으로 게임할래요" 하는 사람 손들어 볼까?
- 그럼 오늘은 ○○가 말한 방법으로 게임해 보자.
- (결정된 후) ○○야, 네가 말한 방법을 앞에 나와서 시범 보여줄래?

⑤ 게임을 할 때 지켜야 할 약속을 정한다.

- 게임을 할 때 지켜야 할 약속은 어떤 것들이 있을까?
- 너희들이 말한 약속을 지키면서 게임을 해보자.

⑥ 각 팀에서 한 명씩 나와 게임을 한다.

- (한 명이 게임을 한 후) ○○가 카드에 나온 만큼 잘 가져온 것 같니?

〈게임 방법〉
① 카드가 담긴 통에서 카드를 한 장 뽑는다.
② 카드에 적혀 있는 만큼 나무에서 감이나 밤을 딴다.
③ 감이나 밤을 따서 도착선으로 와서 자기 팀 바구니에 넣는다.
④ 밤과 감의 개수가 많은 팀이 이긴다.

⑦ 게임이 끝나면 함께 점수판을 세고, 승부를 확인한다.

- 어느 팀에 감과 밤의 개수가 더 많은지 함께 세어 보자.

⑧ 게임에 대한 평가를 한다.

- 오늘 게임을 하고 나니 기분이 어때?
- 다음엔 또 어떤 방법으로 게임을 해볼 수 있을까?
- 선생님도 너희들 모두 규칙도 잘 지키고, 재미있고 즐겁게 하는 모습을 보니 정말 기분이 좋았어!
- 우리 모두 끝까지 열심히 했다고 이긴 ○○팀 그리고 열심히 함께 한 △△팀에게도 “잘했다” “열심히 했다”라고 박수쳐 주자.

게임활동 예시 ❸

떡 하나 주면 안 잡아먹지

| 활동목표 |

- 손의 움직임을 조절하여 목표물에 자료를 넣을 수 있다.
- 서로 다르게 제안한 게임방법을 존중한다.
- 같은 팀의 친구들을 응원함으로써 협동심을 가진다.

| 누리과정 관련내용 |

- 사회관계〉더불어 생활하기〉약속과 규칙의 필요성을 알고 지킨다.
- 신체운동 · 건강〉신체활동 즐기기〉신체 움직임을 조절한다.

| 활동자료 |

'떡 하나 주면 안 잡아먹지' 동화 그림 자료, 입 벌린 호랑이 바구니 통 2개, 여러 가지 떡 모형, 승부판

| 활동방법 |

① '떡 하나 주면 안 잡아먹지' 동화를 회상한다.

- ○○반, 지난 시간에 봤던 동화 기억나니?
- 할머니가 산 속에서 누구를 만났어?
- 호랑이가 할머니에게 무엇을 달라고 했지?
- 할머니는 호랑이에게 왜 떡을 주었을까?
- 할머니가 무사히 손자의 집에 도착할 수 있게 우리가 도와줄 수 있는 방법은 뭘까?

② 양 팀으로 나누어 앉는다.

- 너희들이 들은 동화와 연결해서 게임을 해보자.
- 먼저 선생님이 부르는 사람은 의자를 가지고 와서 여기에 앉자.
- 한 팀씩 차례로 불러줄게. ○○야, 여기에 앉자…

③ 양 팀의 수가 동일한지 세어 본다.

- 우리가 두 팀으로 나누어서 게임을 하려면 사람 수가 어때야 할까?
- 양 팀의 수가 맞는지 함께 세어 볼까?
- (양 팀의 인원수가 맞지 않을 경우) ~팀에 한 명이 더 많네, 어떻게 하면 좋을까?

④ 팀 이름을 정하고 응원해 본다.

- 게임하기 전에 팀 이름을 정할 건데 너희들이 좋아하는 떡 이름 중에서 정해 볼까?
- 우리 팀이 힘을 낼 수 있게 응원을 해보자.
- 응원할 때 뭐라고 말하면 좋을까?
- '이겨라!'라는 말 대신 어떤 말로 응원하면 친구들이 더 힘내서 게임을 할 수 있을까?

⑤ 게임자료를 탐색하며 게임방법을 생각해 보고 정한다.

- (게임자료를 보며) 이걸 가지고 어떻게 재미있게 게임할 수 있을까? 또?
- 누구의 생각에 찬성하는지 손을 들어 결정해 볼까?

- ○○의 ~방법으로 하면 재미있을 것 같아?
- 그러면 ○○의 생각으로 결정되었으니 앞에 나와서 게임방법을 몸으로 보여주겠니?
- 오늘 결정되지 않은 방법대로는 언제 해보면 좋을까? 자유놀이 시간? 바깥놀이 시간?

⑥ 게임할 때 지켜야 할 약속을 정한다.

- '우리 게임할 때 이런 약속 지켜요' 하는 것 있니?
- 너희들이 말한 약속들을 지키면서 게임을 하자.

⑦ 각 팀에서 유아가 한 명씩 나와 게임을 진행한다.

- 앉아 있는 사람들은 잘하라고 응원해 주자.
- ○○는 무슨 떡을 호랑이 입에 넣었어?
- 호랑이 입에 떡을 넣은 팀에게 바구니에도 떡을 붙여 줄게.

⑧ 각 팀의 점수판을 세고 승부를 확인한다.

- 바구니에 떡이 몇 개가 붙어 있는지 함께 세어 볼까?
- 어느 팀 바구니에 떡이 더 많이 있니?
- 이긴 ○○팀에게 '잘했다'고 박수쳐 주자. △△팀에게도 '수고했다'고 박수쳐 주자.
- 우리 서로 열심히 잘 했다고 안아주며 칭찬해 줄까?

⑨ 게임에 대한 평가를 한다.

- 게임을 하고 나니 너희들 기분이 어때?
- 다음에는 우리가 어떻게도 게임해 볼 수 있을까?
- △△팀이 먼저 의자를 정리하자. 그 다음엔 ○○팀…

게임활동 예시 ❹

발을 모아요

| 활동목표 |

• 게임을 통해 수의 연산을 한다.

• 게임을 통해 정해진 규칙을 지키고 협동심을 기른다.

• 제시되는 수만큼 발을 모으기 위해 친구들과 합의해 보는 경험을 한다.

• 자신의 신체 부분을 알고 활용할 수 있다.

| 누리과정 관련내용 |

• 자연탐구〉생활 속에서 탐구하기〉물체를 세어 수량을 알아본다.

• 사회관계〉더불어 생활하기〉친구와 서로 도우며 사이좋게 지낸다.

• 의사소통〉듣기와 말하기〉상대방이 하는 이야기를 듣고 관련해서 말한다.

• 신체운동 · 건강〉신체활동 즐기기〉신체를 인식하고 움직인다.

| 활동자료 |

발을 모을 수 있는 판, 1~8까지의 숫자 카드, 벌칙용 행동카드

| 활동방법 |

① 내 몸 중에서 하나씩 또는 둘씩 있는 부분을 짚어가면서 알아본다.

• 내 몸에서 하나씩 있는 것은 무엇일까?

• 두 개씩 있는 것은?

• 세 개도 있을까? 다섯 개는?

• 내 몸에는 너무 많아서 그 수를 잘 알 수 없는 것도 있을까?

예 땀구멍 / 머리카락 / 내 몸의 털 / 핏줄…

② 친구들의 손과 발을 각각 모두 세어 본다.

- 지금 몇 명의 친구가 있을까? 이 친구들의 발을 다 세어 본다면 몇 개가 될까? 손은?
- 같이 세어 볼까?

③ 4명씩 팀을 만들어서 동그랗게 앉는다.

- 발을 모아 보는 게임을 해보자. 몇 명이 모여 한 팀이 되면 적당할까?
- 4명씩 팀을 되어 보자. 팀을 만들었으면 바닥의 테이프 주변에 동그랗게 앉아 보자.

④ 교사가 제시하는 카드 숫자만큼 발을 원 가운데에 모아 본다.

- '3' 숫자카드를 보여주면 너희들의 발을 몇 개가 되게 해야 할까?
- 네 명이면 모두 발이 몇 개일까? 그중에 '3' 숫자카드에 맞게 수를 만들려면 어떻게 해야 할까?
- 너희 팀이 발을 빨리 모으려면 서로 어떻게 해야 할까?
- 발을 어디에 모으면 좋을까? 원 가운데로?
- 발을 다 모았다는 표시는 어떻게 하면 될까?
- 먼저 발을 다 모으지 못한 팀은 어떤 벌칙을 줄까?
- 여기 벌칙용 행동카드가 있는데 어떤 내용으로 정할까?

  예 안아줘요. 콩쥐팥쥐, 뽀뽀해 줘요...
- 먼저 발을 다 모으지 못한 팀은 카드를 뽑아서 그 행동을 하기로 하자.
- (카드의 수를 보며) 3! 발 세 개를 가운데로 모아 볼래?

⑤ 제시되는 수만큼 빨리 발을 맞추는 팀은 손을 들고, 그 수만큼 친구들에게 재미있는 방법으로 기쁨을 표현해 본다.

- 수만큼 발을 다 모은 팀은 손을 들어볼래?
- ~팀은 완성했구나! 그 수만큼 기쁘다는 마음을 무엇으로 표현하겠니?

  예 4번만큼 만세 부르기, 3초 동안 개다리춤 추기

⑥ 활동을 마친 후 평가한다.

- 이 활동을 해보니 무엇이 재미있었니? 힘든 점은 무엇이었니?
- 이 게임을 잘 하려면 무엇이 중요할까?
- 오늘은 발을 모아봤는데, 다음엔 우리 몸의 어디로도 모아볼까?(손, 어깨, 엉덩이, 머리...)

게임활동 예시 ❺

주사 한 대

| 활동목표 |

- 게임을 통해 예방주사에 대한 두려움을 줄인다.
- 주사기 모형을 다룸으로써 눈과 손의 협응력을 기른다.

| 누리과정 관련내용 |

- 신체운동 · 건강〉신체활동 즐기기〉신체 움직임을 조절한다.
〉건강하게 생활하기〉질병을 예방하는 방법을 알고 실천한다.

| 활동자료 |

동화 ' 다음엔 너야'(에른스트 얀들 지음, 박상순 역, 비룡소), 엉덩이 모양의 자료, 주사기 모형

| 활동방법 |

① 동화를 감상한다.

- 동물 친구들이 무엇을 하고 있니?
- 기다리는 친구들의 마음은 어떨까?
- 방 안에 들어가서 동물들은 무엇을 했을까?

② 병원에서 주사를 맞아본 경험을 이야기해 본다.

- 너희들도 병원에 가서 주사를 맞아본 적이 있니? 그때 어땠니?
- 주사를 맞을 때 좀 덜 아프려면 어떻게 해야 할까?

  예 꾹 참아요, 다른 생각해요, 주사 맞고 나면 맛있는 것 먹을 거니까 참아요.

③ 게임자료를 탐색하며 게임방법을 이야기 나눈다.

- 이 자료를 잘 볼까? 무엇처럼 보이니?
- 왜 엉덩이에 반창고가 붙어 있을까?
- 간호사 선생님이 어떻게 엉덩이에 주사를 놓으시니?
- 우리가 간호사 선생님이라고 생각하고 주사를 놓아 볼까?
- 어떻게 게임을 할 수 있을까?
- 누가 앞에 나와서 몸으로 직접 보여줄 사람 있니?

④ 양 팀으로 나누어 앉는다.

⑤ 게임을 시작한다.

- 친구들이 열심히 할 수 있도록 어떤 응원을 해줄까?

〈게임방법〉
① 각 팀에서 한 명씩 나와서 주사기를 들고 출발선에 선다.
② 엉덩이 자료가 붙어 있는 반환점으로 달려가서 주사를 놓고 출발선으로 돌아온다.

⑥ 게임 후 활동을 회상한다.

- 엉덩이에 주사를 놓고 오는 게임을 해보니 어땠니?
- 끝까지 열심히 게임을 한 우리 반 친구들을 위해서 다 같이 박수쳐 줄까?

4 새 노래 부르기

주제, 흥미, 행사 등에 알맞은 가사로 구성된 새 노래를 배우는 대 · 소집단 활동이다. 유아들은 본능적으로 움직이고, 흥얼거리고, 노래하고, 소리 만드는 것을 좋아한다. 새 노래 부르기의 목표는 유아들이 노래 부르기를 통해 음악을 좋아하고 자발적으로 음악활동에 참여하고 성공적으로 학습하도록 기회를 제공함으로써 유아의 음악적 능력을 증진시키는 데 있다. 새 노래 부르기 활동은 성악가로 만들기 위한 음악적 훈련에 목표를 둔 것이 아니기 때문에 유아들이 일상생활 속에서 음악을 즐기고 자유롭게 표현함으로써 만족감과 즐거움을 가져 정신건강을 도와야 할 것이다.

새 노래 부르기 목표

- 노래 부르기를 통해 음악을 좋아함
- 일상에서 음악을 즐기고 만족감과 즐거움 갖기

3~6세는 음악성 발달에 무척 중요한 시기이다. 음악적 창의능력이 노래 부르기와 함께 음악 듣기, 악기 다루기, 움직이기, 창작하기 등과 통합되어 지도될 때 함양될 수 있으므로 새 노래 부르기 활동 시에는 다른 음악적 요소도 연결되어 다루어지도록 해야 한다. 또한 리듬, 음의 고저, 음색, 강약, 빠르기, 화음, 형식, 조직, 멜로디 등의 음악적 개념을 경험하고 이해할 수 있는 활동내용도 포함되어야 한다.

음악적 개념

- 리듬
- 음의 고저
- 음색
- 강약
- 빠르기
- 화음
- 형식
- 조직
- 멜로디

유아들을 대상으로 노래 부르기 활동할 때는 유아들의 발달수준 및 음악적 특성을 미리 이해하고 있어야 한다. 유아들은 여러 사람들과 같이 맞추어 노래를 부르는 것이 힘들고 너무 높거나 낮거나 빠른 곡도 잘 부르지 못한다. 3세에서 점차 4, 5세가 되면서 한 번 들은 곡은 기억력을 통해 더욱 정확히 부를 수 있으나, 발성이나 리듬, 음정 등의 표현에서 정확하지 못하기 때문에 한 번 배운 노래를 반복하게 함으로써 음정감, 박자감, 리듬의 기본 감각을 발달시켜 주는 일이 필요하다. 흥미를 유발하기 어려운 노래를 싫어하고 오랜 시간 동안 앉아서 노래 부르는 것을 하기 힘들어한다. 그러므로 흥미를 이끌기 위해 놀이 및 활동자료 준비를 철저히 하고, 특히 시간 안배에 유의해야 한다. 소요시간은 연령마다 조금 차이가 나며 학기 초에는 5~10분으로부터 점차 시간을 20분까지 늘여 나간다. 일반적으로 새 노래 지도는 15~20분 계획된 시간을 통해 이루어질 수 있다. 하루일과 중 간식 전후, 동화 들은 전후, 자유놀이 시간 전후, 이야기 나누기 시간과 관련된 시간, 산책이나 견학 전후에 계획하는 것이 적절하다.

노래 선택 시 고려사항

- 실감할 수 있고 생활에서 경험한 일과 관련된 노랫말
- 조표가 복잡하지 않고 밝은 분위기 노래
- 한 도막이나 작은 세 도막 형식
- 복잡하지 않은 리듬
- 노래의 음역이 넓지 않은 곡

새 노래 부를 때 노래의 선택은 중요하다. 보통 주제를 잘 나타내는 제목을 보고 선정하는 경우가 많다. 곡 자체도 중요하지만 노랫말에 많은 비중을 두고 선택해야 한다. 노랫말은 실감할 수 있고 생활에서 경험한 일과 관련된 것이어야 한다. 예를 들어, 유아의 감정에 관계된 것, 친구, 가족, 계절, 지역사회의 여러 사람에 관계된 노래 등이 친숙할 것이다. 유아들의 노래는 조표가 없는 다장조나 밝은 분위기의 장조로 이루어진 노래가 많으며, 형식은 한 도막 형식(8마디)이나 작은 세 도막 형식(12마디)이 적절하다. 2/4, 4/4, 3/4 박자의 곡들이 많이 차지하나 노래의 박자는 4/4박자가 가장 많다. 복잡한 리듬의 곡이나 온음표와 같이 호흡에 무리가 가는 노래는 피하는 것이 좋다. 너무 높거나 낮은 음은 발성하기 힘들어하므로 노래의 음역은 너무 넓지 않는 곡(중앙 C 아래 B에서 위의 A까지)을 선정하여 유아들의 성대에 무리가 가지 않도록 유의해야 한다. 또한 멜로디, 노랫말, 리듬이 자주 반복되는 노래, 주고받는 문답식의 노래, 이야기가 있는 노래 등을 선택할 수 있다.

새 노래를 수월하게 익히도록 돕는 자료 준비도 중요하다. 도입부분에 노래와 관련된 실물이나 모형, 사진 등을 준비하여 흥미를 유발하고 주의집중을 돕는다. 가사판에 글자를 빼곡하게 적어놓거나 오선악보를 그려넣는 건 유아들이 이해하는 데 무리이므로 글자와 더불어 그림이나 사진을 포함시켜 제작하여 제시한다. 문답식이거나 이야기식의 가사일 경우, 가사판의 배지색을 다르게 제작하여 팀을 나누어 부르거나 역할을 맡아 부를 때 용이하도록 한다.

새 노래 부르기 활동 시 교사 역할

- 기초적인 음악이론에 대한 지식 습득
- 다양한 장르의 곡 선정
- 지도 전, 음, 리듬, 가사 외우기
- 반주 연습과 노래 외우기
- 배울 노래를 미리 들려주기
- 노래 부르는 것을 교사 자신이 즐기기

새 노래 부르기 활동의 효율적 운영을 위해 교사의 역할을 들자면, 교사가 굳이 음악을 전공하지 않더라도 유아들의 음악 경험을 위한 새로운 아이디어를 찾는 데 노력을 기울여야 한다. 교사가 발달수준이나 행동특성, 기초적인 음악이론에 관한 지식에 대해 미리 알고 있어야 한다. 적어도 일주일에 새 노래를 한 곡 정도 배운다고 할 때 1년에 30~40가지 새 노래를 배우게 되므로 다양한 노래들의 목록을 미리 만들어 두면 좋다. 이때 전래동요, 민요 등 다양한 장르의 노래들을 포함시킨다. 그리고 유아들을 지도하기에 앞서 정확한 음, 리듬, 가사에 맞춰 교사가 완전하게 익히고 외워둔다. 악기를 능숙하게 다루지 못하여 새 노래 지도에 자신이 없다고 하는 경우가 있으나 가장 중요한 것은 교사의 목소리다. 이와 더불어 악기 반주법도 외운다. 반주는 노래를 도와주는 역할을 하는 것이기 때문에 노래보다 반주소리가 더 크지 않도록 유의하고, 유아와 눈을 마주치며 반주할 수 있도록 연습한다. 그러나 악기반주와 동시에 지도하는 것이 어렵다면 CD 음원을 활용하거나, 전날 전자키보드에 반주를 녹음해두어 수업 당일에 사용할 수 있다.

가르칠 노래를 녹음하여 들려주면 귀에 익숙해져 실제 노래를 가르칠 때 더 빠르게 배우게 되므로 미리 자유놀이나 간식시간에 들려주고, 새 노래 지도 시간에는 음반에 지나치게 의존하는 것보다는 교사의 육성으로 반복적으로 들려주는 것이 좋다. 무엇보다도 유아들과 노래 부르는 것을 교사 자신이 즐겨야 한다. 일반적으로 피아노 반주를 많이 하나 자신에게 맞는 악기(예; 기타, 카주, 우쿨렐레, 까혼 등)를 선택해서 연주법을 익혀두면 노래 활동에 자신감을 갖고 할 수 있을 것이다.

새 노래 부르기 활동 순서를 자세히 기술하면 다음과 같다.

사전준비
- 새로운 노래의 가사와 음을 소리내어 부르고 외우기
- 도입 자료, 노래 자료 제작 준비
- 노래 활동방법에 따른 자료 준비

1) 사전준비

교사는 새로운 노래를 정확한 가사와 멜로디로 소리 내어 부르고 외운다. 리듬이 힘든 곳도 정확히 익혀둔다. 노래에 가르칠 때 필요한 도입 자료나 노래 자료를 제작한다. 개사를 한다면 종이와 마커를 준비하고, 악기연주를 한다면 리듬악기를 준비하며, 역할을 맡아 부른다면 역할을 나타내는 자료를 준비하는 등 노래 지도 계획에 따라 준비하는 자료가 다르다.

2) 도입

반원형 또는 원형으로 앉거나 교실 바닥과 의자에 나눠 앉은 대형에서, 노래와 관계된 이야기나 개념에 대해 이야기 나누면서 여러 가지 실물, 모형, 사진, 효과음 등의 자료, 동화나 동시를 보여주거나 들려준다. 노래와 관련하여 교사의 차림새에 변화를 줘도 좋다. 그리고 '~가 봤니?', '본 적 있니?', '먹어 본 적 있니?' 등의 유아의 경험과 관련지어 이야기 나누거나 노래에 관련된 수수께끼를 낼 수도 있으며, 전체 가사를 활용하여 이야기로 지어서 들려주어 전체 맥락을 이해하도록 할 수 있다. 이때 도입부분에 소요되는 시간이 길어지지 않도록 하며, 본 활동과 관련없는 손유희나 노래로 시간이 낭비되지 않게 유의한다.

도입

- 주의집중이 잘 되는 대형으로 앉히기
- 실물, 모형, 사진, 동화 등의 도입자료 제시
- 경험, 수수께끼, 가사를 활용한 이야기 등으로 도입 진행

3) 노랫말 익히기

노래자료를 보며 노랫말을 익힌다. 이때 유아들은 가사판의 글자를 능숙하게 읽지 못하므로, 교사는 가사판의 글자를 한 자 한 자 손으로 짚어주며 읽어준다. 가사의 음길이에 따라 읽어주면 유아들이 노래부를 때 리듬을 잘 살려 부를 수 있

노랫말 익히기

- 가사판 글자를 손가락으로 가리킴
- 음길이에 따라 읽어줌

다. 한편 교사가 노래 전체를 불러주고 들어 본 느낌이 어떤지 이야기 나눈 후 노랫말을 알아보는 순서로도 진행할 수도 있다.

4) 교사의 선창

피아노 반주와 함께 또는 반주 없이 교사의 육성으로 노래 전체를 불러준다. 유아들은 교사가 불러주는 노래 전체를 듣고 노래의 분위기, 전체 맥락을 이해한다. 유아들이 가사를 빨리 익히도록 교사는 가사판의 가사를 짚어가며 천천히 불러줄 수도 있다. 또한 교사는 가사, 음정, 리듬, 박자에 더욱 신경을 쓰며 선창을 한다.

5) 한 가지 소리로 음 익히기

아, 오, 우, 랄라 등 한 가지 소리를 넣어 2~3회 불러 음을 익히도록 한다.

6) 노랫말 넣어 부르기

새노래 부르기 활동 방법
- 전체노래방법
- 결합방법

노랫말 전체를 넣어서 부르기 전에, 쉽거나 반복적으로 나오는 노랫말은 유아들이 부르고 나머지는 교사가 불러도 좋다(곽현주, 2019). 노랫말을 넣어 처음 부를 때 천천히 부른다. 이때 교사는 반주를 천천히 하며 가사를 두 마디 정도 미리 알려준다. 새 노래 활동방법은 전체노래방법이나 결합방법이 유아들에게 적절하다. 교사가 한 소절을 부른 후 유아들이 한 소절씩 따라 부르는 부분노래방법은 노래 전체의 의미를 잃을 수 있다. 그러므로 전체노래방법으로 우선 부르고 어려운 부분이 있다면 그 부분을 따로 더 부르는 것이 적절하다. 유아가 음정을 어려워하거나 자꾸 틀릴 때 교사가 손가락이나 손으로 음의 높낮이를 표현해 준다. 리듬이나 박자가 틀릴 경우, 교사는 박수를 치며 그 부분만 다시 들려준 후 유아들이 따라 부르게 하면 효과적이다.

지나친 피아노 반주는 삼가고 멜로디 위주로 쳐준다. 피아노 반주를 할 때 유아들을 마주보고 하도록 한다. 피아노 위치를 변경하지 못한다면 가능한 한 교사가 유아들과 눈 마주치기 용이한 자리로 유아들을 옮겨 앉게 할 수 있다. 전자 키보드를 낮은 탁자에 놓고 유아들과 마주보며 반주하면 효과적이다. 이밖에도 기타나 우쿨렐레와 같은 멜로디악기와 장구나 까혼과 같은 리듬악기도 유아들과 마주보며 활동하기에 좋은 악기들이다.

7) 노래 반복하여 부르기

노래를 반복하여 부르며 익숙해지게 한다. 한 번 앉은 자세에서 너무 오랫동안 노래 부르지 않으며, 5번 이상 반복하지 않도록 유의한다. 한 번 배운 노래는 며칠 동안 자유놀이 시간, 모이는 시간 등에 자주 불러 자연스럽게 곡을 익힐 시간이 있으니 싫증나지 않게 반복한다.

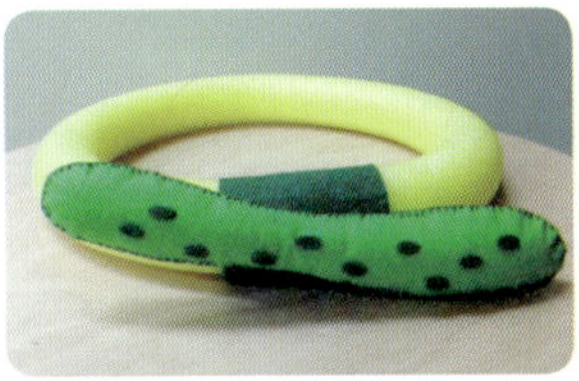

반복하여 노래 부르는 방법

- 교사 – 유아, 유아 – 유아 질의응답식
- 극화
- 율동
- 부분 개사나 새 노랫말 짓기
- 악기연주
- 노래 녹음하기
- 독창, 듀엣 등으로 부르기

반복하여 부르는 다양한 방법으로는 여러 가지가 있다. 질의응답식인 노래의 경우 교사–유아, 유아–유아가 팀을 나누어 물어보는 부분과 대답하는 부분을 맡아 부른다. 이야기가 있는 노래의 경우, 노래 속에 들어 있는 이야기를 극화하여 역할을 나누어 부를 수도 있다. 이때 교사는 노래를 부를 차례인 사람이나 팀에게 미리 손짓이나 눈짓으로 알려준다. 등장인물을 표시하는 자료를 내주어 착용하게 할 수 있다.

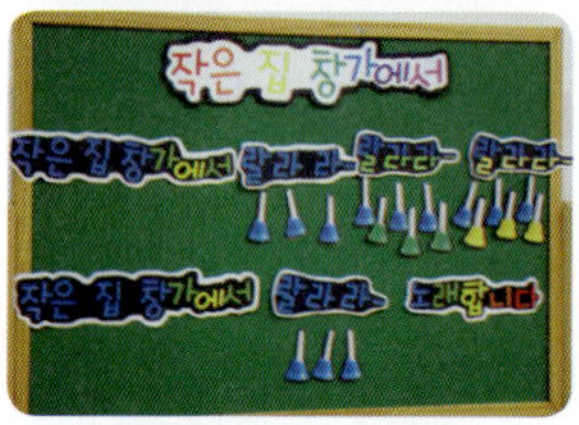

또한 율동 만들기, 부분 개사하거나 새 노랫말 만들기, 리듬악기나 신체악기로 연주하기, 혼자(또는 둘, 셋, 남/여끼리) 부르기, 노래 녹음하기 등의 다양한 방법으로 반복하여 부른다. 개사할 경우, 코팅된 종이나 포스트잇과 마커를 준비하며 유아들이 말하는 노랫말을 한 자 한 자 바른 글자체로 받아 적어가며 읽어준다. 리듬악기 연주의 경우 가사 밑에 축소된 악기 사진을 붙여 준다.

노래에 맞춰 신체악기로 연주할 때는 신체악보를 제시하여 연주하도록 돕는다. 리듬악기 연주 때와 마찬가지로 가사 밑에 각 신체부위 축소그림을 붙이거나 단성부 또는 2성부 신체악기 그림패턴을 제시하여 노래와 함께 연주해 볼 수 있다.

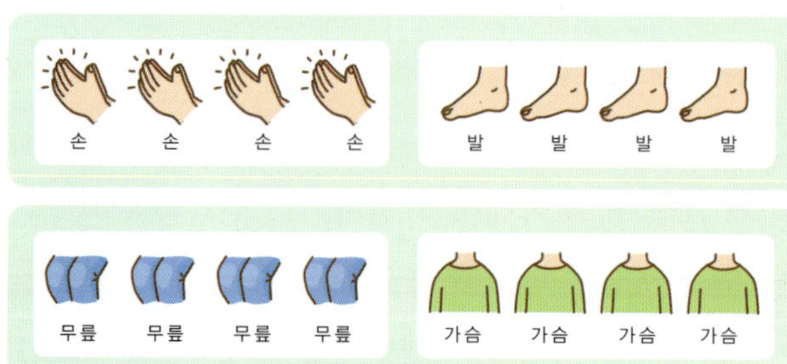

단성부 신체악기 그림패턴

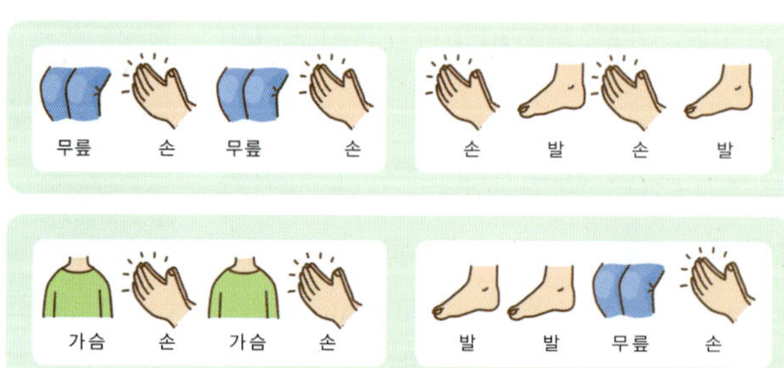

2성부 신체악기 그림패턴

8) 평가하기

노래를 불러본 느낌이 어땠는지, 새로 알게 된 것은 무엇인지, 다음엔 이 노래로 어떤 활동을 해보면 좋을지(예; 역할놀이, 신체표현, 바깥놀이, 미술, 음악 감상 등)에 대하여 평가한다.

노래활동 예시 ❶

팝콘 만들기

| 활동목표 |

- 음 길이와 소리 크기를 달리하여 노래를 부른다.
- 노래와 함께 팝콘이 되는 과정을 신체로 표현한다.

| 누리과정 관련내용 |

- 예술경험〉창의적으로 표현하기〉노래를 즐겨 부른다.
  〉신체나 도구를 활용하여 움직임과 춤으로 자유롭게 표현한다.
- 자연탐구〉생활 속에서 탐구하기〉물체의 특성과 변화를 여러 가지 방법으로 탐색한다.

| 활동자료 |

가사판, 가사판 덮는 뚜껑, 팝콘 머리띠, '팝콘 만들기' 악보(김진영 작사 · 곡)

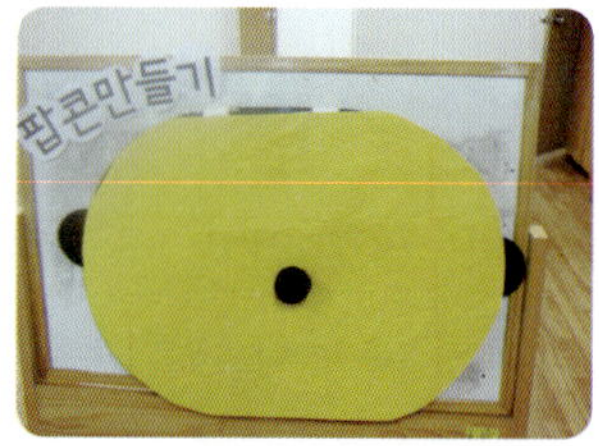

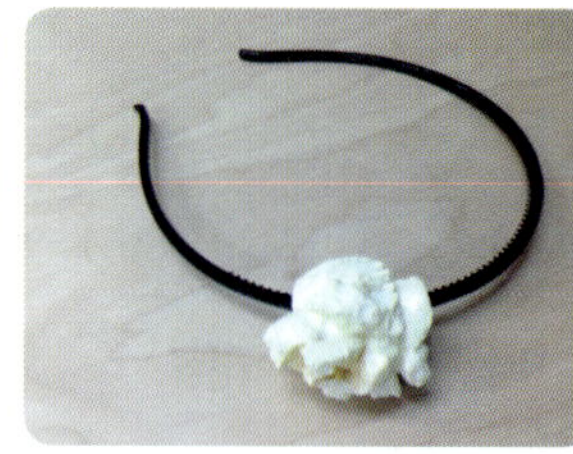

| 활동방법 |

① 팝콘을 만드는 과정에서의 경험에 대해 이야기를 나눈다. 인식

- 우리 아까 요리시간에 무얼 만들어 봤더라?
- 옥수수 알갱이에서 팝콘이 되니까 크기(색)가 어떻게 변했지?
- 옥수수 알갱이가 튀면서 어떤 소리가 들렸니? 입으로 소리내 볼래?
- 팝콘 만드는 동안 어떤 냄새가 났니?

② 노래자료를 보며 노랫말을 알아본다. 탐색

- 팝콘 만들면서 들리는 소리, 풍겨오는 냄새 그리고 옥수수 알갱이가 나중에 어떤 모습으로 변했는지를 잘 표현하는 노래가 있어.
- 가사판을 보면서 노랫말을 알아보자.

③ 교사의 선창을 들으며 어떤 노래인지 생각해 본다. 탐구

- 선생님이 불러볼 테니 잘 들어봐. 어느 부분을 부르는 건지 가사도 짚어줄게.
- 노래를 들어보니 느낌이 어때?
- ○○는 팝콘 냄새가 나는 것 같아?

④ 한 가지 소리로 불러 음을 익힌다.

- 가사를 다 넣어서 부르기 전에 한 가지 소리로 불러볼까?
- 또 어떤 소리로 불러볼까?

⑤ 소리 크기를 달리하여 노래를 여러 번 불러본다. 활용

- 이번에는 가사를 넣어 천천히 불러볼까?
- (가사판을 보며) 그런데, 이 점들은 왜 이곳에만 찍혀 있는 걸까? 이 부분은 무얼 표현한 소리일까? 그럼 어떻게 부르라는 표시일까?

- 어려운 말로 스타카토라고 하는데 이 부분은 짧게 불러보자.
- 이번엔 작은 소리로도 한 번 불러볼까?
- 팝콘 노래 중 큰 소리로 부르면 어울리는 곳이 어디일까?
- 소리 크기를 다르게 해서 다시 한 번 불러보자.

⑥ 노래와 함께 팝콘이 되는 과정을 몸으로 표현해 본다.

- 이번엔 팝콘을 몸으로 한 번 표현해 볼까?
- 누가 앞에 나와서 팝콘이 되어 볼래?
- 팝콘이 된 사람들은 어떻게 팝콘을 표현해 볼까?
- 여기 앉아 있는 너희들은 무엇을 하면 좋을까? 노래 크게 불러 줄래?
- 먼저 옥수수가 알갱이가 되어 보자. 우리 함께 팝콘이 되는 과정을 생각하면서 불러보자.

⑦ 활동을 마친 후 느낌을 이야기해 본다.

- 오늘 '팝콘 만들기' 노래를 불러보았는데, 어떤 느낌이 들었니?
- 팝콘 만들기' 노래를 부르면서 무엇을 알게 되었니?

노래활동 예시 ❷

씨앗

| 활동목표 |

- 씨앗에서 꽃이 피기까지의 과정을 안다.
- 노래의 속도와 음의 높낮이를 달리하여 불러본다.
- 친구의 의견을 존중하여 가사를 다르게 바꿔 본다.

| 누리과정 관련내용 |

- 예술경험〉창의적으로 표현하기〉노래를 즐겨 부른다.
- 의사소통〉듣기와 말하기〉상황에 적절한 단어를 사용하여 말한다.
- 사회관계〉더불어 생활하기〉서로 다른 감정, 생각, 행동을 존중한다.
- 자연탐구〉자연과 더불어 살기〉생명과 자연환경을 소중히 여긴다.

| 활동자료 |

노랫말 자료, 보드판, 보드 마커, 달력, 작은 화분, 흙, 씨앗, 물뿌리개, '씨앗' 악보(김성균 작사 · 곡)

| 활동방법 |

① 앞으로 다가올 식목일에 대해 이야기 나눈다.
- (달력을 보며) 4월 5일은 무슨 날일까?
- 식목일은 무엇을 하는 날일까?

② 씨앗에서 꽃이 피기까지의 과정에 대해 이야기 나눈다.
- (화분과 씨앗을 보며) 씨앗은 어떻게 심는 걸까? 그 다음엔?…
- 씨앗을 심으면 어떻게 될까?
- 씨앗이 자라서 싹이 나오려면(꽃이 피려면) 무엇이 필요할까?

  예 흙, 물, 해, 우리들의 관심과 보살핌…

③ 노래자료를 보며 노랫말을 알아본다.

④ 피아노 음에 맞춰 교사의 노래를 들어본다.

⑤ 피아노 소리에 맞춰 한 가지 소리(예: 아, 음, 랄…)로 부르며 음을 익힌다.

⑥ 노랫말을 넣어 천천히 불러본다.

⑦ 1, 2절의 흐름에 어울리도록 노랫말을 더 만들어 본다.
- 꽃이 핀 다음엔 어떻게 될까?
- 이 노래에서는 노랫말이 여기까지였는데 우리가 노랫말을 더 만들어 볼까?

- 너희들의 생각을 합쳐 하나의 노랫말을 만들려면 어떻게 해야 할까?
- 만약 노랫말을 만들 때 서로 의견이 다르면 어떻게 하는 게 좋을까?
- 너희들의 생각이 더해져서 이렇게 아름다운 노랫말이 완성되었구나!

3절
꽃꽃 꽃이 폈어요 더 더 물을 주었죠
하룻밤 이틀밤 오잉오잉오잉 샤랄라 샤랄라
샤랄라 열매가 열렸어요

⑧ 노래의 속도와 음의 높낮이를 달리하여 불러본다.
- '씨앗' 노래를 빠르게 불러보면 어떤 느낌이 들까?
- '씨앗' 노래를 느리게 불러보면 어떤 느낌이 들까?
- 빠르기를 달리하여 불러보니 어떤 느낌이 드니?
  예 느리게 불렀을 때: 슬퍼졌어요. 자장가 같아서 편안해요.
- 높은 음으로 불러보면 어떤 느낌이 들까?
- 낮은 음으로 불러보면 어떤 느낌이 들까?
- 높낮이를 달리하여 불러보니 어떤 느낌이 드니?
  예 낮은 음으로 불렀을 때: 좀 으스스한 것 같아요. 더 씩씩한 느낌이 들어요.
- 같은 음악을 듣고도 이렇게 서로 다른 생각이 들었구나.

⑨ 활동을 한 후 그 느낌에 대해 이야기 나눈다.
- 우리가 노랫말도 더 만들어 보고, 여러 가지 다른 방법으로도 불러보니 어떤 느낌이 들었니?
- 처음에 노랫말을 만들 때 서로의 생각이 달라서 마음에 들지 않아 속상해하기도 했는데, 서로의 생각을 잘 들어주고 힘을 모아서 이렇게 멋진 노래로 만들어졌구나!
- 이렇게 힘을 모아 멋지게 잘 만들어 낸 우리 모두에게 어떤 방법으로 칭찬해 줄까?

노래활동 예시 ❸

전기에너지를 아껴요

| 활동목표 |

- 노래를 부르며 전기에너지를 아끼는 방법에 대해 안다.
- 음정과 박자에 알맞게 노래를 부른다.
- 전기를 아껴 쓰는 태도를 가진다.

| 누리과정 관련내용 |

- 예술경험〉창의적으로 표현하기〉노래를 즐겨 부른다.
- 사회관계〉더불어 생활하기〉약속과 규칙의 필요성을 알고 지킨다.
  〉사회에 관심 가지기〉우리나라에 대해 자부심을 가진다.

| 활동자료 |

악보, 가사판, 피아노, 전기 절약 광고지

| 활동방법 |

① 전기에너지 절약 광고지를 보며 전기의 중요성에 대해 이야기를 나눈다.

- (공익광고 전단지를 보며) 전기에너지에 대해 들어본 적 있니? 이 광고지에서 무얼 말하고 있는 걸까?
- 전기에너지를 아껴 쓰지 않으면 어떻게 될까?
- 전기에너지를 마구 써서 없게 된다면 어떤 일이 벌어질까?
- 선생님은 전기에너지를 아끼기 위해 냉장고 문을 잘 생각한 후 필요할 때만 한 번씩 열어. 너희들은?

② '전기에너지를 아껴요' 노래를 들어 보고 느낌에 대해 이야기한다.

- 우리가 방금 이야기 나눈 전기에너지를 아끼는 방법에 대한 노래가 있단다.

• 선생님이 먼저 불러볼 테니 잘 들어봐.

• 노래를 들어보니 어때? 무엇이 생각나니?

전기에너지를 아껴요

박기은 작곡

출처: 배화여자대학교(2012). 누리과정 주제별 활동워크숍.

③ 가사를 보며 노래 속에 전기에너지를 아끼는 방법에는 어떤 것들이 있는지 알아본다.

• 노래 속에 전기에너지를 절약하는 방법이 나와 있어. 가사판을 보며 노랫말을 알아보자.

- 노랫말을 보니 전기에너지를 아끼는 방법에는 어떤 것들이 있니?
- '밖에 나갈 땐 항상 불 끄고', '쓰지 않는 코드 뽑아 주고', '겨울에는 내복을 입어요'라고 되어 있네?

④ 한 가지 소리를 넣어 여러 번 부르며 음을 익힌다.

- 아, 오, 우… 한 가지 소리를 넣어 불러보자.

⑤ 노랫말을 넣어 천천히 부른다.

⑥ 유치원에서 전기에너지를 절약하는 방법에는 어떤 것이 있는지 이야기 나눈다.

- 노랫말에 나온 방법 말고 전기에너지를 아끼는 또 다른 방법에는 어떤 것들이 있을까?
- 유치원에서 실천할 수 있는 방법은 뭐가 있을까? 집에서는?
- 한 번 더 다 같이 노래를 불러보자.

⑦ 노래를 부른 후 새로 알게 된 것이 있는지 이야기 나눈다.

- '전기에너지를 아껴요'라는 노래를 불러보았는데 어땠니?
- 노래를 부르며 새로 알게 된 것이 있니?
- 노래를 불러보면서 어려운 점이 있었니?
- 오늘 불러본 이 노래로 다음에는 어떤 활동을 할 수 있을까? 전기절약 캠페인 송 부르자고? 또?

노래활동 예시 ❹

숲속 풍경

| 활동목표 |

- 노래 분위기에 따라 노래를 신나게 부른다.

- 협동하여 율동을 창의적으로 만들어 본다.
- 나와 다른 사람의 예술표현을 소중히 여긴다.

| 누리과정 관련내용 |

- 예술경험〉창의적으로 표현하기〉노래를 즐겨 부른다.
  〉신체나 도구를 활용하여 움직임과 춤으로 자유롭게 표현한다.
- 사회관계〉더불어 생활하기〉서로 다른 감정, 생각, 행동을 존중한다.
  〉약속과 규칙의 필요성을 알고 지킨다.

| 활동자료 | 노랫말 자료

| 활동방법 |

① 숲에 가본 경험에 대해 이야기 나눈다.
- 숲에 가면 어떤 것들을 볼 수 있니?
- 숲에 가면 어떤 소리를 들을 수 있니?
- 숲에 가면 어떤 향기를 맡을 수 있니?
- 숲에 가면 또 어떤 것들을 느낄 수 있을까?
- 숲이 있어서 좋은 점은 뭘까?

② 노래자료를 보며 노랫말을 알아본다.
③ 피아노 음에 맞춰 교사의 노래를 들어본다.
④ 피아노 소리에 맞춰 한 가지 소리(예: 아, 음, 랄..)로 부르며 음을 익힌다.
⑤ 노랫말을 넣어 불러본다.
⑥ 노래의 분위기에 대해 이야기 나누고 전체적인 느낌을 살려 불러본다.
- 노래를 부르니 어떤 느낌이 들었니?
- 어느 부분에서 더 크게(좀 더 작게) 부르는 게 어울릴까?

• 노래의 분위기를 잘 살려서 부르려면 어떤 목소리로 부르는 게 좋을까?

⑦ 유아들과 함께 노래와 어울리는 율동을 만들어 본다.

• 우리 함께 노래에 어울리는 율동을 만들어 볼까?

• 크게 부르기로 한 부분에서는 어떤 동작을 넣어 불러 볼까? 작게 부르기로 한 부분은?

• 빠르기가 빨라질 땐 동작을 어떻게 하는 게 좋을까?

• ○○와 □□의 생각이 다른데 어떤 방법으로 정하면 좋을까? (다수결로 정한다)

• ○○의 생각에 손을 많이 들어서 그것으로 정해야겠다! 그런데 손을 적게 들어서 방법으로 정해지지 않은 □□의 마음이 어떨까? □□가 속상하지 않게 하려면 어떻게 도와줄 수 있을까?

• 서로 다른 생각이 합쳐져서 이렇게 멋진 율동이 만들어졌구나!

• 우리가 함께 만든 율동을 하면서 노래를 불러볼까?

⑧ 활동을 한 후 그 느낌에 대해 이야기 나눈다.

• 노래 분위기를 생각하면서 느낌을 살려 불러보니 어떤 느낌이 들었니?

• 우리가 함께 율동을 만들어 보니 어떤 느낌이 들었니?

• 처음엔 하고 싶은 동작이 다 달랐었는데 서로의 생각을 합쳐서 이렇게 멋진 율동을 만들어 냈구나!

• 한 사람의 생각만으로 이렇게 멋진 율동을 만들어 낼 수 있었을까?

• 역시 힘을 모으니까 멋지게 잘 만들어 낼 수 있었네! 서로 칭찬해 주자.

노래 활동 예시 ❺

숲속 친구들

| 활동목표 |

- 각 동물들의 특징을 알고 노랫말을 바꾸어 볼 수 있다.
- 말이 글로 옮겨지는 것을 관찰하며 읽고 쓰기에 관심을 가진다.
- '숲속 친구들' 노래를 팀을 나누어 재미있게 부른다.

| 누리과정 관련내용 |

- 예술경험〉창의적으로 표현하기〉노래를 즐겨 부른다.
- 의사소통〉듣기와 말하기〉상황에 적절한 단어를 사용하여 말한다.
  〉읽기와 쓰기에 관심 가지기〉말과 글의 관계에 관심을 가진다.
- 사회관계〉더불어 생활하기〉친구와 서로 도우며 사이좋게 지낸다.
- 자연탐구〉자연과 더불어 살기〉주변의 동식물에 관심을 가진다.

| 활동자료 |

동물(기린, 코끼리, 토끼) 모양의 그림, 그림판(숲 모양), 가사판, '숲속 친구들' 악보 (김진영 작사 · 곡)

| 활동방법 |

① 그림판 속의 동물들을 보면서 각 특징들을 이야기해 본다.

- 얘들아. 우리 어제 어디에 다녀왔더라? 그곳에서 어떤 동물들을 보았니?
- 오늘 우리가 어제 보았던 동물들이 지금 여기에 왔다! 그런데, 나무에 가려져 있어. 누굴까?

② 노래자료를 보며 교사의 선창을 들어본다.

- 선생님이 우리가 방금 찾아본 동물들에 대한 노래를 하나 찾아왔어.
- 한 번 불러볼 테니 잘 들어봐.

③ 가사판을 보며 노랫말에 대해 알아본다.

- 노래를 들어보니 어때?
- 이 노래에서는 기린의 목이 왜 길다고 했니? 또 너희들은 기린의 목이 왜 길다고 생각하니?

④ 피아노 소리로 멜로디를 들어 보고 한 가지 소리를 넣어 부른다.

- 우선 가사를 다 넣어서 부르기 전에 한 가지 소리를 넣어서 불러볼까?
- 어떤 소리가 좋을 것 같니? 라, 오, 우?
- 그래, ○○가 말한 ~로 불러보자. 또?

⑤ 가사를 넣어서 노래를 천천히 부른다.

- 가사판을 보면서 노래를 천천히 불러보자. 선생님이 노랫말을 미리 가르쳐줄게!

⑥ 교사와 유아, 유아와 유아끼리 묻고 답하는 팀으로 나눠 노래를 부른다.

- 선생님이 물어보는 부분을 맡을게. 너희들이 대답하는 부분을 불러줄래?
- 이번엔 너희들끼리 팀을 나누어 불러보자. 앞에 앉은 사람들은 물어보는 부분을 부르고 뒤쪽에 앉은 사람들은 대답하는 부분을 불러줘. 가사판에서 주황색 부분을 보고 부르렴. 그리고 연두색 부분은 모두 같이 부르자.

⑦ 다른 동물과 그 특징으로 개사하여 노래를 부른다.

- 우리 지금 불러봤던 기린 대신 다른 동물들을 넣어서 노래를 불러보자.

아까 어떤 동물들이 있었지?

- 그 동물들은 어떤 부분이 길었니? (코끼리-코, 토끼-귀) 선생님이 너희들 말을 받아 적어줄게.

⑧ 노래를 부른 후 느낌을 이야기한다.

- 오늘 '숲속 친구들'이란 노래를 불러보고 가사도 바꾸어 보았는데 어땠어? 다음에는 이 노래를 어떻게도 불러보면 좋겠니?
- 너희들이 다른 동물로 노랫말을 바꿔 불러보게 종이와 펜을 함께 음률 영역에 내어 줄게. 자유놀이 시간에 친구들과 직접 만져보면서 노래해 봐.

노래활동 예시 ❻

요리하는 날

| 활동목표 |

- '요리하는 날' 노래를 즐겁게 부른다.
- 노래에 맞춰 악기를 연주한다.

| 누리과정 관련내용 |

- 예술경험〉창의적으로 표현하기〉노래를 즐겨 부른다.
  〉신체, 사물, 악기로 간단한 소리와 리듬을 만들어 본다.

| 활동자료 |

가사판, 햄버거 모형, 리듬악기(캐스터네츠, 우드블록, 핸드벨, 탬버린), '요리하는 날' 악보 (김진영 작사 · 곡)

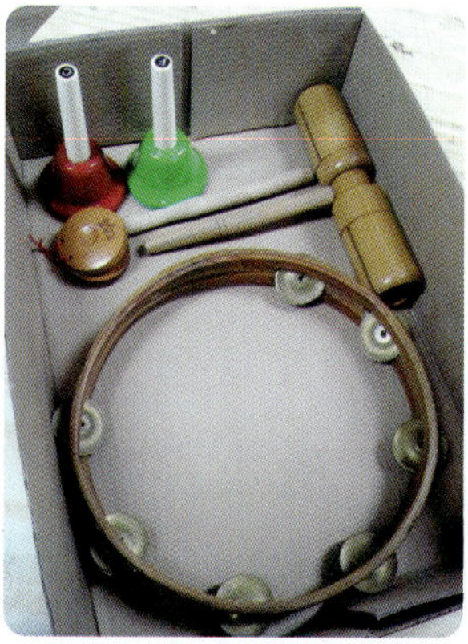

| 활동방법 |

① 수수께끼로 어떤 음식인지 알아맞혀 본다.

- 너희들이 좋아하는 음식일 수 있는데 수수께끼를 낼 테니 잘 맞혀 보렴. 모양은 동그래. 여러 가지 재료를 쌓아서 만든 음식이야. 손으로 잡고 입을 크게 벌려서 먹을 수 있어.

② 햄버거 모형을 보며 노랫말을 알아본다.

- 얘들아, 햄버거에는 어떤 재료들이 들어갈까?
- 또 다른 재료들은 뭐가 있을까?
- 햄버거를 요리하는 노래가 있는데, 노랫말을 알아볼까?

③ 가사판을 보며 교사의 '요리하는 날' 선창을 듣는다.

- 선생님이 이 노래를 먼저 불러볼게. 잘 들어봐.

④ 노래의 음을 익히기 위해 한 가지 소리로 불러본다.

- 노랫말을 다 넣어 부르기 전에 한 가지 소리로 불러보자. '라'로 한 번 불러볼까?
- 또 넣어서 불러보고 싶은 소리가 있니? '아?', '이?', '에?'

⑤ 노랫말을 넣어서 불러본다.

- 이젠 노랫말을 다 넣어서 불러보자.
- 선생님이 들어보니까 '오늘-은 신나는-'인데 '오늘-은 신나-는'이라고 부

르는구나. 이 부분이 어려운가 보다. 선생님이 이 부분만 박수를 치면서 다시 불러줄 테니 잘 들어봐.

- '오늘–은 신나는–' 이 부분만 같이 불러볼까?
- 다시 한 번 불러보니 정확해졌구나. 그럼 이 부분을 천천히 다시 불러보자.
- 이번엔 즐겁고 신나게 불러볼까?

⑥ 가사판을 보며 악기를 연주할 사람을 정한다.

- 악기로 연주하면서도 불러볼까?
- 탬버린(캐스터네츠, 핸드벨, 우드블록) 연주하고 싶은 사람?
- 악기를 연주하는 사람들은 어떤 약속이 필요할까? 자기가 맡은 악기 부분에만 연주할 수 있니?
- 자리에 앉아 있는 친구들은 무얼 하면 좋을까? 그래, 노래 불러주자.

⑦ 노래에 맞춰 악기를 연주한다.

- 가사판의 악기 사진을 보며 각자 맡은 악기를 연주해 보자.
- 와, 너희들 박자를 정말 잘 맞추어 연주하는구나.
- 이번엔 선생님이 피아노 반주를 해줄 테니 다시 한 번 연주해 보자.

⑧ 악기연주할 사람을 바꾸어 노래와 함께 악기연주를 한다.

- 악기 들고 있는 사람은 시켜 주고 싶은 친구에게 악기를 전해주고 자리에 들어가 앉자.
- 나머지 사람들은 노래를 불러주고, 앞에 나온 사람들은 연주해 보자.

⑨ 활동을 한 후 느낌을 이야기한다.

- 노래와 함께 악기도 연주해 봤는데 느낌이 어땠니?
- 다음엔 어떤 요리로도 바꾸어 불러볼까? 어떤 악기로도 연주하면 좋을까?

노래활동 예시 ⑦

부탁하는 말

활동목표

- 친구 간에 지켜야 할 존중과 친절의 덕목을 기른다.
- 명령 투와 부탁하는 어투를 살려서 노래로 불러본다.

누리과정 관련내용

- 예술경험〉창의적으로 표현하기〉노래를 즐겨 부른다.
- 사회관계〉더불어 생활하기〉친구와 어른께 예의바르게 행동한다.

활동자료

가사판, '부탁하는 말' 악보(곽현주 작사 · 곡)

부탁하는말

곽현주 작사
곽현주 작곡

| 활동방법 |

① 친구와의 놀이상황에서 말로 인하여 속상했던 경험에 대해 이야기 나눈다.

- 친구와 놀이할 때 속상했었던 적 있었니?
- 친구의 말 때문에 속상했었던 적 있니? 어떤 말 때문에?
- 소리 지르며 마구 시키는 말을 했을 때 속상했구나!

② 명령하는 어투의 말을 친절하게 부탁하는 어투로 바꾸어 말해본다.

- 이거 해! 저거 해! 라고 명령하는 말투를 친절하게 부탁하는 말투로 바꾸어 보자.
- 다 같이 말해볼까? 이렇게 해줄래?

③ 가사판을 보며 노랫말을 알아본다.

- 우리가 이야기 나누었던 내용이 '부탁하는 말'이라는 노래에 들어 있단다.
- 함께 노랫말을 알아보자.

④ 교사의 선창을 듣는다.

⑤ 한 가지 소리(아, 오, 랄 …)를 넣어 불러 음을 익힌다.

⑥ 가사판을 보며 노랫말을 넣어 부른다.

- 선생님이 미리 노랫말을 알려줄게. 천천히 불러보자.

⑦ 명령 팀과 부탁 팀으로 나누어서 여러 번 부른다.

- ~는 명령팀! ~는 부탁 팀이 되어 나눠 불러보자.
- 명령 팀은 어떤 소리로 부르는 게 어울릴까? 부탁 팀은?
- 서로 팀을 바꾸어서도 불러볼까?
- 선생님이 명령팀! 너희들은 부탁 팀!이 되어 불러보자.

⑧ 활동을 한 후 평가한다.

- 명령 투와 친절한 부탁 투로 불러봤는데 느낌이 어땠니?
- 또 다른 명령하는 투의 말엔 뭐가 있을까? 뒤로 가! 의자 갖다 놔! 비켜!?
- 다음 시간엔 친구들 간에 마음을 속상하게 하는 명령 투의 말을 친절한 말로 바꾸어 볼까?

5 요리

요리활동 목표

- 다양한 요리재료 탐색
- 물질이 변화되는 과정을 체험하며 물리적 성질 이해
- 친구들과 요리하고 먹는 즐거움

요리활동은 누리과정의 5개 영역을 통합할 수 있는 활동 중의 하나이며, 다양한 음식의 재료와 요리방법을 탐색한 후 요리도구를 활용하여 청결하게 조리하고 친구들과 만든 요리를 골고루 먹는 활동이다. 주제에 따라 다양한 요리활동을 통하여 다양한 요리재료를 탐색하며 물리적 성질을 이해하고, 물이나 열을 가함에 따라 물질이 변화되는 과정을 체험하며, 친구들과 함께 요리하고 먹는 과정에서 즐거움을 갖도록 하는 데 목표를 둔다.

요리순서도를 통해 다양한 요리재료에 알맞은 요리방법을 알고, 요리재료를 측정하고 분류하고 세고 나누는 수 경험도 하며, 안전하게 도구를 다루는 방법도 익히며, 무엇보다 바른 식생활 개선에 도움을 주는 교육적 효과도 있다.

요리활동의 가장 큰 교육적 의미는 유아들이 요리활동을 통하여 요리하는 과정의 즐거움을 느끼는 것이라고 할 수 있다. 직접 유아들과 유아교육기관 주변의 시장에 방문하여 요리재료를 구입해 보고, 요리를 만드는 과정에서 오감각을 통하여 재료를 충분히 탐색해 보며, 여러 가지 재료가 만나 어떠한 변화가 일어나는지 관찰해 볼 수 있다. 플라스틱 빵칼과 도마 이외에도 주걱, 국자, 뒤집게, 강판, 접시, 계량스푼, 저울, 가스레인지, 프라이팬, 믹서기, 모양 틀 등의 다양한 요리도구의 명칭과 용도, 사용상의 주의점을 익히는 좋은 기회가 된다.

가정에서 요리의 기회가 잘 주어지지 않는 유아들에게 요리는 매우 흥미로워하는 활동이므로 보다 직접적으로 해볼 수 있는 요리활동을 선정하는 일이 필요하다. 그러나 요리 종류에 따라 칼이나 불을 사용하는 경우도 있어 다소 위험한 측면이 있기 때문에 신중함이 요구된다. 교사 : 유아의 비율, 장소, 시설, 유아의 발달 정도 등을 고려하여 요리활동을 계획한다. 너무 복잡하게 조리해야 하는 요리보다는 간단하면서도 주제와 연관하여 교육적 의미를 찾을 수 있는 활동으로 선정하도록 한다. 그밖에 계절(예; 팥빙수, 화채, 김장 등)이나 명절(예; 송편), 행사(예; 참여수업 음식)에 관련된 요리활동도 계획한다. 연령별 연간 주제와 관련하여 요리활동 목록을 준비해 두는 것도 좋다.

요리활동을 효율적으로 운영하기 위해서는 몇 가지 고려해야 할 사항이 있다. 첫째, 요리 종류에 따라 개인, 소집단, 대집단 등의 집단형태로 운영한다. 안전에 유독 신경을 써야 한다든가 사용할 요리도구의 수량이 적다면 한 영역에서 개인 또는 소집단으로 활동한다. 요리방법이 간단하거나 특별한 도구가 필요하지 않다면 대집단으로도 운영이 가능하다. 둘째, 요리활동에 얼마만큼 유아가 참여하게 할 건지 그리고 어디까지 교사가 준비하고 제공할 것인지 그 정도를 결정한다. 불을 사용하게 될 경우 위험하긴 하나 적절히 참여하는 것이 좋다. 부침개를 한다면 식용유를 붓거나 반죽을 국자로 떠서 프라이팬에 놓거나 뒤집을 수 있게 할 수 있다. 단, 가스레인지와 일정 거리 떨어진 곳의 바닥에 빨간 선을 표시하여 그 선을 넘지 않고 참여하도록 사전에 안전에 대한 약속을 정한다. 또한 송편을 만들 때 유아들이 직접 반죽부터 하게 할 건지, 교사가 준비한 반죽으로 송편을 빚

효율적 요리활동 운영을 위한 고려사항

- 집단형태
- 유아의 참여 정도
- 청결
- 요리순서도

기만 하게 할 건지를 결정한다. 셋째, 청결하게 요리하도록 유의한다. 요리하기 전에 앞치마와 머릿수건을 착용하게 하고, 손을 씻은 뒤에도 조리가 끝날 때까지 얼굴이나 바닥을 만지지 않고 청결을 유지하도록 지도하며, 요리가 끝난 후엔 자리를 정돈하도록 한다.

넷째, 요리활동을 위해 교사는 요리순서도를 제작한다. 종이로 제작하여 융판에 붙여놓아 유아들이 보면서 요리할 수도 있고, 사진이나 요리 동영상으로 PPT 자료를 제작하여 대형 TV 화면으로 볼 수도 있다. 교사가 미리 요리해 보아 그 과정을 사진이나 동영상으로 촬영한 것을 PPT 슬라이드에 삽입하기 때문에 제작도 용이하고 요리과정을 이해하도록 하는 데 효과적이다.

❶ 양상추는 살살 뜯어 알맞은 크기로 떼어낸다.

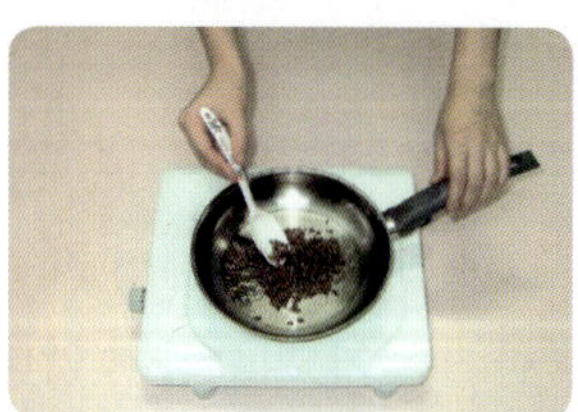

❷ 쇠고기를 양념하여 달구어진 프라이팬에 볶는다.

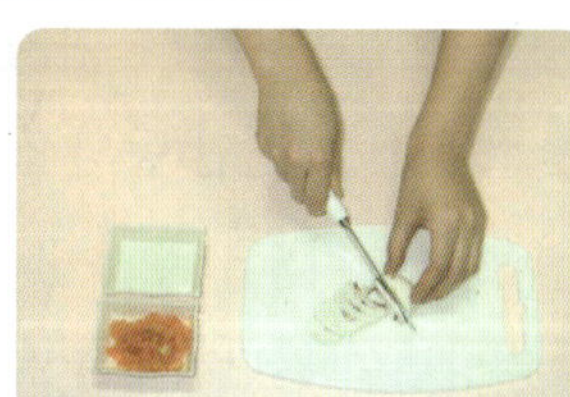

❸ 양송이와 토마토를 작은 크기로 다진다.

❹ 잘게 썬 양송이와 토마토를 프라이팬에 볶는다.

❺ 또띠아 위에 재료들을 얹는다.

❻ 재료들 위에 칠리소스를 뿌린다.

❼ 먹기 좋게 또띠아를 돌돌 말아 비프 타코를 완성한다.

요리활동의 일반적인 순서를 기술하면 다음과 같다.

1) 사전준비

주제와 관련하여 요리활동을 찾을 때 단행본이나 요리 사이트를 검색해 본다. 유아들과 요리를 하기 전에 교사는 미리 그 요리를 해본다. 특히 요리를 많이 해본 적이 없는 교사일수록 필요하다. 유아들이 착용할 앞치마, 머릿수건을 인원수대로 준비한다. 집단 크기와 요리 종류에 따라 세팅을 한다. 탁자 위에 깔개를 깔고 깨끗한 행주로 그 위를 닦는다. 필요한 요리재료와 요리도구들을 올려놓는다. 융판에 요리 순서도 붙여놓거나 TV 화면에 요리순서도 PPT 자료를 켜둔다. 가스레인지를 사용할 경우 일정 거리 밖의 바닥에 빨간 마스킹테이프를 붙여놓는다.

요리 사전준비

- 주제와 관련된 요리활동 검색
- 미리 요리해 보기
- 앞치마, 머릿수건 준비
- 요리재료와 도구 세팅
- 가스레인지 사용 시 빨간색 표시

2) 요리재료 탐색하기

주제와 관련하여 요리하게 될 요리 명칭을 알아보고, 필요한 재료들을 살펴본다. 각 재료의 촉감, 색, 모양, 냄새, 맛 등의 특성을 탐색함으로써 물질의 성질을 이해한다.

3) 요리도구 탐색하고 사용방법 알아보기

요리도구를 보며 명칭을 알아보고, 기능에 따른 사용방법을 익힌다. 플라스틱 빵칼, 프라이팬, 가스레인지와 같은 다소 위험한 요리도구를 사용하는 경우에는 안전하게 사용하는 방법을 이야기 나누고, 유아들이 처음 접한 위험한 도구라면 교사가 시범을 보일 수 있다.

4) 요리순서도를 보며 요리방법 알아보기

요리순서도를 보며 요리방법을 알아본다. 주의가 필요한 부분이거나 약간 방법이 어려운 부분은 설명을 좀 더 덧붙인다. 처음부터 다시 한 번 훑어보며 요리순서를 회상한다. PPT 자료에 요리하는 과정을 동영상으로 담아 삽입시켰을 경우 유아들과 생동감 있게 요리순서를 회상할 수도 있다.

5) 요리과정에서 필요한 약속 정하기

청결을 유지하기 위한 약속, 안전을 위한 약속, 친구를 배려하기 위한 약속 등을 정한다. 유아들이 스스로 약속을 제안해 보게 하는데, 만약 꼭 필요한 약속이 나오지 않을 경우 교사가 말해줄 수 있다. 유아들과 정할 수 있는 약속들의 예는 다음 표 3-6 과 같다.

표 3-6 요리과정에서 유아들과 정할 수 있는 약속 예

청결을 위한 약속	안전을 위한 약속	배려를 위한 약속
• 요리하는 동안에 침이 튀지 않도록 말을 많이 하지 않는다. • 중간에 음식을 집어먹지 않는다. • 떨어진 음식을 다시 주워 요리하지 않는다. • 요리도구를 바닥에 두지 않는다. • 요리하기 전에 손을 깨끗이 씻는다. • 요리하는 동안 손으로 얼굴이나 코를 만지지 않고 깨끗이 유지한다. • 요리를 끝내고 재료와 도구들을 정리한다. • 흘린 음식들을 휴지나 걸레로 치운다.	• 빵칼을 사용하는 동안은 썰기에만 집중한다. • 불을 사용할 때 빨간 선 밖에 선다. • 가스레인지 앞에서는 밀지 않고 차례대로 요리한다. • 기름이 튈 수 있으므로 얼굴을 약간 멀리 한다. • 끓는 물이나 기름에 재료를 넣을 때는 던지지 말고 살살 미끄러지듯 넣는다. • 불이 꺼졌더라도 요리도구가 달구어졌으니 건드리지 않는다. • 주의사항을 잘 따른다. • 요리도구로 장난치지 않는다.	• 요리도구의 수량이 많지 않을 때 차례를 지켜 사용한다. • 모두가 골고루 재료를 사용할 수 있게 공정하게 나눈다. • 요리를 잘 못하는 친구를 도와준다. • '내가 먼저!'라며 무엇이든 자기만 먼저 하려 하지 않는다. • 2명 또는 모둠별로 하는 활동의 경우 친구들과 힘을 합하여 요리한다.

6) 앞치마와 머릿수건 착용하기

교사와 유아 모두 앞치마와 머릿수건을 착용한다. 맨손으로 요리할 때도 있지만 일회용 비닐장갑을 끼고 하는 경우도 있다.

7) 손 씻기

요리를 하기 위해 손을 깨끗이 씻고 정해진 자리에 앉는다. 요리를 시작하기 전에 씻고 온 손으로 교실 바닥을 짚거나 여기저기 만지지 않도록 한다.

8) 요리순서에 따라 요리활동하기

요리순서를 회상하며 요리활동을 한다. 옆 친구와 요리재료로 장난치지 않도록 유의하며 요리하는 데에 집중하도록 한다. 각기 다른 재료들이 만나 어떻게 변화되며, 재료들에 열을 가함으로써 물질의 변화가 어떻게 이루어지는지 꼼꼼하게 관찰하도록 한다. 유아들이 관찰하는 동안 '~게 하면 앞으로 어떻게 될까?', '~는 어떻게 변할까?' 등의 발문을 하여 예측해 보게 하고, 색 · 모양 · 냄새 · 부피 등에서의 변화를 포착할 수 있도록 시기적절하게 관찰을 돕는 발문을 한다. 요리활동의 결과물을 보관할 수 없으므로 교사는 카메라로 요리하는 동안의 주요 장면이나 요리에 몰입한 유아들의 표정에 초점을 두어 촬영을 한다.

요리과정 중 교사의 역할

- 요리순서 회상하며 활동하게 하기
- 장난치지 않고 요리할 때 집중하게 하기
- 물질 변화 예측과 관찰을 돕는 발문하기

9) 완성된 요리를 먹기

완성된 요리를 접시에 담아 먹는다. 하루일과 시간표에서 요리활동 다음이 간식시간이라면 간식으로 먹을 수 있다. 유아들이 먹기 전에 '선생님! 먼저 드세요'라며 예의를 갖추도록 한다. 요리를 끝낸 시간과 점심식사 시간이 가깝다면 일단 요리에 사용했던 물건과 자리를 정리하고 활동을 마무리짓는다. 요리한 것은 점심식사 때 나누어주어 먹게 할 수 있다. 만약 어버이날을 맞아 선물로 과자나 케이크를 만들었을 경우 포장하여 귀가하도록 한다.

10) 자리를 정리하기

유아들이 분담하여 요리도구를 정리하고, 떨어진 재료를 줍고 책상과 의자를 제자리에 갖다놓는다. 앞치마와 머릿수건도 접어 바구니에 넣어 정리한다.

요리활동 예시 ❶

감자치즈전

| 활동목표 |

- 감자의 특성을 탐색한다.
- 감자의 영양소에 관심을 가진다.
- 요리도구를 이용하여 요리를 한다.
- 요리할 때 필요한 안전규칙을 지킨다.

| 누리과정 관련내용 |

- 신체운동 · 건강〉건강하게 생활하기〉몸에 좋은 음식에 관심을 가지고 바른 태도로 즐겁게 먹는다.
  〉안전하게 생활하기〉일상에서 안전하게 놀이하고 생활한다.
- 자연탐구〉생활 속에서 탐구하기〉물체의 특성과 변화를 여러 가지 방법으로 탐색한다.

• 자연탐구〉생활 속에서 탐구하기〉도구와 기계에 대해 관심을 가진다.
〉탐구과정 즐기기〉궁금한 것을 탐구하는 과정에 즐겁게 참여한다.

| 활동자료 |

요리재료(감자, 피자치즈, 부침가루, 달걀, 다진 피망, 다진 양파, 소금, 식용유), 요리도구(우묵한 그릇, 강판, 프라이팬, 접시, 뒤집개, 껍질 깎는 칼), 요리순서도

❶ 강판에 간 감자에 부침가루를 넣어 걸쭉하게 만든다.

❷ 양파와 파프리카를 다진다.

❸ 감자 반죽에 달걀, 다진 양파, 파프리카, 소금을 넣어 잘 섞는다.

❹ 프라이팬에 식용유를 두르고 감자 반죽을 한 숟가락씩 넣어 부친다.

| 활동방법 |

① 감자로 만든 음식을 알아보며, 감자의 영양에 대해 이야기한다. 인식

• 감자로 만든 음식에는 어떤 것들이 있을까?
• 너희들은 감자로 만든 음식을 먹어 본 적 있니?
• 감자로 만든 음식 중에 어떤 음식이 가장 맛있었어?
• 감자는 몸에 좋은 음식일까? 우리 몸의 어디에 좋은 음식일까?

- 이렇게 우리 몸에 좋은 감자로 요리를 해보자.

② 감자를 보며 모양, 크기, 색깔, 냄새, 촉감 등을 탐색한다. 탐색

- (감자를 보며) 이것은 무엇일까?
- 감자의 모양이 어때?
- 감자의 색깔은 어떠니?
- 냄새를 한 번 맡아볼까?
- 만져보니까 느낌은 어때?
- 감자의 껍질을 벗기면 어떻게 될까?

③ 재료와 요리순서도, 요리과정을 알아본다. 탐구

- (재료를 보며) 어떤 것들이 있니? 본 적이 있니?
- 이 재료들로 무엇을 만들 수 있을까?
- 어떻게 요리를 하는지 순서도를 같이 한 번 볼까?
- 처음에 무엇을 넣을까?

④ 요리도구를 보며 사용방법과 조심해야 할 점을 이야기 나눈다.

- (강판을 보며) 이 도구는 어디에 쓰는 것일까?
- 어떻게 하면 다치지 않고 잘 사용할 수 있을까?
- (프라이팬, 휴대용 가스레인지를 보며) 이게 뭘까? 어떻게 사용하는 것일까?
- 휴대용 가스레인지를 켜면 무엇이 나오니?
- (바닥의 빨간 선을 보며) 이 빨간 선은 왜 표시해 둔 걸까? 오늘은 불을 사용해서 요리를 하는데 불을 사용할 때는 어떤 점을 조심해야 할까?

⑤ 요리활동을 한다. 활용

- 요리순서도를 보면서 이야기 나누었던 순서를 기억하면서 맛있는 감자치즈전을 만들어 보자.
- 가루를 숟가락으로 떠서 한 명씩 넣어 볼까?
- 반죽을 휘휘 저어 보자. 가루가 점점 어떻게 변하고 있니?
- 이제 어떤 재료를 넣으면 좋을까?

• 완성된 반죽을 먹을 만큼 한 숟가락씩 떠서 넣어볼까?

❶ 감자 껍질을 벗긴다.
❷ 큰 그릇을 준비하고, 강판에 감자를 간다.
❸ 갈아진 감자에 부침가루를 넣어 걸쭉하게 만든다.
❹ 감자 반죽에 달걀, 다진 양파와 파프리카, 소금을 넣어 잘 섞는다.
❺ 프라이팬에 식용유를 두르고 감자 반죽을 한 숟가락씩 떠서 넣는다.
❻ ❺위에 피자 치즈와 다진 피망을 조금씩 얹어 부친다.

⑥ 완성된 음식을 보며 평가한다.

• 어떤 재료가 들어갔었니?
• 감자는 우리 몸에 어디에 도움을 줄까?
• 어떤 점이 가장 재미있었니?
• 요리활동을 하면서 어려운 점은 없었니?
• 감자로 또 어떤 요리를 해볼 수 있을까?

요리활동 예시 ❷

과일화채

| 활동목표 |

- 과일화채를 만드는 순서에 대해 안다.
- 요리도구의 기능과 사용법을 알고 안전하게 사용한다.
- 모둠별로 협력하여 과일화채를 만들 수 있다.

| 누리과정 관련내용 |

- 사회관계〉더불어 생활하기〉친구와 서로 도우며 사이좋게 지낸다.
- 자연탐구〉생활 속에서 탐구하기〉물체의 특성과 변화를 여러 가지 방법으로 탐색한다.
  〉도구와 기계에 대해 관심을 가진다.
- 신체운동 · 건강〉안전하게 생활하기〉일상에서 안전하게 놀이하고 생활한다.

| 활동자료 |

사과, 바나나, 바나나 슬라이스, 사과 깎기, 사이다, 숟가락, 플라스틱 칼, 도마, 요리순서도

| 활동방법 |

① 바나나 슬라이스와 사과 깎기 도구를 보며 사용방법에 대해 이야기한다.
- (사과 깎기 도구를 보며) 이 도구를 본 적이 있니? 이름은 무엇일까?
- 무엇을 할 때 사용하는 것일까?
- (교사가 깎는 모습을 보며) 이것은 사과나 배 같은 동그랗게 생긴 과일을 쉽게 깎을 수 있도록 발명된 도구야!

- (바나나 슬라이스 도구를 보며) 그럼 이 도구는 본 적이 있니? 이름이 무엇일까?
- (교사가 바나나를 틀 위에서 누르는 것을 보며) 이것은 바나나를 조각조각 잘라서 먹을 수 있도록 발명된 도구란다.

② 요리순서도를 보며 재료와 순서를 알아본다.

- 여기 과일들을 요리도구를 사용해서 어떤 요리를 만들어 봤으면 좋겠니?
- (요리순서도를 보며) 오늘은 과일화채를 만들어 보자.
- 어떤 순서로 과일화채를 만드는지 보자.

③ 모둠별로 요리 역할을 맡는다.

- 사과 껍질 깎는 걸 맡을 사람? 칼로 사과를 작게 잘라줄 사람?
- 바나나 껍질을 벗겨줄 사람? 바나나 슬라이스로 잘라줄 사람?
- 사이다를 부어줄 사람? 화채를 그릇에 담아 친구들에게 나눠줄 사람?

④ 요리활동을 하면서 주의사항에 대해 이야기한다.

- 우리가 요리활동을 하면서 어떤 점을 조심해야 할까?
- 요리도구를 사용할 때 어떤 점을 조심하기로 할까?

⑤ 모둠별로 손을 씻고 자리에 앉는다.

⑥ 모둠별로 맡은 역할대로 요리활동을 시작한다.

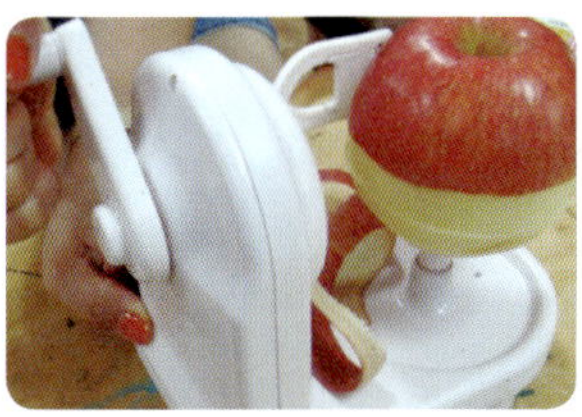
사과 깎기 도구를 이용하여 사과껍질을 깎는다.

플라스틱 칼을 사용하여 사과를 작은 조각으로 자른다.

바나나 슬라이스를 이용하여 바나나를 조각낸다.

자른 과일들을 큰 그릇에 담는다.

마지막으로 사이다를 넣는다.

⑦ 함께 만든 과일화채를 먹는다.

- 자리를 정리하고 손 씻고 오렴.
- 이제 과일화채를 먹어볼까? 화채를 그릇에 담아줄 사람은 앞에 나오자.

⑧ 요리활동을 마친 후 평가를 한다.

- 오늘 우리가 무엇을 해 보았니?
- 어떤 점이 재미있었니? 맛은 어땠니?
- 요리할 때 어려웠던 점이 있었니?
- 다음엔 이 요리도구를 사용해서 어떤 요리를 만들어 볼까?

요리활동 예시 ❸

불고기 김치 크레페

| 활동목표 |

- 우리나라의 여러 가지 고유음식에 대해 안다.
- 우리나라 음식과 다른 나라 음식을 이용해 요리를 할 수 있다.
- 우리나라 고유의 음식에 대해 자긍심을 가진다.

| 누리과정 관련내용 |

- 의사소통〉듣기와 말하기〉자신의 경험, 느낌, 생각을 말한다.
- 사회관계〉사회에 관심 가지기〉우리나라에 대해 자부심을 가진다.
  〉다양한 문화에 관심을 가진다.
- 자연탐구〉생활 속에서 탐구하기〉물체의 특성과 변화를 여러 가지 방법으로 탐색한다.

| 활동자료 |

요리순서도, 불고기(요리가 되어 있는 것), 볶은 김치, 크레페 피, 크레페 사진 자료, 아이들 수만큼의 작은 접시, 도마, 행주, 토스트 종이

| 활동방법 |

① 우리나라의 유명한 음식과 외국의 음식에는 무엇이 있는지에 대해 알아본다.
- 다른 나라 사람들이 알고 있는 우리나라 음식은 무엇이 있을까?
- 너희들이 아는 외국의 음식은 무엇이니?
- 외국의 음식과 우리나라의 음식을 같이 먹으면 어떨까?

② '불고기 김치 크레페' 요리재료에 대해 이야기 나눈다.
- 오늘은 '불고기 김치 크레페'라는 요리를 할 거야. 불고기는 옛날에 '너비아니'라고도 했어. 그리고 김치는 세계에서 10대 건강음식으로 꼽히기도 했단다. 불고기와 김치는 다른 나라 사람들이 정말 좋아하는 우리나라 음식이래.
- (크레페 사진 보며) 크레페가 무엇인지 알고 있니?

③ '불고기 김치 크레페' 요리순서도를 보며 만드는 순서를 알아본다.
- 오늘은 크레페 안에 불고기와 김치를 넣어서 만들어 보는 활동을 해보자.
- '불고기 김치 크레페'를 만드는 순서에 대해 알아보자.

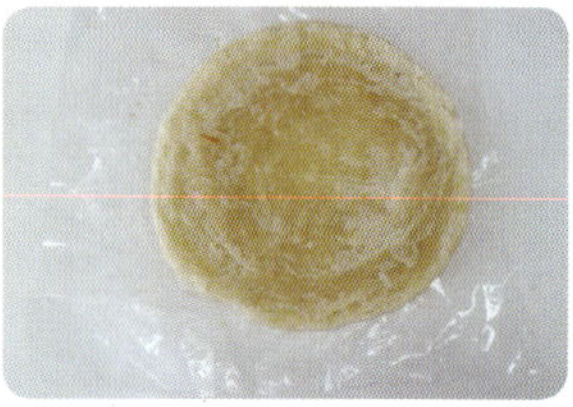

크레페 위에 적당량의 불고기와 김치를 올려놓는다.

아이스크림 콘 모양으로 김밥처럼 말고 말린 것이 풀리지 않게 끝에 물을 묻힌다.

먹을 때 밑으로 흐를 수가 있으므로 아이스크림 콘 모양의 종이를 밑에 끼우고 먹는다.

④ 요리활동을 하면서 주의사항에 대해 말해본다.
- '불고기 김치 크레페'를 만들면서 우리가 조심해야 할 것들은 무엇일까?
- 크레페 안에 불고기와 김치를 너무 많이 넣으면 어떻게 될까?
- 크레페 피를 손으로 말 때 어떻게 말아야 터지지 않을까?

⑤ 손을 씻고 자리에 앉는다.

⑥ '불고기 김치 크레페' 요리활동을 한다.
- 이제 요리를 만들어 보자. 선생님이 도마와 크레페 피를 나누어 줄게.

⑦ 자신이 만든 '불고기 김치 크레페'를 먹는다.

⑧ 요리활동을 마친 후 활동에 대해 평가한다.
- 너희가 직접 크레페를 만들어서 먹어 보니 어땠니?
- 크레페를 만들면서 어려웠던 부분이 있니?
- 요리활동을 또 해본다면 우리나라의 어떤 것과 다른 나라의 어떤 것을 합쳐서 만들어 볼 수 있을까? 빈대떡에 치즈 뿌려서? 또?

요리활동 예시 ❹

절편 까나페 만들기

| 활동목표 |

- 우리나라 전통음식인 절편과 서양의 음식인 까나페에 대해 안다.
- 다양한 재료를 이용하여 퓨전음식인 절편 까나페를 만들 수 있다.
- 우리나라와 다른 나라와의 퓨전음식에 관심을 갖는다.
- 청결하게 위생을 지키며 음식을 만들어 본다.

| 누리과정 관련내용 |

- 신체운동 · 건강〉건강하게 생활하기〉자신의 몸과 주변을 깨끗이 한다.
- 사회관계〉사회에 관심 가지기〉우리나라에 대해 자부심을 가진다.
  〉다양한 문화에 관심을 가진다.
- 자연탐구〉생활 속에서 탐구하기〉물체의 특성과 변화를 여러 가지 방법으로 탐색한다.

| 활동자료 |

요리순서도, 다양한 퓨전음식 사진자료, 까나페 사진, 색색의 절편, 다양한 토핑재료들(치즈, 토마토, 바나나 등), 다양한 크기의 접시, 위생장갑(인원수에 맞추어), 플라스틱 칼, 물수건

| 활동방법 |

① 다양한 퓨전음식(카레떡볶이, 치즈라면, 김치소시지 등) 사진을 보며 퓨전음식이 무엇인지 알아본다.

- 이건 어떤 음식일까?
- 이 음식에는 어떤 재료들이 들어가 있니?
- ~는 주로 어떤 음식을 먹을 때 자주 사용하는 재료일까?
- 다양한 재료들을 섞어서 새로운 음식이 만들어졌네!
- 서로 다른 재료들을 섞어서 새롭게 만들어 낸 음식을 퓨전음식이라고 말한단다.
- 김치는 어느 나라의 음식일까? 소시지는? 각각 다른 나라의 음식들을 섞어서 새롭게 만들어 내었구나!

② '절편 까나페'의 재료에 대해 이야기 나눈다.

- (절편을 보며) 절편을 먹어 본 적 있니? 어느 나라 음식일까?
- (까나페 사진을 보며) 까나페라는 음식 이름을 들어본 적이 있니? 먹어 본 적이 있니?
- 까나페 아래는 어떤 재료일까? 위는 무엇으로 올려놓았니?
- 까나페는 어느 나라 음식일까?
- 까나페 만들 때 빵이나 과자 대신 이 절편을 놓는다면 어떻게 될까?

③ 절편 까나페를 만드는 순서에 대해 알아본다.

- (요리순서도를 보며) 절편 까나페를 만드는 순서를 살펴보자.

다양한 재료의 토핑을 적당한 크기로 자른다.

접시 위에 절편을 올려놓는다.

적당한 크기로 자른 토핑을 절편 위에 올린다.

④ 요리활동 시 지켜야 할 약속에 대해 말해본다.

- 요리활동을 시작하기 전 지켜야 할 약속들에는 어떤 것들이 있을까?
- 토핑을 자를 때 칼을 어떻게 사용해야 안전할까?
- 칼로 자르다가 재료가 바닥에 떨어진다면 어떻게 할까? 떨어지지 않게 하려면?

⑤ 요리활동을 한다.

- 자, 이제 요리활동을 시작해 보자.

⑥ 자신이 만든 절편 까나페를 먹어본다.

⑦ 활동을 마친 후 활동에 대한 평가를 한다.

- 한 가지 음식만 먹었을 때와 여러 가지 음식을 함께 먹었을 때 어떤 점이 달랐니?
- 오늘 활동을 통해 무엇을 알게 되었니?- 어떤 부분이 가장 재미있었니? 무엇이 가장 기억에 남니?
- 다음에 퓨전음식을 만들게 된다면 어떤 재료와 어떤 재료를 합쳐서 만들어 보고 싶니?

6 창의적 신체표현

창의적 신체표현은 유아들이 대상물의 특성과 움직임을 탐색하여 '만약 내가 ~이 된다면' 가상하여 몸으로 창의적으로 표현해 보는 활동이다. 유아들이 신체표현을 하면서 즐거움과 성취감을 느낄 수 있도록 하며, 모든 대상물의 움직임에 대해 탐색한 것을 동작을 통해 창의적으로 표현함으로써 자기표현력과 창의성을 증진시키는 데 목표가 있다.

창의적 신체표현 활동 목표

- 신체표현을 하면서 즐거움과 성취감 느낌
- 동작을 통한 창의적 표현

신체는 자기표현과 의사소통의 중요한 수단이 된다. 유아들은 신체표현을 통해

신체표현의 교육적 효과

- 정서적 해방감과 만족감 느낌
- 부정적 감정 해소
- 주변에서 관찰할 수 있는 모든 움직임을 탐색

자신의 느낌이나 감정을 표현하는 것이기 때문에 이를 통해 정서적 해방감과 만족감을 느낄 수 있게 해주며 부정적인 감정을 해소하여 창조적인 방향으로 전환할 수 있게 해주는 교육적 효과가 있다. 같은 대상물을 보더라도 유아들마다 느낌과 생각은 주관적이기 때문에 교사는 유아들이 서로의 예술적 표현을 존중해 주는 분위기를 조성해 주어야 한다. 특히 어떤 유아들은 적극적으로 신체표현을 하나, 일부 유아들은 신체로 표현하는 것을 어색해하거나 싫어하는 경우도 있다. 소극적으로 참여하거나 다른 사람들 앞에서 부끄러워하는 유아가 있는 경우 자유롭고 허용적인 분위기를 만드는 데 주력해야 할 것이다.

신체를 이용하여 창의적으로 표현하려면 사물의 형태와 움직임을 관심 있게 보고 탐색하는 일이 우선되어야 한다. 유아들은 자연과 주변에서 관찰할 수 있는 모든 종류의 움직임에 관심을 가지고 탐색하고 이를 어떻게 자신의 몸으로 표현할 수 있는지 탐구해 보게 함으로써 표현력을 증진시킬 수 있다. 유아의 자유로운 탐색이 충분히 이루어질 수 있도록 언어적 상호작용이 요구된다. 표 3-7 과 같이 두 가지 예시를 통하여 비교해 보면 유아들의 탐색과 창의적 표현을 충분히 자극하는 상호작용이 창의적 신체표현에 얼마나 중요한지를 알 수 있다.

효율적인 창의적 신체표현 운영을 위한 고려사항

- 집단 크기
- 활동시간
- 신체표현 자료

창의적 신체표현의 효율적 운영을 위해 고려해야 할 사항을 들면 다음과 같다.

첫째, 집단의 크기를 고려한다. 전체 유아가 동시에 신체표현을 한다면 공간이 좁아 부딪쳐 안전사고를 유발할 위험이 있다. 그리고 유아 개개인에게 관심을 주는 기회가 적어지므로 대집단보다는 소집단으로 신체표현을 전개하는 것이 효과적이다. 교사 1명의 경우 유아 10명 정도의 집단 크기가 적당하다. 도입에서부터 대상물의 형태나 움직임에 대한 탐색 그리고 규칙 정하기까지는 대집단으로 이야기를 나누어 본 후, 두 집단으로 나누어 번갈아 표현하면 유아들 간 모델링의 효과도 가져올 수 있다.

표 3-7 탐색 및 창의적 표현을 자극하지 못하는 상호작용과 자극하는 상호작용

탐색 및 창의적 표현을 자극하지 못하는 상호작용	탐색 및 창의적 표현을 충분히 자극하는 상호작용
• 유아들에게 물고기가 되어보자고 이야기한다. • 물고기가 되고 싶은 유아를 나오게 한다. • 음악을 듣고 물고기처럼 움직인다. • 음악이 끝나면 동작을 멈춘다. • 표현하였던 유아들의 동작에 대한 느낌을 서로 이야기한다. – 독특한 점, 서로 달랐던 움직임을 발견해 본다.	• 유아들에게 물고기가 되어 움직여 보자고 이야기한다. • 물고기의 모습을 생각해 보고 무엇을 움직여야 하는지 이야기 나눈다. • 우리 몸 중에서 지느러미와 꼬리로 만들 수 있는 부분을 찾고 동작은 어떻게 할지 생각해 본다. • 물고기들이 모두 같은 모습인지 이야기 나누고 어떻게 움직이는지 생각해 본다. (크고 작은 물고기, 둥근 모양 · 긴 모양 등의 물고기 모습을 상상하며 서로 다른 모양으로 움직일 수 있다는 것을 발견하도록 이끈다.) • 앉은 자리에서 모든 유아들이 팔을 이용해 지느러미의 흔들리는 모습을 표현해 본다. • 제자리에서 일어나거나 앞에 나와서 친구들에게 자신의 표현을 보여주고 싶은 유아들(2~3명)이 물고기가 되어 움직인다. • 동작했던 유아들과 관찰했던 유아들이 느낌을 이야기하고 다른 사람과 다르게 동작했거나 재미있게 표현한 점을 발견하여 이야기한다. • 신체표현에 어울리는 음악을 들어보고, 소집단으로 표현한다.

둘째, 활동시간을 고려한다. 신체표현은 동적인 활동에 해당되므로 하루일과를 계획할 때 이야기 나누기나 동화 듣기 등의 정적인 활동 전후로 배정하며, 게임이나 바깥놀이 등의 동적인 활동이 연이어 계획되지 않도록 유의한다. 시간 길이는 유아의 연령이나 상황에 따라 다를 수 있으나 20분 정도로 계획하면 적당하다.

셋째, 창의적 신체표현을 돕는 자료를 준비한다. 유아들의 흥미를 이끌 수 있도록 신체표현 자료를 매력적으로 제작한다. 도입부분에 동기유발을 위한 자료, 탐색을 위한 실물이나 동영상자료, 표현에 어울리게 짜깁기를 한 음원, 빠르기/셈여림과 분위기 전환을 돕는 교사용 리듬악기, 유아들의 표현을 돕기 위해 몸에 착용하거나 손에 쥐는 자료 등을 준비한다.

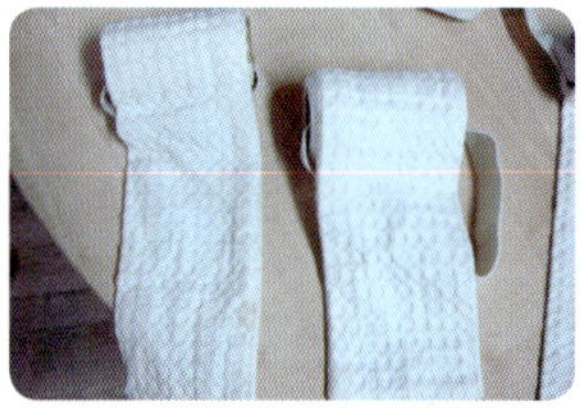
휴지가 되어보아요

자동차가 되어보아요

팽이가 되어보아요

팝콘이 되어봐요

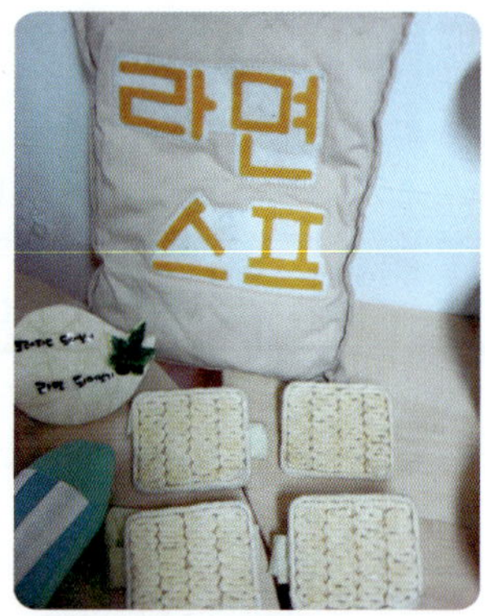

라면이 되어봐요

바닷속 생물이 되어봐요

시곗바늘이 되어봐요

자석이 되어봐요

벌이 되어봐요

창의적 신체표현활동의 일반적인 진행순서는 다음과 같다.

1) 사전준비

유희실이 아닌 교실에서 신체표현을 한다면 유아들과 함께 놀이교구장을 벽쪽으로 밀어서 가능한 넓은 공간을 확보한다.

2) 도입

대집단으로 모여 앉아 간단한 손동작, 몸동작, 수수께끼를 통해 신체로 표현할 활동과 연결시켜 본다. 활동주제와 연결하여 유아의 구체적인 경험을 회상하고 시청각 교수매체를 이용하여 흥미와 호기심을 이끈다. 도입부분은 짧게 계획되어야 한다.

3) 대상물의 형태 및 움직임 탐색하기

대상물의 형태나 움직임을 관찰하며 이야기 나눈다. 사전에 경험했던 일을 회상하거나 실물을 보며 탐색할 때 실물을 준비하기가 어렵다면 사진이나 동영상으로 보며 이야기 나눌 수 있다.

4) 창의적인 표현방법 탐구하기

탐색한 대상물의 형태나 움직임을 창의적으로 신체표현하는 방법을 생각해 본다. 앉은 자리에서 다같이 표현해 보거나 유아가 제 자리에서 일어나거나 앞에 나와서 몸으로 표현해 보일 수 있다. 이때 교사가 시범을 보이면(예: 코끼리 코는 ~게 팔로 꼬는 거야, 코끼리 귀는 ~게 두 팔로 흔들어야지…) 유아들이 일률적으로 따라할 수도 있으니 지양한다.

5) 신체표현 시 약속 정하기

친구가 몸으로 표현한 것에 대해 놀리지 않기, 마구 뛰며 돌아다니지 않기, 모이라는 신호에 따라 모이기, 친구 때리거나 친구 위에 올라가 누르지 않기, 미끄러지지 않기 등의 약속을 정해 본다.

6) 두 집단으로 나누기

앞선 단계까지는 대집단으로 모여 앉아 이야기 나누었다면, 이 단계에서부터는 두 집단으로 나누어 번갈아 활동을 하면 효과적이다. 먼저 활동할 한 집단은 교실의 가운데 앉고, 두 번째로 활동할 다른 집단은 벽을 따라 앉아 친구들이 표현하는 것을 감상하기로 한다.

7) 신체표현 활동하기

신체표현 활동하기

- 표현을 돕는 자료 배부
- 표현을 돕는 교사의 언어적 자료 제공
- 움직임의 빠르기와 강약표현을 돕는 리듬악기 소리내기
- 두 집단으로 나누어 로테이션으로 신체표현하기

유아들이 표현을 돕는 자료들이 있다면 몸에 착용하거나 손에 쥐도록 각자에게 나누어준다. 교사의 언어적 자극과 음악에 따라 탐색한 대상물의 형태나 움직임을 창의적으로 신체표현한다. 교사는 손에 우드블록이나 소고 등의 리듬악기를 들고 빠르기, 셈여림에 차이를 두어 소리를 내주며 유아들이 보다 표현에 몰입하도록 돕는다. 교사는 유아들의 사이에서 위치를 바꾸어가며 유아들이 표현하는 모습을 하나하나 말해주면서 표현을 확대시켜 준다. 한 팀의 신체표현이 끝나면 나머지 다른 팀이 앞에 나와서 표현해 본다.

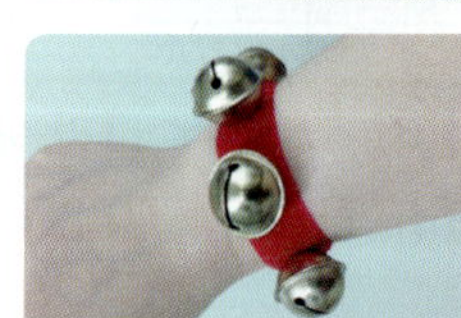

8) 마무리 및 평가하기

신체표현 활동에 사용한 자료들을 정리하고 모여앉아, 신체표현을 하고 난 후의 느낌과 생각을 이야기 나눈다. 어떤 표현이 재미있었는지? 어떤 표현이 가장 기억에 남았는지? 등을 말해보며, 그 표현을 했던 유아가 앞에 나와서 다시 한 번 보여주도록 해도 좋다. 신체표현 활동을 마친 후 동시, 동화 듣기, 음악 감상 등의 정적인 활동으로 자연스럽게 전이하도록 한다.

신체표현활동 예시 ❶

아이스크림이 되어보아요

| 활동목표 |

- 여러 종류의 아이스크림을 신체를 이용하여 창의적으로 표현한다.
- 아이스크림이 녹는 과정을 표현해 본다.
- 서로의 창의적 신체표현을 감상한다.

| 누리과정 관련내용 |

- 신체운동 · 건강〉신체활동 즐기기〉신체를 인식하고 움직인다.
- 예술경험〉창의적으로 표현하기〉신체나 도구를 활용하여 움직임과 춤으로 자유롭게 표현한다.

  〉예술 감상하기〉다양한 예술을 감상하며 상상하기를 즐긴다.

| 활동자료 |

여러 아이스크림 사진자료(컵아이스크림, 콘아이스크림, 막대아이스크림), 아이스크림 모자 20개(컵아이스크림 7개, 콘아이스크림 7개, 막대아이스크림 6개), 정리바구니

| 활동방법 |

① 아이스크림 수수께끼를 알아맞힌다. 인식

- 오늘 우리가 뭔가로 변신을 해볼 건데… 무엇으로 변신할지 수수께끼를 내볼게. 이것은 먹는 건데 단맛이 나고, 아주 차가운 거야. 그리고 처음엔 딱딱한데 시간이 갈수록 흐물흐물거리고 모양도 변해.
- 우리 모두 아이스크림이 되어볼까?

② 아이스크림 사진을 보며 아이스크림의 다양한 생김새와 특징에 대해 탐색해 본다. 탐색

- 어떤 아이스크림을 먹어봤니? 이런 아이스크림 본 적 있니?
- 이 아이스크림은 윗부분이 어떻게 생겼니? 아랫부분은?
- 나는요… 또 다른 아이스크림을 본 적이 있어요! 하는 사람 있니?
- 그런데 아이스크림은 시간이 지나면 어떻게 되니? 녹으면서 모양이 어떻게 돼?

③ 아이스크림의 모양과 시간에 따른 변화된 모습을 어떻게 몸으로 표현할지 생각해 보고 표현해 본다. 탐구

- 이 아이스크림의 모양을 몸으로 나타낸다면 어떻게 표현할 수 있을까?
- 생각한 것을 앉은 자리에서 표현해 볼까?
- ○○야, 그 자리에서 일어나서 친구들에게 보여줄래?
- 난 다르게 생각해요! 하는 사람 있니? 앞에 나와서 보여주겠니?
- 시간이 지나서 점점 녹는 아이스크림은 몸으로 어떻게 표현해 볼 수 있을까?

④ 두 모둠으로 나누어 차례대로 신체표현을 한다.

- 그런데 이 교실에서 우리 모두가 한꺼번에 아이스크림이 되어본다면 어떻게 될까?
- 그럼 반을 나누어 차례대로 표현해 볼까?
- ○모둠은 ~에 앉아 있자. □모둠은 ~로 나와서 아이스크림이 될 준비를 하자.
- 앉아 있는 사람들은 친구들이 표현하는 것을 볼 때 어떤 태도로 봐야 될까?

⑤ 음악과 교사의 언어적 자극에 따라 아이스크림을 몸으로 표현해 본다. 활용

- 얘들아, 이제 아이스크림이 되어볼까?
- 주문을 건다. 수리수리 마수리 얍! 모두 아이스크림이 되어라~ ○○는 정말 콘아이스크림 같구나!

어느 더운 날… 아우… 더워라… 선생님이 아이스크림을 먹으려고 아이스크림을 샀어. 아이스크림이 처음엔 아주 딱딱하고 차가웠지. 너무 딱딱해서 손가락으로 쿡쿡 눌러도 들어가지도 않는 거야. 굴려 봐도 그대로였지. (아이스크림으로 변한 아이들 사이로 돌아다니며 깨무는 흉내 낸다) 이로 요기… 조기… 깨물었다! 으으으… 요건 이가 들어가지도 않네. 그런데 조금 있으니까 (천천히) 아이스크림이 흐물흐물 녹기 시작하는 거야. 이런… 얼마 먹지도 않았는데… 점점 아이스크림 물이 바닥에 뚝뚝 떨어지고(아이스크림 아이들 가까이 가서 후루룩 핥는 흉내 낸다) 아이스크림은 힘이 없이 흐물흐물거렸어. 안 되겠다! 그래서 아이스크림을 다시 냉동실에 넣었어. 그랬더니 점점 딱딱해지는 거야. 어라! 녹은 모습대로 비틀어졌네! 막대 아이스크림도! 콘아이스크림은 머리가 삐죽! 컵아이스크림은 짜악– 펴지고! 녹은 모습 그대로 다시 꽁꽁 얼어버리네! 어디 보자… 다시 다 얼었나? 와 성공! 딱 먹기 좋아졌네! 아이스크림을 꺼내서 맛있게 한 입을 먹었어. (아이들 몸 가까이에서 먹는 흉내 낸다) 오른쪽을 한 입 먹어볼까? 왼쪽도 한 입 먹어야지! 와그작, 와그작… 한입, 또 한입, 아이스크림이 점점 작아지고 있네. 어? 아이스크림을 다 먹어버렸네. "그대로 멈춰라", "(교사는 점점 느리고 작은 목소리로) 얘들아, 뱃속에서 살살살 녹아가는 아이스크림처럼 카펫 쪽으로 옮겨가 보겠니?"

⑥ 다음 모둠이 나와 아이스크림의 모습을 몸으로 표현한다.

- □모둠이 아이스크림 표현하는 것을 잘 감상했다고 박수쳐 주자.
- □모둠은 들어가서 앉자.
- 이번엔 ○모둠이 나와서 아이스크림이 되어보자.

⑦ 활동을 마친 후 자료를 정리하고 평가한다.

- ('그대로 멈춰라' 버전으로) 아이스크림들~ 카펫 위로 모여라.
- 아이스크림 활동자료를 이 바구니에 정리하자.
- 오늘 너희들이 아이스크림이 되어 몸으로 표현해 봤는데 어땠어?
- 친구들끼리 아이스크림을 몸으로 표현한 것을 감상해 보니 어땠니?
- 어떤 점이 재밌었어? 나는요… ~가 이렇게 표현한 것이 정말 재밌었어요! 라는 사람 있니?
- 이런 점은 좀 힘들었어요! 라는 거 있었니?

신체표현활동 예시 ❷

스파게티가 되어보아요

| 활동목표 |

- 신체를 이용해서 스파게티가 만들어지는 과정을 창의적으로 표현한다.
- 신체를 이용해서 음식의 모양과 움직임을 표현해 본다.

| 누리과정 관련내용 |

- 신체운동 · 건강〉신체활동 즐기기〉신체를 인식하고 움직인다.
- 예술경험〉창의적으로 표현하기〉신체나 도구를 활용하여 움직임과 춤으로 자유롭게 표현한다.

| 활동자료 |

CD 플레이어, 음악 CD, 스파게티 재료 사진, 스파게티 만드는 방법 사진, 거대한 젓가락, 마라카스

| 활동방법 |

① 유아들과 어제의 요리활동을 회상해 본다.

- 우리 어제 무엇을 만들었더라…
- 스파게티를 만들 때 어떠한 재료들이 필요했니?
- 스파게티 만드는 순서도 기억이 나니?

② 스파게티에 들어간 재료들의 모양과 스파게티 국수의 모양을 탐색한다.

- 스파게티에 들어가는 재료들을 어떠한 모양으로 잘랐었지?
- 버터는 맨 처음 어떤 모양이었니? 점차 녹으면서 어떻게 모양이 변해가니?
- 스파게티 국수는 처음엔 어떻게 생겼었니?
- 그런데 국수가 뜨거운 물에 들어가더니 어떻게 변했더라?

③ 스파게티 재료들의 모양과 변화되어 가는 국수 모양을 몸으로 어떻게 표현할 것인지 생각한다.
- 양파(피망, 양송이) 모양을 몸으로 표현해 본다면 어떻게 할 수 있을까? 잘게 잘라질 때 몸으로 어떻게 표현해 볼까?
- 버터가 녹으면서 변화하는 모습을 몸으로 나타낸다면 어떻게 표현할 수 있을까?
- 뜨거운 물에 들어가기 전 스파게티 국수를 몸으로 나타낸다면?
- 뜨거운 물에 들어가서 흐느적거리는 스파게티 국수를 몸으로 나타낸다면?
- 젓가락으로 휘휘 저을 때 국수의 모습을 몸으로 표현해 본다면?

④ 신체표현 시 지켜야 할 약속을 정해본다.
- 우리 그럼 우리의 몸을 이용해서 스파게티를 만들어 볼까?
- 그 전에 우리가 스파게티를 만들기 전에 지켜야 할 약속들엔 어떠한 것들이 있을까?
- 너희들이 지금 말한 약속을 기억해 두고 만들어 보자.
- 선생님이 머리를 집어 주는 사람은 의자를 간식 식탁으로 옮겨 놓고 오자.

⑤ 교사의 언어적 자극에 따라 유아들이 스파게티 만드는 과정을 몸으로 표현한다.
- 재료들을 자르고 있어요. 양파, 피망, 양송이를 딱딱딱딱, 쿵쿵쿵쿵, 잘게 잘게 자르고 있어요.
- 버터를 뜨겁게 달구어진 프라이팬에 넣었어요. 쏴~지글지글.
- 버터가 이리 저리 미끄러지고 있네요. 야채들과 섞이기도 하고, 혼자서 녹아 버리기도 했어요.
- 재료들을 프라이팬에 넣었어요. 여러 야채들이 섞이고 있네. 지글지글 지글 지글.
- 여기에 토마토소스를 부었어요.
- 이제 국수를 삶아 볼까요?

- 냄비에는 뜨거운 물이 끓고 있어요. 여기에 국수를 한꺼번에 넣습니다.
- 국수를 젓가락으로 휘휘 저어요. 빳빳했던 국수가 부드러워졌네! 이런! 서로 붙네요. 그래서 올리브 오일을 넣었더니 붙었던 면끼리 다시 떨어졌어요.
- (거대한 젓가락을 들고) 젓가락으로 국수를 건져야지! 떨어지지 않게 천-천-히 위--로
- 접시 위에 담자. 얘들아, 여기가 접시라고 생각하고 우리 모두 국수가 되어서 접시 위에 누워 볼까? 돌돌 말린 국수, 쭉- 펴진 국수, 다른 국수와 엉킨 국수… 이제 접시 위에 다 담았다.
- 준비해 놓았던 소스를 뿌려요.
- 이제 식탁에 예쁘게 올려놓았답니다.

⑥ 활동 후 카펫에 모인다.

⑦ 활동을 마친 후 스파게티가 되어본 느낌을 말해본다.

- 재료들이 뜨거운 프라이팬에 들어갈 때 어떠한 느낌이 들었니?
- 스파게티 국수가 뜨거운 물속에 들어갈 때는?
- 어떤 것을 표현할 때 가장 재미있었니?
- 스파게티 국수를 표현할 때 '이것도 표현해 보면 더 재미있겠어요!' 하는 것 있니?

연습문제

1. 다음의 괄호에 알맞은 말을 골라 넣으세요.

이야기 나누기, 게임, 노래, 동극, 창의적 신체표현, 요리활동

1) (　　　　　)은 동화내용을 바탕으로 활동을 하는 것이며 역할을 맡아 수행하는 과정을 통하여 탈중심화를 도우며 협동심을 배울 수 있다.
2) (　　　　　)은 많은 제약을 따라야 하며 목표지향적이라는 점에서 놀이와 차이가 있으나 놀이단계에서 가장 높은 수준의 놀이 형태이며 이 활동을 위해서는 높은 수준의 사회적 · 인지적 발달이 요구된다.
3) (　　　　　)은 수 · 과학적 경험을 풍부하게 해주고, 안전하게 도구를 다루는 방법도 익히게 도움을 준다.

2. 다음의 설명 중 맞는 것에는 ○, 틀린 것에는 × 표시를 하세요.

1) 이야기 나누기 활동은 교사가 계획한 대로 지식과 경험을 효과적으로 전달하는 시간이며, 지식과 정보의 전달과 습득이 주목적이다(　　)
2) 동극에 적합한 동화는 내용이 장면 변화가 많아 다이내믹하며 등장인물이 적은 것이 적절하다(　　)
3) 자유대형게임을 반복적으로 많이 하다 보면 좀 더 복잡한 릴레이 게임도 할 수 있다(　　)
4) 배운 노래는 여러 번 반복하여 불러 음정감, 박자감, 리듬의 기본 감각을 발달시켜 주어야 한다(　　)
5) 창의적 신체표현을 위해서는 대상물의 탐색과 창의적 표현을 충분히 자극하는 언어적 상호작용이 중요하다(　　)

정답 : 1. 1) 동극, 2) 게임 3) 요리활동, 2. 1) X, 2) X, 3) X, 4) O, 5) O

※ 다음은 모듬별 과제입니다.

3. 3명이 모둠이 되어 서로 다른 교과 간 교육내용이 통합이 되는 단위활동계획안을 작성해 보세요.(예; 미술–음악, 언어–신체표현 등)

4. 3명이 모둠이 되어 교과 내 교육내용이 통합이 되는 단위활동계획안을 작성해 보세요.(예, 동화–동시, 노래–악기연주 등)

5. 두 명씩 짝을 이루어 유아들이 동극활동을 하기에 적합한 동화를 선정하여 동극을 위한 대본으로 각색해보세요.

6. 6모둠으로 구성하여 2장에 제시된 6가지 유형의 활동을 한 가지씩 모의수업해 보세요.

참고문헌

곽현주(2004). 수업반성과정과 유치원 교사의 교수행동. 중앙대학교 대학원 박사학위논문.

______(2013). 바른 인성 함양을 돕는 동요. 정민사.

______(2019). 아동음악. 정민사.

교육과학기술부(2009). 유치원 지도서 총론. 교육과학기술부.

교육과학기술부, 보건복지부(2019). 2019개정 누리과정 해설서. 교육과학기술부 · 보건복지부.

김진영(2009). 김진영 동요집. 교문사.

박찬옥, 서동미, 곽현주, 박성희, 한남주, 홍찬의(2020). 유아교육과정. 정민사.

배화여자대학교(2012). 누리과정 주제별 활동워크숍.

이송은, 이선영(2005). 유아문학교육의 이론과 실제. 창지사.

한국유아교육협회(2013). 누리과정에 기초한 3-5세 연령별 교육활동의 실제.

허미애(2007). 유아교사의 이야기 나누기에 대한 실천적 지식 탐구. 중앙대학교 대학원 박사학위논문.

황의명, 박찬옥(1997). 유아를 위한 감성교육 프로그램. 양서원.

색 인

ㅇ

번호

저자약력

박찬옥 중앙대학교 유아교육과 문학박사

현 중앙대학교 유아교육과 명예교수

전 중앙대학교 사범대학 부속 유치원 원장

저서 유아교육과정(2020, 정민사)

유아사회교육(2020, 개정판 양성원)

보육과정(2014, 정민사)

영유아 프로그램 개발과 평가(2013, 개정판 정민사)

유아교사를 위한 논리 창의교육(2013, 개정판 정민사)

유치원 다닐 때 꼭 알아야 할 65(2011, 애플비)

서동미 중앙대학교 유아교육과 문학박사

현 경동대학교 유아교육과 교수

저서 유아사회교육(2020, 개정판 양성원)

유아수학교육(2020, 개정판 정민사)

유아교육과정(2020, 정민사)

유아교사를 위한 교직실무(2013, 학지사)

곽현주 중앙대학교 유아교육과 문학박사

현 배화여자대학교 유아교육과 교수

전 배화여자대학교 부속 배화유치원 원장

저서 유아교육과정(2020, 정민사)

유아창의융합놀이 프로그램(2020, 정민사)

놀이지도(2020, 양성원)

아동음악(2019, 정민사)

바른 인성 함양을 돕는 동요(2013, 정민사)

유아교과교육론

1판 1쇄 발행 2014년 2월 15일
1판 8쇄 발행 2019년 1월 30일
2판 1쇄 발행 2020년 3월 2일
2판 7쇄 발행 2025년 1월 30일

저 자 박찬옥 서동미 곽현주
발 행 인 회장 박철용
대표 박세원
발 행 처 정민사
주 소 10881 경기도 파주시 직지길 522 파주출판도시
전 화 031-955-8030
팩 스 031-955-8025
홈 페 이 지 http://www.jmpub.co.kr
이 메 일 yswgroup@naver.com
출 판 등 록 1979년 1월 22일 No. 406-2004-000130호

I S B N 978-89-5809-818-8
정 가 22,000원